Für Claudia

Die Gegenwart empfängt keinen Sinn von der Zukunft.
Das Schweigen der Geschichte überlässt die Individuen sich selber.

Andre Gorz

Albrecht v. Bülow

Arbeitslosigkeit, Sucht und Therapie

Auswege aus schwierigen Lebensverhältnissen

Bibliografische Information der Deutschen Nationalbibliothek:
Die Deutsche Nationalbibliothek verzeichnet diese Publikation in der Deutschen Nationalbibliografie; detaillierte bibliografische Daten sind im Internet über http://dnb.dnb.de abrufbar.

2. überarbeitete Auflage

Herstellung und Verlag:

BoD – Books on Demand, Norderstedt

ISBN: 978-3-74601674

Inhalt

Teil 1: Die Folgen von (Langzeit-)Arbeitslosigkeit

Wer sich für ein indikatives Angebot für Langzeitarbeitslose innerhalb der ambulanten Rehabilitation stark macht, bewegt sich in einem spannungsreichen und widersprüchlichen Feld. Dies betrifft auch, aber weniger den therapeutischen Umgang mit diesen Menschen, als vielmehr die Vorurteile und die Repression, unter der diese Bevölkerungsgruppe zu leiden hat. Somit ist dann auch schnell klar, und es bedarf keiner langatmigen Erklärungen, dass die existenzielle Unsicherheit und Angst vieler ALG-II-Empfänger, hervorgerufen durch oftmals konfliktreiche und langwierige Kontakte zum Jobcenter, sich sehr ungünstig auf die angestrebte und/oder erreichte Abstinenz auswirken kann und sich vielfach auch auswirkt.

Die Kostenträger der Entwöhnungsbehandlungen, zumeist die regionalen Rentenversicherungsträger oder die Deutsche Rentenversicherung Bund, favorisieren schon seit längerer Zeit besondere Angebote für Arbeitslose bzw. Langzeitarbeitslose. „Zukünftig wird es vergleichbar den indikativen Gruppenangeboten im psychotherapeutischen Bereich spezifische Angebote für Patientengruppen mit unterschiedlichen Teilhabeproblemen geben müssen, um auf spezielle Interventionserfordernisse von beruflich besonders desintegrierten, z. B. langarbeitslosen, Versicherten mit destruktiven Erwerbsbiografien gezielt eingehen zu können" (Kulick 2008, S. 310). Das später beschriebene indikative Gruppenangebot versucht diese hier skizzierten Erfordernisse aufzugreifen. Doch zuvor erscheint es notwendig, einige soziologische und sozialpsychologische Faktoren näher zu betrachten.

Das Bild vom Langzeitarbeitslosen

Langzeitarbeitslosen wurde noch vor wenigen Jahren von wirtschaftsliberaler Seite der Vorwurf gemacht, sie führten ein luxuriöses Leben, das an »spätrömische Dekadenz« (Vgl. Westerwelle 2010) erinnere. Damit sollte wohl suggeriert werden, dass langfristig die Existenz der bundesdeutschen Gesellschaft davon abhänge, ob man den Langzeitarbeitslosen auch nur das zur Existenz finanziell Notwendige zur Verfügung stelle. Zynisch war es allemal, das Existenzminimum mit einer dekadenten und luxuriösen Lebensweise in Verbindung zu bringen. Entsprechend bräuchten sie Druck oder Hilfe oder gegebenenfalls auch beides, um in das reguläre Leben eines Lohnabhängigen zurückzufinden. „In der Union gab es Stimmen, das Geld für Hartz-IV-EmpfängerArbeitsgeld (sic!) um mehr als 30% zu kürzen“ (Lieberam 2007, S. 13). Dabei machen diese Kosten gerade mal 4,6% der gesamten Sozialleistungen in Deutschland aus (Vgl. Bundesministerium für Arbeit und Soziales 2016, S. 6). Diese Strategie, einzelne Fraktionen der Lohnabhängigen gegeneinander in Stellung zu bringen, den in Arbeit Befindlichen mit Arbeitslosigkeit zu drohen und Arbeitslose den noch Arbeitenden als Objekt für verschobene Aggressionen und Wutgefühle anzubieten, ist mindestens so alt wie der Kapitalismus. Bereits Marx sprach vom „Aufhetzen der verschiednen Volksklassen gegeneinander“ (Marx 1980, S. 350). Ziel dieser Vorgehensweise ist es, Konflikte dort zu inszenieren, wo sie nicht systemgefährdent wirken, im Gegenteil, sie schwächt diejenigen, die unter dem zentralen Widerspruch der kapitalistischen Ordnung, dem von Kapital und Arbeit, leiden. Zumindest nachdenklich könnte es im Ernstfall viele Zeitgenossen stimmen, wenn der Unternehmer Baron August von Fink der CSU vor der Landtagswahl 2008, als die Debatte um Steuererleichterungen für Firmenerben begann (die dann später auch durchgesetzt wurden), 820.000€ spendete. „Nur ein Jahr später gelangte dieser Eigentümer des Gastronomiekonzerns Mövenpick durch seine Millionenspende an die FDP zu trauriger Berühmtheit, weil beide so großzügig von ihm alimentierten Parteien gemeinsam mit der CDU die Mehrwertsteuer für Hotelübernachtungen von 19 auf 7 Prozent senkten“ (Butterwegge 2016, S. 70). Wenige Jahre zuvor hatte die damalige rot-grüne Bundesregierung finanzielle Umschichtungen zu Gunsten Wohlhabender und zu Lasten Arbeitsloser vorgenommen. „… – übrigens keineswegs zufällig – am selben Tag wie Hartz IV die letzte Stufe der rot-grünen Einkommenssteuerreform in Kraft trat, bei welcher der Eingangssteuersatz von 16 Prozent auf 15 Prozent und der Spitzensteuersatz von 45 Prozent auf 42 Prozent sanken“ (Butterwegge 2015, S. 2009). Wie schrieben doch Marx und Engels vor über 150 Jahren? „Die moderne Staatsgewalt ist nur ein Ausschuß, der die gemeinschaftlichen Geschäfte der ganzen Bourgeoisieklasse verwaltet“ (Marx/Engels 1980, S. 464). Bei aller ökonomischen und gesellschaftlichen Wandlung scheint sich hier seit 1848 nichts Wesentliches geändert zu haben. Die Funktion der Staatsgewalt erscheint als Konstante der herrschenden Wirtschaftsweise. Diesen Aspekt betonte auch Engels Jahrzehnte später noch einmal. „Und der moderne Staat ist wieder nur die Organisation, welche sich die bürgerliche Gesellschaft gibt, um die allgemeinen äußern Bedingungen der kapitalistischen Produktionsweise aufrechtzuerhalten gegen Übergriffe sowohl der Arbeiter wie der einzelnen Kapitalisten. Der moderne Staat, was auch seine Form, ist eine wesentlich kapitalistische Maschine, Staat der Kapitalisten, der ideelle Gesamtkapitalist" (Engels 1972, S. 222).

Doch noch einmal zurück zu den kruden Vorstellungen Westerwelles, die jeglicher sozialen Empathie bar sind. Die Verführung ist groß, hier reflexartig den gegenteiligen Standpunkt einzunehmen und Langzeitarbeitslose ausschließlich als Opfer des kapitalistischen Wirtschaftssystems anzusehen. Allein diese Sichtweise führt in die Sackgasse, denn sie begreift sie ebenfalls, wenn auch unter anderen Vorzeichen, als Objekte patriarchalischer und autoritärer Intervention ohne jegliche Eigenverantwortung. Dass diese Sichtweise den Blick auf den Eigenanteil des Arbeitslosen an seiner Situation verstellt, wurde schon früh gesehen. „Ich glaube, daß der alte sozialistische Brauch, die Armen zu bemitleiden, den klaren Blick dafür getrübt hat, inwiefern es die Mängel des kleinen Mannes selbst sind, die zu seinem Schicksal beitragen" (Reich 1947, S. 271). Diese Sichtweise, die Verantwortlichkeit des Individuums zu betonen, ist nun keineswegs neu, kann sie sich doch auf Marx selbst berufen. Auch wenn der Mensch ein „ensemble der gesellschaftlichen Verhältnisse" ist, so ist er doch nicht bewusstlos und handlungsunfähig. Nicht zu vergessen ist, „daß die Umstände von den Menschen verändert werden" müssen (Marx 1981, S. 5ff). Oder, anders ausgedrückt: „daß also die Umstände ebensosehr die Menschen, wie die Menschen die Umstände machen" (Marx/Engels 1981, S. 38).

Aber Arbeitslose und insbesondere Langzeitarbeitslose, zumal, wenn sie unteren Sozialschichten angehören, werden nicht nur von neoliberalen und reaktionären Politikern und Medien angegriffen und herabgesetzt, sondern auch das linke oder linksalternative politische Spektrum schaut oftmals auf sie herab. „Schließlich werden in diesen Milieus bewusst oder unbewusst alle Unterschichtler als dumm, hässlich, dreckig, laut und unkultiviert betrachtet" (Baron 2016, S. 47). Und diese vorurteilsvolle und herabsetzende Betrachtungsweise wiegt schwer, da sich das linke oder links-alternative politische Spektrum als Bündnispartner dieser Bevölkerungsschichten versteht. Aber auch die von einem verächtlichen Blick geprägte Umgehensweise ist keineswegs neu. Bereits Marx, obgleich er vor allem mit seinen wirtschaftswissenschaftlichen und politischen Analysen sein Leben lang an der Befreiung der Arbeiter herausragend mitwirkte, äußerte sich gelegentlich abfällig über das Proletariat. Beispielhaft dafür stehen Zeilen, die er einem Freund schrieb: „Ich habe nie, besoffen oder nüchtern, Äußerungen gemacht, daß die Arbeiter nur zu Kanonenfutter gut, obgleich ich die Knoten,....., kaum gut genug dafür halte“ (Marx 1963, S. 596). Und auch gegenüber Engels machte er abfällige Bemerkungen über Arbeiter.“ Unser Einfluß auf dies Beamtentum ist größer als auf die Knoten“ (Marx 1965, S. 291).

Arbeitslose und insbesondere Langzeitarbeitslose haben nicht nur weniger Geld zur Verfügung und müssen mittelfristig zudem oft mit Gefühlen von Sinnentleerung und Hoffnungslosigkeit zurechtkommen, sondern sie sehen sich auch massiven Vorteilen und Ressentiments der Bevölkerung ausgesetzt. 1994 antworteten 39% der westdeutschen Bevölkerung auf die Frage »Glauben Sie, daß es unter denen, die zur Zeit arbeitslos sind, viele gibt, die nicht arbeiten wollen, oder sind das nur Einzelfälle?«, es gäbe ihrer Meinung nach viele, die nicht arbeiten wollen (Vgl. Institut für Demoskopie Allensbach 2001). 2001 waren es dann bereits 66%. 1994 waren 55% der Meinung, dies wären nur Einzelfälle und 2001 vertraten noch 28% diese Meinung. Eine etwas andere Situation ergab sich in Ostdeutschland. Hier waren 1994 nur 11% der Meinung, dass es viele Menschen gäbe, die nicht arbeiten wollten. Dieser Wert stieg dann in den Folgejahren auf immerhin 40% im Jahre 2001. Andererseits waren 1994 82% der Ostdeutschen der Meinung, es wären nur Einzelfälle von Menschen, die nicht arbeiten wollten. 2001 betrug dieser Wert dann 53%.

Auf die Frage »Glauben Sie, daß es bei uns in Deutschland viele Menschen gibt, die Sozialleistungen wie beispielsweise Arbeitslosenhilfe, Sozialhilfe, Wohngeld und ähnliches beziehen, obwohl es ihnen gar nicht zusteht, oder ist der Mißbrauch eher die Ausnahme?« antworten in Westdeutschland 65% der Menschen mit »ja, es gibt viel Missbrauch«. 2001 betrug dieser Wert immer noch 65%. Hingegen nahmen 1994 25% der Westdeutschen an, dies wäre eher die Ausnahme. 2001 betrug der Wert 26%, blieb also auch nahezu unverändert. Anders in Ostdeutschland. 1994 nahmen 28% der Bevölkerung an, es gäbe viel Missbrauch von Sozialleistungen, 2001 waren es dann bereits 48%. 1994 gingen 53% der Ostdeutschen davon aus, der Missbrauch von Sozialleistungen wäre eher die Ausnahme, 2001 glaubten dies noch 37%. Angesichts dieser Zahlen verwundert es nicht, dass 2001 72% der Westdeutschen und 60%

der Ostdeutschen der Meinung waren, man solle Arbeitslose zu gemeinnütziger Arbeit verpflichten. 15% der westdeutschen und 23% der Ostdeutschen lehnten diesen Standpunkt ab. 13% bzw. 17% der Bevölkerung waren in dieser Hinsicht unentschieden (Vgl. Institut für Demoskopie Allensbach 2001). Kommen wir auf Westerwelles Äußerungen zurück. Diese Zahlen sprechen nun eben nicht dafür, dass die Leistungsbereitschaft der Menschen nachgelassen hat und sie es sich in der sogenannten sozialen Hängematte des Sozialstaates bequem eingerichtet haben. Diese Meinungsänderung ist eher der permanenten Propaganda der bürgerlichen Medien geschuldet, allen voran der Bild-Zeitung, die ALG-II-Empfänger zum willkommenen Sündenbock erklärt. „Den Medien geht es nicht darum, ein realistisches Bild einer Personengruppe zu zeichnen, sondern darum, Leser- oder Zuschauerquoten zu steigern. Die Inszenierung einer abstoßenden und beschämenden Unterschicht befriedigt einen gewissen Voyeurismus und das Interesse, sich besser zu fühlen und nach unten abgrenzen zu können. Die Medien schüren Neid und Wut bei denen, die ebenfalls nicht viel haben und sich von Hartz-IV-Bezieher_innen ausgenutzt fühlen. Die Arbeitslosen geben sich für ihre Lage selbst die Schuld. Der Wirtschaft dagegen nutzt die Stigmatisierung, hält sie doch Menschen an, sich leistungsbereit zu zeigen und unter schlechtesten Bedingungen zu arbeiten, um bloß nicht zum »Prekariat« zu gehören" (Majer 2016, S. 4). Insofern scheint das Reich'sche Fazit, ursprünglich bezogen auf eine ideologische und reaktionäre Sexualpolitik, immer noch zu gelten: „Die herrschende Klasse ist geschickt bei der Auswahl ihrer Prediger" (Reich 1936, S. 43). Und die Auswirkungen dieser permanenten Hetze gegen Arbeitslose lassen nicht auf sich warten. Industriearbeiter sind augenscheinlich kaum zur Solidarität mit Arbeitslosen bereit. Stattdessen grenzen sie sich ab und fordern mehr Druck. „Mehr als die Hälfte der Befragten unserer Studie (54%) ist der Meinung, auf Arbeitslose solle größerer Druck ausgeübt werden, ein weiteres Drittel stimmt dem immerhin teilweise zu" (Holst/Matuschek 2013, S. 96). Da die Lohnabhängigen sich einerseits ohnmächtig gegenüber den gesellschaftlichen Verhältnissen erleben, fühlen sie sich andererseits auch durch Langzeitarbeitslosigkeit bedroht. „»Hartz IV« wird mehrheitlich als latente Bedrohung auch des eigenen sozialen Status eingeschätzt..." (Dörre 2013, S. 145). Angst verhindert hier Klassensolidarität.

Die Bundesagentur für Arbeit führte 2015 eine Umfrage zu ALG-II-Empfängern durch. Danach glaubten 37% der Bevölkerung ALG-II-Empfänger wollten nicht arbeiten, während 75% der ALG-II-Empfänger angaben, Arbeit sei ihnen das Wichtigste im Leben. Weitere 55% der Bevölkerung vertraten die Ansicht ALG-II-Empfänger suchten selbst nicht aktiv nach Arbeit, während 62% der ALG-II-Empfänger selbst direkt beim Arbeitgeber anklopfen. Weitere 57% der Deutschen glauben ALG-II-Empfänger seien bei der Arbeitssuche zu wählerisch, während 71% der Betroffenen angaben, sie wären bereit eine Stelle unter ihrem Leistungsniveau anzunehmen. 55% der Deutschen sind der Meinung ALG-II-Empfänger hätten nichts Sinnvolles zu tun, während 62% der Betroffenen mindestens eine gesellschaftlich relevante Betätigung nannten. 57% der Deutschen gaben an, die ALG-II-Empfänger wären ihrer Einschätzung nach schlecht qualifiziert. Dagegen spricht, dass immerhin 44% über eine abgeschlossene Ausbildung verfügten (Vgl. Wisdorff 2015). Diese Zahlen zeigen, dass Arbeit für die überwiegende Zahl der Deutschen eine zentrale Bedeutung hat und dies unabhängig davon, ob sie aktuell im Besitz eines Arbeitsplatzes sind oder nicht. Und nicht zuletzt dient dieses Thema offenbar vielen Zeitgenossen dazu ihre Vorurteile gegenüber Arbeitslosen zu demonstrieren. Realistischerweise muss dann aber wiederum auch angenommen werden, dass es Arbeitslose gibt, die angeben, sie würden einen Arbeitsplatz anstreben, aber die mit diesem geäußerten Wunsch in erster Linie vermeintlichen sozialen Erwartungen entsprechen wollen. Dass diese Gruppe aber in irgendeiner Weise das Funktionieren des Sozialstaates untergräbt, steht kurz- wie mittelfristig außer Frage.

Die Arbeit und ihre Bedeutung für Lohnabhängige

Die Arbeit unter kapitalistischen Bedingungen hat einen eigentümlichen Charakter. „Die Arbeit produziert nicht nur Waren; sie produziert sich selbst und den Arbeiter als eine Ware, und zwar in dem Verhältnis, in welchem sie überhaupt Waren produziert" (Marx 1981, S. 511). Arbeit bzw. Lohnarbeit unter den genannten Bedingungen der Profitmaximierung hat besondere Auswirkungen. Marx spricht in diesem Zusammenhang dann von »Entäußerung« bzw. »Entfremdung«. „Worin besteht nun die Entäußerung der Arbeit? Erstens, daß die Arbeit dem Arbeiter äußerlich ist, d. h.

nicht zu seinem Wesen gehört, daß er sich daher in seiner Arbeit nicht bejaht, sondern verneint, nicht wohl, sondern unglücklich fühlt, keine freie physische und geistige Energie entwickelt, sondern seine Physis abkasteit und seinen Geist ruiniert. Der Arbeiter fühlt sich daher erst außer der Arbeit bei sich und in der Arbeit außer sich. Zu Hause ist er, wenn er nicht arbeitet, und wenn er arbeitet, ist er nicht zu Haus. Seine Arbeit ist daher nicht freiwillig, sondern gezwungen, Zwangsarbeit. Sie ist daher nicht die Befriedigung eines Bedürfnisses, sondern sie ist nur ein Mittel, um Bedürfnisse außer ihr zu befriedigen" (Marx 1981, S. 514). Aber eigentlich geht er davon aus, „die freie bewußte Tätigkeit ist der Gattungscharakter des Menschen" (Marx 1981, S. 516). Das bedeutet, unter anderen wirtschaftlichen Produktionsbedingungen erfolgt eine „Verwandlung der Arbeit in Selbstbetätigung" (Marx/Engels 1981, S. 68). Diese Verwandlung der Arbeit kann aber nur jenseits des Kapitalismus stattfinden. Marx sprach 1875 davon, dass in einer zukünftigen kommunistischen Gesellschaft „Arbeit nicht nur Mittel zum Leben, sondern selbst das erste Lebensbedürfnis geworden" ist (Marx 1972, S. 21). Vielleicht erschien auch Marx diese Sicht auf die Arbeit letztendlich zu positiv, denn im dritten Band seines Hauptwerkes, das von Engels nach seinem Tod anhand seiner Manuskripte herausgegeben wurde, nimmt er eine deutlich andere Position ein." Das Reich der Freiheit beginnt in der Tat erst da, wo das Arbeiten, das durch Not und äußere Zweckmäßigkeit bestimmt ist, aufhört; es liegt also der Natur der Sache nach jenseits der Sphäre der materiellen Produktion. Wie der Wilde mit der Natur ringen muß, um seine Bedürfnisse zu befriedigen, um sein Leben zu erhalten und zu reproduzieren, so muß es der Zivilisierte, und er muß es in allen Gesellschaftsformen und unter allen möglichen Produktionsweisen. Mit seiner Entwicklung erweitert sich dies Reich der Naturnotwendigkeit, weil die Bedürfnisse; aber zugleich erweitern sich die Produktivkräfte, die diese befriedigen. Die Freiheit in diesem Gebiet kann nur darin bestehn, dass der vergesellschaftete Mensch, die assoziierten Produzenten, diesen ihren Stoffwechsel mit der Natur rationell regeln, unter ihre gemeinschaftliche Kontrolle bringen, statt von ihm als von einer blinden Macht beherrscht zu werden; ihn mit dem geringsten Kraftaufwand und unter den ihrer menschlichen Natur würdigsten und adäquatesten Bedingungen vollziehn. Aber es bleibt dies immer ein Reich der Notwendigkeit. Jenseits desselben beginnt die menschliche Kraftentwicklung, die sich als Selbstzweck gilt, das wahre Reich der Freiheit, das aber nur auf jenem Reich der Notwendigkeit als seiner Basis aufblühn kann. Die Verkürzung des Arbeitstags ist die Grundbedingung" (Marx 1979, S. 828).

Die sehr geraffte Marx'sche Sichtweise auf die Lohnarbeit bedarf sicher teilweise einer Korrektur und teilweise einer Ergänzung und Differenzierung. Hierzu einige Anmerkungen: Lohnarbeit unter kapitalistischen Produktionsbedingungen kann nicht nur durch das Stichwort Entfremdung abgebildet werden, denn „mehr als 70 Prozent aller Beschäftigten würden ihrer Arbeit angeblich selbst dann weiter nachgehen, wenn sie finanziell nicht darauf angewiesen wären" (Bauer 2015, S. 18). Schließt man die Möglichkeit aus, dass Menschen hier etwas tun oder fortsetzen, was ihnen letztlich nicht gut tut, und im Einzelfall sicher auch passiert, so ist diese Zahl überraschend. Hier offenbart sich wohlmöglich aber auch der Geist des Kapitalismus, der ein arbeitsames Leben zur ethisch und religiös verbrämten Richtschnur aller Gesellschaftsmitglieder erhob (Vgl. Weber 2007). Etwas abstrakter und verallgemeinernd formuliert findet sich dieser Gedanke bereits beim frühen Marx: „Die Gedanken der herrschenden Klasse sind in jeder Epoche die herrschenden Gedanken, d. h. die Klasse, welche die herrschende *materielle* Macht der Gesellschaft ist, ist zugleich ihre herrschende *geistige* Macht. Die Klasse, die die Mittel zur materiellen Produktion zu ihrer Verfügung hat, disponiert damit zugleich über die Mittel zur geistigen Produktion, so daß ihr damit zugleich im Durchschnitt die Gedanken derer, denen die Mittel zur geistigen Produktion abgehen, unterworfen sind" (Marx/Engels 1981, S. 46). Gerade der letzte Hinweis, dass diejenigen, denen die Mittel zur geistigen Produktion fehlen, dem Einfluss der herrschenden Gedanken unterworfen sind, ist auch heute immer wieder aktuell. Wenn gegen arme Bevölkerungsgruppen polemisiert oder gar gehetzt wird, so fehlt diesen Menschen weitestgehend der Zugang zu den Medien, um hier Gegenwehr zum Ausdruck zu bringen.

Auf einen interessanten Tatbestand weist Klee hin. Er schreibt u. a. über die Arbeitsmotivation von Nichtsesshaften. „Nichtsesshafte arbeiten hart. In Markthallen, im Hafen, auf dem Bau, in der Landwirtschaft, als Möbelpacker" (Klee 1979, S. 130). Klee räumt einerseits mit dem Vorurteil auf, Nichtsesshafte wollten nicht arbeiten und andererseits verweist er auf Arbeitsbedingungen, die dieses Arbeitskräftepotential Anfang der 70er Jahre des 20. Jahrhunderts noch nachfragte. „Die Arbeitsscheu der

Nichtsesshaften ist ein Märchen. Sie arbeiten, hat sich gezeigt, wenn sie können und dürfen. Nur, dass sie selbst darüber nicht zu bestimmen haben. Denn Nichtsesshafte oder Personen, die als »nichtseßhaft« deklariert wurden, bilden ein mobiles Arbeitskräftepotential, das bei Bedarf in den Arbeitsprozeß ein – und bei Nichtbedarf ausgegliedert wird" (Klee 1979, S. 130). Heute sind Nichtsesshafte weit davon entfernt als Arbeitskräfte gebraucht zu werden. Möglicherweise setzt sich die Population der Nichtsesshaften aber heute auch aus Menschen zusammen, die ein weit höheres Maß an Verelendung aufweisen als diejenigen vor 45 Jahren und die von daher auch keine vergleichbare Arbeitsleistung mehr bringen könnten. Dieser Vermutung kann hier allerdings aus Platzgründen nicht weiter nachgegangen werden.

Doch zurück, in die Gegenwart, zu den 70%, die weiter arbeiten würden, auch wenn sie es finanziell nicht mehr müssten. Hierfür mag es gar neurobiologische Gründe geben wie Bauer weiter ausführt: „Ein zentrales, neurobiologisch (!) begründetes Motiv für die Bereitschaft des Menschen zu arbeiten ist der Wunsch nach direkter oder indirekter Anerkennung" (Bauer 2015, S. 29). Andererseits „behaupten 83 Prozent der Befragten im Gegenzug: alle anderen würden sich auf die faule Haut legen", wenn es ein bedingungsloses Grundeinkommen gäbe (Evangelische Zeitung 2014, S. 3). Hier wird allemal Misstrauen in den Nächsten deutlich. Möglicherweise werden hier auch Wünsche nach Passivität und Hingabe auf andere Menschen projiziert, um sie nicht an sich selbst wahrnehmen zu müssen.

Die Marx`sche Sichtweise, dass die Arbeit gar ein Lebensbedürfnis werden könne, wenn sie denn unter nicht entfremdeten Bedingungen stattfinde, mag nun zunächst ihrerseits etwas befremdlich anmuten. Ist so etwas überhaupt möglich, könnte man sich fragen. Auf der anderen Seite kennen viele Menschen einen Zustand, der dadurch gekennzeichnet ist, dass sie völlig in einer Tätigkeit aufgehen. Diese Befindlichkeit wird auch als »Flow« bezeichnet. Er beschreibt das „Gefühl mühelosen Handelns" (Csikszentmihalyi 2001, S. 45). Welche Bedingungen müssen nun erfüllt sein, um „Flow-Erfahrungen" machen zu können? Wichtig scheint das Bewusstsein zu sein, dass man etwas gut oder richtig gemacht hat. Hierzu bedarf es eines Feedbacks. Zudem darf die Arbeit keine Unter- und keine Überforderung darstellen. „Entspricht eine schwierige Herausforderung einem großen Können, so kann das zu einem völlig (sic!) Aufgehen in der Aktivität führen. Darin unterscheidet sich der *flow*-Zustand vom normalen Leben“ (Ders. a. a. O., S. 47).

Die Freiheit der Selbstbestimmung ist insofern nicht umsonst zu haben, liefert aber auf der anderen Seite vielfach ein Gefühl tiefer Befriedigung im Arbeitsprozess. Und gerade hieran mangelt es vielen Lohnabhängigen in Deutschland, wie die Unternehmensberatung Gallup feststellte. „Immerhin 67 Prozent der Beschäftigten machen hierzulande nur noch Dienst nach Vorschrift, sind also kaum bei der Sache. Jeder sechste hat innerlich sogar gekündigt. Demgegenüber geben nur 16 Prozent an, sich ihrem Arbeitgeber stark verbunden zu fühlen – und sich deshalb für ihn ins Zeug zu legen“ (Bund/Rohwetter 2014, S. 23). Gleichzeitig scheint – zumindest untergründig – bei vielen Lohnabhängigen ein Wunsch nach Selbstbestimmung in der Arbeit zu bestehen, auch wenn er sich vornehmlich in Sehnsüchten und Phantasien dokumentiert, die allerdings unter kapitalistischen Produktionsbedingungen nicht zu erfüllen sind, worauf denn auch eiligst hingewiesen wird. „Auch sie überfrachten den Job mit Ansprüchen, die in der Summe kaum zu erfüllen sind: Die Arbeit soll Sinn stiften, Glück verheißen und der Persönlichkeit Bedeutung verleihen“ (Ders. ebd.). Bedeutung zu haben heißt heutzutage vor allem, Wertschätzung zu bekommen. Und hier gibt es einen Zusammenhang mit der Arbeitszufriedenheit. „Der Aussage »Ich habe in den letzten sieben Tagen für gute Arbeit Anerkennung und Lob bekommen« stimmten im Jahr 2011 nur 4 Prozent der Mitarbeiter ohne emotionale Bindung uneingeschränkt zu. Bei den emotional hochgebundenen Arbeitnehmern lag dieser Wert bei 79 Prozent. Ähnlich verhielt es sich, wenn es um ein konstruktives Feedback ging (2 Prozent zu 75 Prozent). Des Weiteren gaben nur 5 Prozent der Mitarbeiter ohne emotionale Bindung an, dass sich jemand bei der Arbeit für sie als Mensch interessiert (emotional hoch Gebundene: 93 Prozent). Nur ein Prozent der Mitarbeiter ohne emotionale Bindung erklärt, dass es jemanden im Unternehmen gibt, der die persönliche Entwicklung fördert (emotional hoch Gebundene: 87 Prozent). Nur drei Prozent der emotional nicht gebundenen Mitarbeiter mochten der Aussage uneingeschränkt zustimmen, ihre Meinungen und Ansichten hätten im Unternehmen Gewicht. In der Gruppe der emotional hoch Gebundenen stimmten 93 Prozent ohne Wenn und Aber zu“ (Berkemeyer 2014, S. 11). Diese Zahlen belegen, dass das Thema

Arbeit mit zentralen Emotionen, wie Freude und Frustration, aber auch mit dem Bedürfnis nach Anerkennung legiert ist. So verwundert es nicht, dass es auch im Unbewussten der Lohnabhängigen seinen Platz findet. „Das häufigste Thema in den Träumen der Deutschen ist einer repräsentativen Studie zufolge ihre Arbeit (34 Prozent), es folgten Reisen (27 Prozent) und Verstorbene (22 Prozent)" (Spät 2016).

Die Veränderung der Normalarbeitsverhältnisse im ausgehenden 20. Jahrhundert

Die Entlohnung der arbeitenden Bevölkerung und ihre rechtliche Stellung in der Arbeitswelt sind einem dauernden Wandel unterworfen. Dennoch lässt sich als grobe Orientierung festhalten: „Die ökonomischen Verhältnisse einer gegebenen Gesellschaft stellen sich zunächst dar als Interessen" (Engels 1971, S. 272). Wenn Normalarbeitsplätze, oft tarifgebunden, aufgelöst werden, wenn schlechter entlohnte Leiharbeiter Stammbelegschaften ersetzen, unbefristete Arbeitsverträge sukzessive durch befristete ersetzt werden, wenn Arbeitslose über ein System von Sanktionen in Teilzeitjobs gepresst werden, ist klar, wessen Interessen sich hier artikulieren – und vor allem – durchgesetzt werden." Überall finden wir in der Tat dasselbe Bild: Eine privilegierte Schicht stabiler und in ihrem Betrieb ergebener Kernbelegschaften steht mittlerweile einer wachsenden Masse von prekär Beschäftigten, Zeitarbeitern, Arbeitslosen und Jobbern gegenüber" (Gorz 1989, S. 98). Durch das Drücken der Arbeitskosten sollen offensichtlich die Verwertungsbedingungen des Kapitals verbessert werden. Dies kann durch billigere Leiharbeiter genau so geschehen, wie ein in geringfügige Beschäftigungen zerstückelter Vollzeitjob die Arbeitsflexibilität erhöht. Als Nebeneffekt führen diese Veränderungen der Arbeitsplatzsicherheit zu einer erhöhten Disziplinierung weiter Schichten der Lohnabhängigen. Hierzu ein kleiner Überblick über das Ausmaß dieser Tendenzen in der deutschen Wirtschaft. In diesem Zusammenhang darf nicht unerwähnt bleiben, dass seit Januar 2015 in vielen Branchen ein Mindestlohn von 8,50€ gilt. (ab 1.1.2017: 8,84€) Das ist nicht viel, und vor allem schützt dieser Lohn nicht vor Altersarmut, aber zuvor herrschten in manchen Branchen Stundenlöhne von fünf oder sechs Euro. Erste Untersuchungen deuten darauf hin, dass der Mindestlohn, abgesehen von den Branchen, in denen er sowieso nicht gilt, wie z. B. bei der Zeitungszustellung, keineswegs flächendeckend gezahlt wird. 2014 verdienten 59,1% der Minijobber weniger als 8,50€, nach der Einführung des Mindestlohns waren es im Jahre 2015 immerhin noch 50,4%. Im Juni 2015, also sechs Monate nach Einführung des Mindestlohns, erhielten immerhin noch 44% der Minijobber einen Lohn unterhalb der Mindestgrenze. „Besonders in den Branchen mit vielen Minijobbern und Niedriglöhnen, für die es keine Ausnahmeregelung gab, lag der Anteil der Verstöße gegen das Mindestlohngesetz bei Minijobbern im Jahr 2015 noch höher. Betroffen sind insbesondere das Gastgewerbe mit 75% und der Einzelhandel mit 53,6%. Außerdem treten Mindestlohnverletzungen mit 62,4% häufiger in Kleinunternehmen (bis zehn Beschäftigte) als in mittelgroßen Unternehmen (44,7%, 11 bis 199 Beschäftigte) und Großunternehmen (40,2%, 200 oder mehr Beschäftigte) auf" (Pusch/Seifert 2017, S. 5). In diesem Zusammenhang weitere Daten zur atypischen Beschäftigung

Tabelle 1 Atypische Beschäftigung

	Männer	**Frauen**
1991	6%	23%
2014	12%	33%

Quelle: Statist. Bundesamt (Hrsg.): Statistisches Jahrbuch. Wiesbaden 2015, S. 352

Tabelle 1 zeigt, dass die atypische Beschäftigung in den Zeiten starker Arbeitslosigkeit zugenommen hat und 1/3 der weiblichen Erwerbstätigen betrifft. Aber auch bei den Männern hat sie sich immerhin auf 12% verdoppelt.

Tabelle 2 Formen atypischer Beschäftigung (Überschneidungen möglich)

Jahr	**Befristet**	**Teilzeit**	**Geringfügig**	**Gesamt**
2000	2.265.000	3.944.000	1.749.000	6.012.000
2005	2.498.000	4.673.000	2.416.000	6.854.000
2010	2.858.000	4.942.000	2.517.000	7.945.000

2014	2.464.000	4.868.000	2.335.000	7.506.000

Quelle: Statist. Bundesamt (Hrsg.): Statistisches Jahrbuch. Wiesbaden 2015, S. 352

Tabelle 2 ist zu entnehmen, dass in 15 Jahren vor allem die Zahl der Teilzeitstellen und die der geringfügig Beschäftigten zugenommen haben. Aber auch die befristet beschäftigten Arbeitnehmer haben sich auf hohem Niveau eingependelt.

Tabelle 3 Entwicklung der Leiharbeit in Deutschland

1985	**1994**	**1997**	**2002**	**2015**
42.000	103.000	181.000	288.000	951.00

Quelle: Bundesagentur für Arbeit 2016, S.7

Wie stellen sich die aktuellen Verhältnisse im Einzelnen dar? 290 000 Leiharbeiter oder 31% sind in den Bereichen Verkehr, Logistik, Sicherheit und Reinigung beschäftigt. 266 000 oder 28% arbeiten in den Bereichen Metall und Elektro (Vgl. Bundesagentur f. Arbeit 2016, S. 10). Die Frage nach den Gründen des Ansteigens der Leiharbeit erübrigt sich weitgehend, wenn man weiß, dass Leiharbeiter im Schnitt 42% weniger verdienen als der Durchschnitt aller Lohnabhängigen. Bei den gut ausgebildeten Spezialisten sind es immer noch 20%. Fazit: Leiharbeitnehmer sind ein gutes Geschäft für deutsche Unternehmen. Kaum ein Gesetz wurde seit Anfang der 80er Jahre so oft der Interessenslage der Unternehmer bzw. der Zahl der Arbeitslosen angepasst wie das über die Leiharbeit. Auch diese administrative Vorgehensweise ist keineswegs neu. Sie ist mindestens seit dem Aufkommen der bürgerlichen Gesellschaft gebräuchlich. „Sowohl die politische wie die bürgerliche Gesetzgebung proklamieren, protokollieren nur das Wollen der ökonomischen Verhältnisse“ (Marx 1980, S. 109).

Die Veränderung von Arbeitsformen, Arbeitszeiten, Arbeitsintensität und das Auftreten und der Umgang mit Arbeitslosigkeit geschehen aus materialistischer Sicht nicht zufällig, sondern lassen sich auf die Bedingungen der Produktion und die Verteilung der Produkte zurückführen. „Die materialistische Anschauung der Geschichte geht von dem Satz aus, dass die Produktion, und nächst der Produktion der Austausch ihrer Produkte, die Grundlage aller Gesellschaftsordnung ist; dass in jeder geschichtlich auftretenden Gesellschaft die Verteilung der Produkte, und mit ihr die soziale Gliederung in Klassen oder Stände, sich danach richtet, was und wie produziert und wie das Produzierte ausgetauscht wird" (Engels 1978, S. 248). Und Engels führt sehr pointiert – und damit leider auch zu sehr verkürzt – aus, dass es die materiellen Prozesse und nicht die Ideen der Menschen sind, die gesellschaftliche Veränderungen hervorrufen: „Hiernach sind die letzten Ursachen aller gesellschaftlichen Veränderungen und politischen Umwälzungen zu suchen nicht in den Köpfen der Menschen, in ihrer zunehmenden Einsicht in die ewige Wahrheit und Gerechtigkeit, sondern in Veränderungen der Produktions- und Austauschweise; sie sind zu suchen nicht in der *Philosophie*, sondern in der *Ökonomie* der betreffenden Epoche" (Ders. a. a. O., S. 248f). In späteren Jahren äußerte Engels sich hier differenzierter. Er gestand zu, dass politischen, juristischen, philosophischen und religiösen Anschauungen eine große Bedeutung in der gesellschaftlichen Auseinandersetzung zukommt. Sie „üben auch ihre Einwirkung auf den Verlauf der geschichtlichen Kämpfe aus und bestimmen in vielen Fällen vorwiegend deren *Form*" (Engels 1986, S. 463). Selbstkritisch merkte Engels an, dass er und Marx selbst dazu beigetragen hätten, dass dem ökonomischen Faktor als dem treibenden Moment der gesellschaftlichen Entwicklung eine zu große und vor allem einseitige Beachtung zuteilwurde. „Wir hatten, den Gegnern gegenüber, das von diesen geleugnete Hauptprinzip zu betonen, und da war nicht immer Zeit, Ort und Gelegenheit, die übrigen an der Wechselwirkung beteiligten Momente zu ihrem Recht kommen zu lassen" (Engels 1986, S. 465).

Aber die Flexibilität am Arbeitsmarkt lässt sich noch weiter verschärfen und auf die Spitze treiben. Ein hierbei verwandtes Instrument ist die »Arbeit auf Abruf«. Nach dem Teilzeit- und Befristungsgesetz ist die Arbeit auf Abruf mindestens vier Tage im Voraus anzukündigen. Dieser gesetzlichen Vorgabe wird aber nur sehr unzureichend Folge geleistet. 35,2% der Arbeitnehmer wurden am selben Tag über ihren Arbeitseinsatz informiert, 37% ein bis drei Tage im Voraus und lediglich bei 27,8% der Arbeitnehmer wurde die gesetzlich vorgeschriebene Frist von vier Tagen eingehalten (Vgl. DGB 2016, S.12). Und diese Form des Arbeitens ist keine Randerscheinung, denn 13% der Betriebe mit mehr als zehn Mitarbeitern nutzen diese Arbeitszeitform.

Diese Arbeitszeitform nutzen 31,4% der Betriebe im Bereich Gastronomie und personenbezogene Dienstleistungen und 26,3% der Betriebe im Bereich Baugewerbe und Versorgung (Vgl. Ders. a. a. O., S. 7). Arbeit auf Abruf findet sich vor allem bei Minijobs und auch im Niedriglohnbereich. Aber die Kapitalseite scheint mit dem Ausmaß der Flexibilisierung noch nicht zufrieden. „Seitens des Arbeitgeberlagers wird der Abbau des bestehenden Arbeitsschutzrahmens z. B. durch die Einschränkung der Ruhezeiten von elf Stunden gefordert, um noch mehr betriebliche Spielräume für zunehmend flexible, arbeitsintensive und mobile Tätigkeiten zu erwirken" (DGB 2016, S. 3).

Arbeit im Niedriglohnbereich findet vornehmlich bei Minijobs und Teilzeitstellen statt. Seit Jahren wächst der Anteil der Lohnabhängigen, die für einen Niedriglohn (unterhalb von zwei Dritteln des mittleren Stundenlohnes) arbeiten. „Dieser Anteil ist nach Berechnungen des Instituts Arbeit und Qualifikation seit 2000 bis 2015 von rund 20 Prozent auf rund 24 Prozent angestiegen und schwankt seitdem um einen Wert von rund 23 Prozent" (Bundesministerium für Arbeit und Soziales 2013, S. XI). Mit der Einführung des Mindestlohnes wurde der Versuch unternommen, dem Lohndumping Grenzen zu setzen. Wie war es zuvor? „Nach einer Studie des Instituts für Arbeit und Qualifikation (IAQ) der Universität Duisburg-Essen müssen knapp acht Millionen Menschen in Deutschland mit einem Niedriglohn von weniger als 9,15 Euro brutto pro Stunde auskommen. Zwischen 1995 und 2010 stieg die Zahl der Niedriglöhner um mehr als 2,3 Millionen. Mehr als eine Million Niedrigverdiener bekommen weniger als fünf Euro.... Friseure arbeiten hingegen auch schon mal für unter vier Euro die Stunde" (Landeszeitung 2013, S. 20). Dafür bekommen sie dann aber den Dank der Katholischen Arbeitnehmer-Bewegung und der Christlichen Arbeiterjugend (CAJ) (Vgl. Kirchenzeitung 2014, S.10). Mittlerweile liegen auch erste Beschreibungen aus der Arbeitnehmerperspektive vor (Vgl. Wallraff 2009). Trotzdem erleben offenbar manche ehemals Langzeitarbeitslose diese Ausbeutung noch als hilfreich und ziehen sie einem Leben als Arbeitsloser vor. So ein Arbeitnehmer ist Norbert Faltin, Betriebsrat bei Amazon, gleichzeitig CDU-Mitglied und Mitglied der Katholischen Arbeitnehmer-Bewegung (KAB). Er feiert es als Riesenerfolg, dass mittlerweile 25% der 2000 Mitarbeiter bei Amazon in Koblenz befristete Verträge haben (Vgl. Gerber 2014, S.10). Wie passt es zusammen, dass er vor Ort als

Betriebsrat für soziale Sicherheit und Arbeitnehmerrechte kämpft, während seine Parteifreunde in Berlin gemeinsam mit FDP, SPD und Grünen die Wirtschaft dereguliert und die verschärfte Ausbeutung der Lohnabhängigen in Szene gesetzt haben? Diese Frage stellt er sich offensichtlich nicht. Davon, dass das deutsche Lohndumping in anderen Ländern der EU die Wirtschaft ruiniert, ist ebenfalls nicht die Rede. Im Jahre 2014 wurde bei Amazon, dem Onlineversandhandel, der an neun Standorten in Deutschland 9.000 Menschen beschäftigt, an vier Standorten gestreikt. Ziel von Ver.di war der Abschluss eines Tarifvertrages, was Amazon vehement ablehnte (Vgl. Süddeutsche Zeitung vom 04.06.2014). Die Aufkündigung von Tarifverträgen ist ein beliebtes Mittel zum Drücken der Löhne. Mittlerweile arbeitet nur noch jeder zweite Lohnabhängige in Deutschland in einem Betrieb, für den ein Branchentarifvertrag gilt (Vgl. Süddeutsche Zeitung v. 03.06.2014, S. 19). 1996 waren es im Westen Deutschlands noch 70% und im Osten immerhin 56%. Stundenlöhne von fünf, sechs oder sieben Euro waren vor 2015 noch nicht das Ende der Lohnskala. Im Juni 2014 meldete die sozialistische Presse, dass aus Osteuropa stammenden Erntehelfern in Thüringen Löhne von nicht einmal 3€ gezahlt wurden (Vgl. Klemm 2014, S. 1). Die betroffenen Arbeitskräfte, etwa 700, wohnten auf dem Betriebsgelände in Zimmern von ca. zehn Quadratmetern Größe, die mit 20 Bewohnern belegt waren. Für 700 Menschen gab es drei WCs bzw. Duschen. Der Betreiber des Hofes bestritt die Zustände (Vgl. Boewe 2014, S. 9). Aber es ist nicht nur der Niedriglohn, der viele Lohnabhängige beutelt.

Der Arbeitsumfang und der Arbeitsdruck steigt insgesamt immer mehr. „Fast die Hälfte aller Erwerbstätigen arbeitet außerhalb der regulären Arbeitszeit, viele sogar im Urlaub. Die Deutschen leisten durchschnittlich rund drei Überstunden pro Woche, und nicht einmal die Hälfte dieser Überstunden wird bezahlt. Tendenz steigend“ (Spät 2016). Dabei werden auch gesetzliche Vorgaben des Arbeitszeitgesetzes oftmals ausgehebelt. Es „arbeiten zwölf Prozent der Vollerwerbstätigen über 48 Stunden pro Woche – also mehr als gesetzlich erlaubt, bei den Selbständigen sind es sogar 53 Prozent“ (Spät 2016). Aber all dies scheint den Arbeitgebern immer noch nicht zu reichen. „Der gesetzliche Korridor passt nicht mehr in eine Welt, die 24 Stunden am Tag in Echtzeit online ist.“, so Hans-Peter Klos vom arbeitgebernahen Institut der deutschen Wirtschaft (Spät 2016). Verwundert es da noch, dass schon 53% der Studierenden und 50% aller Beschäftigten unter einem hohen Stresslevel klagen (Vgl. AOK Bundesverband 2016, S. 1). Aber diese Zusammenhänge zwischen erhöhtem Arbeitsdruck und langen Arbeitszeiten einerseits und der Angst vor Arbeitslosigkeit andererseits sind keineswegs neu wie ein Blick in die entsprechende Literatur belegt. „Es liegt in der Natur des Kapitals, einen Teil der Arbeiterbevölkerung zu überarbeiten und einen anderen zu pauperisieren" (Marx 1968, S. 300).

Wie fühlt sich Überarbeitung und Entfremdung heute an? Viele Aspekte dieser Zustände lassen sich sicher unter dem Begriff »Stress« zusammenfassen. „Hohe Anspannung, niedrige Reizschwelle, zu viele Gedanken zur gleichen Zeit und eine genervte Ungeduld mit anderen genau wie mit sich selbst – so in etwa fühlt sich Stress an" (Techniker Krankenkasse 2016, S. 6). 63% der Frauen und 58% der Männer stehen immer wieder unter Stress. 39% der Frauen und 54% der Männer fühlen sich durch ihre Arbeit gestresst. Unter hohen Ansprüchen an sich selbst leiden 48% der Frauen und 37% der Männer. 23% der Frauen und 34% der Männer fühlen sich durch die ständige Erreichbarkeit gestresst (Vgl. Techniker Krankenkasse 2016, S. 13). Extensives Arbeiten kann insbesondere für Männer zum Stressfaktor werden. „Eine Arbeitszeit mit weniger als 30 Stunden steht mit zwei Prozent bei kaum einem Mann im Vertrag. Dafür sind es dann aber 39 Prozent der Männer, die mehr als 40 Stunden, und weitere zwölf Prozent, die mehr als 51 Stunden in der Woche arbeiten" (Techniker Krankenkasse 2016, S. 22). Eindeutige Zusammenhänge gibt es zwischen der Höhe des Verdienstes und der Freude an der Arbeit. „Von denen, die 4.000 Euro und mehr an Einkommen haben, gehen fast acht von zehn mit Freude zur Arbeit. Nur sechs von zehn sind es dagegen bei denen, die 1.500 Euro oder weniger zur Verfügung haben" (Techniker Krankenkasse 2016, S. 23). Hier dürften die Arbeitsbedingungen der wichtigste Faktor sein. Wer weniger qualifiziert ist, kann in der Arbeit in der Regel weniger seine Kreativität entfalten und hat auch weniger Gestaltungsspielräume – und nicht zuletzt ist das Einkommen relativ gering. Vier von zehn Lohnabhängigen fühlen sich abgearbeitet und verbraucht. 38% können abends und am Wochenende nicht richtig abschalten. 29% können auch im Urlaub nicht mehr richtig abschalten. Die Angst um den Verlust des Arbeitsplatzes ist ein bedeutsamer Stressfaktor. Geringer Qualifizierte fürchten sich hier häufiger. „19 Prozent derer mit Hauptschulabschluss sorgen sich aktuell um ihren Arbeitsplatz. Von denen mit mittlerem Abschluss sind es 13 Prozent, von denen mit Abitur oder Studium nur sieben Prozent" (Techniker Krankenkasse 2016, S. 29).

Stressauswirkungen zeigen sich in vielfältigen psychosomatischen Symptomen. 54% berichten von Verspannungen/Rückenschmerzen, 30% leiden unter Schlafstörungen, 26% unter Migräne, 25% leiden unter Nervosität/Gereiztheit, 25% haben Herz-Kreislauf/Bluthochdruck-Beschwerden. 13% leiden unter depressiven Verstimmungen und 12% unter Magenbeschwerden/Übelkeit (Vgl. Techniker Krankenkasse 2016, S. 47).

Was Arbeiter und andere Lohnabhängige heute über ihre Kollegen, ihren Betrieb und das Leben jenseits der Lohnarbeit denken, ist trotz aller demoskopischen Untersuchungen kaum bekannt. Die Zahl der hierzu vorliegenden Studien ist sehr begrenzt. Nachfolgend werden Befunde dargelegt, die aus Belegschaftsbefragungen aus Betrieben der Metall- und Elektroindustrie stammen. Von Repräsentativität im statistischen Sinne ist dabei allerdings nicht die Rede.

Bei der Betrachtung der vorliegenden Ergebnisse wird schnell klar, dass von einem Klassenbewusstsein im herkömmlichen Sinne nicht (mehr) gesprochen werden kann. Hierunter wäre Klarheit über die eigene Stellung im Wirtschaftsprozess und die dadurch bedingten Machtverhältnisse zu verstehen. Klassenbewusste Arbeiter würden erkennen, dass sie als produktive Arbeiter einen Mehrwert erarbeiten, der ihnen aber nicht zunutze kommt, sondern privat angeeignet wird. Diesen Widerspruch von Kapital und Arbeit würden sie als historisch bedingt und damit auch als durch kollektive Anstrengungen veränderbar erkennen. Derzeit ist dies aber nicht so. „Kritisches Gesellschaftsbewusstsein findet im Mikrokosmos des Arbeitsbewusstseins nicht mehr selbstverständlich eine Stütze. Im Gegenteil, die positive Identifikation mit dem Betrieb, dem Werk und gegebenenfalls dem Unternehmen als sozialem Ort vermag eine kritische Sicht auf die Gesellschaft subjektiv zu relativieren, ja zu entschärfen" (Dörre/Matuschek 2013, S. 40f). Dieser Mangel an kritischem Bewusstsein ist zum Teil der wirtschaftlichen Entwicklung geschuldet. „Wer die Bewährungsproben immer neuer Standortkonkurrenzen zu bestehen hat, dem fällt es schwer, das dichotomische Gesellschaftsbild auf die betriebliche Leistungsgemeinschaft anzuwenden" (Dörre/Matuschek 2013, S. 51). Auch diese der kapitalistischen Wirtschaftsweise innewohnende Tendenz ist keineswegs neu. „Diese Organisation der Proletarier zur Klasse, und damit zur politischen Partei, wird jeden Augenblick wieder gesprengt durch die Konkurrenz unter den Arbeitern selbst" (Marx/Engels 1980, S. 471). Allerdings werden diese zentrifugalen Kräfte im Laufe der kapitalistischen Entwicklung überwunden und die Konstituierung als Klasse schreitet fort. Mit dieser Entwicklung hatten Marx und Engels lange Zeit Recht, vielleicht sogar bis Anfang der 30er-Jahre des 20. Jahrhunderts: „Aber sie ersteht immer wieder, stärker, fester, mächtiger. Sie erzwingt die Anerkennung einzelner Interessen der Arbeiter in Gesetzesform, indem sie die Spaltungen der Bourgeoisie unter sich benutzt" (Marx/Engels 1980, S. 471). Nach Ende des zweiten Weltkrieges findet die arbeitende Klasse nicht mehr zu ihrem ehedem bestehenden politischen Bewusstsein zurück. Der Ausschluss des marxistischen Wirtschaftswissenschaftlers, Viktor Agartz, aus SPD und DGB Ende der 50er Jahre und die Verabschiedung des Godesberger Programms der SPD mit der darin enthaltenen Aufgabe sozialistischer Positionen ist Symptom dieser Entwicklung. Dies bleibt fernerhin nicht ohne Folgen. „Wird die Kapitalismuskritik z. B. in gewerkschaftlichen Politikansätzen still gestellt, muss die ungerechte Gesellschaft als unveränderliches Kontinuum, als Ansammlung von Sachzwängen erscheinen, mit denen man sich ausschließlich individuell auseinanderzusetzen hat" (Dörre/Matuschek 2013, S. 51). Damit fehlt es dann aber auch an politischen Leitbildern, die der alltäglichen Kritik eine realistische Perspektive jenseits der Ohnmachtserfahrungen bieten können. Auch diese Entwicklung ist seit langem bekannt. Bereits Anfang der 60er Jahre des letzten Jahrhunderts stellte Gorz ähnliches fest: „Dieser Partikularismus entwickelt sich vielmehr genau dann, wenn eine Perspektive fehlt, die die lokalen Forderungen eng mit den Aktionen der Arbeiterklasse verbindet." (Gorz 1967, S.71) Wenden wir nun unsere Aufmerksamkeit von den industriellen Arbeitsplätzen hin zu denen in der sozialen Dienstleistungsbranche. Welche Tendenzen sind hier vorherrschend?

Vor rund 40 Jahren wurde davon ausgegangen, dass soziale Dienstleistungsberufe ein geringeres Maß an Entfremdung beinhalten als industrielle Arbeitsplätze. Mit Entfremdung wurde zuvörderst ein Gefühl von Sinnentleerung und mangelnder Befriedigung verbunden. Es wurde festgestellt, „dass viele Menschen mit dem Helfen starke Erlebnisse von Sinnhaftigkeit verbinden" (Schmidbauer 2007, S.15). Es wurde unterstellt, dass die Helfer-Branche eine Art Refugium ist, in das die kapitalistische Produktionsweise nur sehr bedingt eingreift. „In einer zunehmend sinnentleerten, von verschärfter Konkurrenz bestimmten, taylorisierten und computergesteuerten Arbeitswelt bieten die sozialen Berufe einer wachsenden Zahl von Menschen Möglichkeiten, noch einen persönlichen Sinn, das Gefühl unmittelbarer Wirksamkeit zu erleben" (Schmidbauer 1981, S. 265). Wir werden später sehen, dass diese Annahme eines Refugiums so nicht (mehr) haltbar ist.

Während der Anteil der Arbeiterschaft in der Industrie seit Jahrzehnten kontinuierlich abnimmt, wächst der Anteil der Lohnabhängigen in den Dienstleistungsberufen. Hierzu ein paar Zahlenangaben: 2011 waren 2,1% der Erwerbstätigen in der Land/Forstwirtschaft, Fischerei beschäftigt, im produzierenden Gewerbe 29,4% und im Dienstleistungsbereich 68,5% (Vgl. Statistisches Bundesamt 2013). Ein nicht unerheblicher Teil der Beschäftigten im Dienstleistungsbereich bietet seine Arbeitskraft in den Bereichen Bildung, Gesundheit und Soziales an. Genaue Zahlen sind hier aus unterschiedlichen Gründen (diverse Statistiken, die nicht miteinander vergleichbar sind oder sich überschneiden) schwer zu bekommen. Klar ist allerdings, dass dieser Bereich seit Jahrzehnten wächst und somit zunehmende Bedeutung erlangt. Einen wichtigen Anhaltspunkt bieten die Beschäftigten im Gesundheitswesen (u. a. Ärzte, Pflegepersonal, Altenpfleger). Im Jahr 2000 waren es 4.115.000 Beschäftigte und im Jahre 2011 bereits 4.920.000 (Vgl. Bundeszentrale für politische Bildung). Dies sind etwa 12% der Erwerbstätigen. Im Bereich der kirchlich orientierten Wohlfahrtsverbände, Caritas und Diakonisches Werk, werden etwa 1,5 Millionen Menschen beschäftigt (Vgl. Wikipedia). Hierunter fallen vor allem Erzieher und Sozialarbeiter, die nicht in Gänze unter die Beschäftigten im Gesundheitswesen fallen.

Nach diesem Exkurs zu dem Umfang der Lohnabhängigen in sozialen Dienstleistungsberufen wollen wir zurückkehren und nach den Ursachen ihres Entstehens fragen, die eng verknüpft sind mit der industriellen Produktionsweise. „Die „neuen"

Helfer verdanken ihre berufliche Existenz einer Situation, in der die Überforderung der Individuen durch die industrielle Produktionsweise einerseits immer mehr Menschen so belastet, dass sie wegen ihrer „Nervosität" nicht mehr dem Konkurrenzkampf standhalten können, während andererseits immer mehr Menschen so viel Abstand zu den lastenden wirtschaftlichen Zwängen gewinnen, dass sie für die einfühlende, aufmerksame Beschäftigung mit diesen Nervösen verfügbar sind, ja diese Arbeit einem größeren wirtschaftlichen Erfolg vorziehen" (Schmidbauer 1992, S. 112). Die Entfremdung in oder die Überforderung durch die Arbeit hat zudem unmittelbare Konsequenzen für den Bereich der Freizeit. Dieser ist kein reiner Gegenentwurf zur Arbeit, in ihm herrscht keineswegs nur die Selbstbestimmung, sondern die Bedingungen der Arbeitswelt zeigen auch hier ihre Folgen. Die enormen Konsummöglichkeiten, die der Spätkapitalismus breiten Bevölkerungsschichten bietet, machen ihn daher attraktiv, sind aber durchaus mindestens zweischneidig. „Marx hat von dem entfremdeten Industriearbeiter seiner Zeit gesagt, er sei in der Arbeit außer sich und nur außerhalb der Arbeit wirklich bei sich. Das stimmt für Homo consumens nur noch teilweise. Seine Arbeit mag bequemer, die Zeit, die er für sie aufwendet, kürzer geworden sein. Aber nicht nur seine Arbeit ist entfremdet, sondern auch der größte Teil seiner Freizeit, den er ja vor dem Fernsehgerät verbringt" (Schmidbauer 1986, S. 62f).

Marx hat insbesondere in seinem Hauptwerk, dem »Kapital« unter den Stichworten »Akkumulation und Konzentration des Kapitals« nachgewiesen, dass das kapitalistische Wirtschaftssystem auf unaufhörliches Wachstum angewiesen ist. Luxemburg hat diesen zentralen Faden des marxschen Werkes weitergesponnen und dargelegt wie das kapitalistische System auf internationaler Ebene bisher unerschlossene Länder mit vorindustrieller Produktionsweise unter seine Kontrolle bringt (Vgl. Luxemburg 1975). Schmidbauer sieht in dem Zwang zur Kapitalakkumulation und dem Verhalten vieler Menschen Parallelen und konstatiert hier einen Suchtmechanismus." Fesselnd scheint uns dabei die Überlegung, dass die ohne Rauschdrogen Angepassten reibungslos in einem System funktionieren, das als Ganzes süchtig ist, süchtig nach der Ausbeutung und Zerstörung dieses Planeten, der ihm – wenn sich hier nichts ändert – kaum mehr ein Jahrhundert standhalten kann" (Schmidbauer/vom Scheidt 1986, S. 15). Der süchtige Alkohol- oder Drogenkonsum „wird als Trostmittel benötigt, der für die entfremdete, eintönige Arbeit entschädigt" (Schmidbauer 1986, S. 157).

Die kapitalistische Art des Wirtschaftens begreift den Schutz der Umwelt allenfalls als Kostenfaktor, aber nicht als einen unersetzbaren Wert an sich. Grundsätzlich führt diese Art des Wirtschaftens national wie international zu immensen Umweltschäden, die möglichst lange ignoriert werden. Dieser Wirtschaftsform entspricht das Erleben vieler Süchtiger. „Eine Lösung von der Sucht gelingt nur, wenn sie *ernstgenommen* wird als *dauernde* Gefahr, mit der es sich besser leben lässt, wenn sie jeden Tag erkannt und ihr verderblicher Einfluß eingeschränkt wird. Der Süchtige verleugnet die Grenzen seiner narzisstischen Expansion und gerät in einen schwer auflösbaren Teufelskreis: Die Sofortbetäubung seiner Unlustspannungen steigert die Angstbereitschaft und schwächt die Toleranz für Versagungen. Erst im Erleben der eigenen Todesgefahr finden Süchtige die Möglichkeit, diesen Größenwahn zu durchschauen. Diese Einsicht wird ihnen erschwert, weil es zur herrschenden Kultur gehört, solche Grenzen zu verleugnen. Der Glaube, man könnte über seine Verhältnisse leben und keinen Preis dafür bezahlen, ist die zentrale Illusion der Konsumwelten" (Schmidbauer 1995, S. 8). Diese Illusion beruht zudem auf einer spezifischen Gefühlslage. Oder, anders formuliert: „Unter dem Einfluss der Geldwirtschaft entstehen seelische Filter, welche jene Aspekte unserer Emotionen begünstigen, die zu den Kapitalinteressen passen" (Schmidbauer 2011, S. 7). Aber es entstehen nicht nur systemkonforme Gefühls- und Verhaltensweisen. Das kapitalistische Wirtschaftsystem produziert infolge seiner systemimmanenten Widersprüche auch personelle Schäden. „Es gibt viel Arbeit und Verdienst für die Konkurrenzfähigen und Kompetenten, während breite Bevölkerungsschichten aus dem Wettbewerb herausfallen, im Arbeitsleben nicht mehr vermittelbar sind und ihren Ehrgeiz nur noch darin befriedigen können, das ärmste Opfer, der kränkste Kranke oder der am meisten gesuchte Verbrecher zu sein. Diese Situation prägt ein gesellschaftliches Klima der Kälte und seelischen Fragmentierung, zu deren Chiffre die Borderline-Persönlichkeitsorganisation geworden ist" (Schmidbauer 1995, S.73). Für diese Opfer des Systems fällt die Sinnfindung durch Arbeit aus – und sei sie noch so entfremdet. Eintauchen in die Welt des Konsums bietet für viele Menschen aber auch keine auch noch so trügerische Perspektive, da ihnen hierzu die finanziellen Mittel fehlen. Zudem bleibt die Flucht in den Konsum auf lange Sicht vielfach emotional unbefriedigend. Dies gilt aber keineswegs immer und für alle Menschen. Allerdings verändert sich die Beziehung des Menschen zu der von ihm hergestellten Ware. „Menschen gehen mit Gütern eine Verbindung ein, die den Liebesbeziehungen zu anderen Personen gleicht“ (Schmidbauer 2002, S. 42). Gleichzeitig durchdringt der Geist der Kapitalverwertung auch zwischenmenschliche Beziehungen. „Wirtschaftliche Gesetze wie Investitionskontrolle, Risikoverteilung, Kostenüberwachung und Bilanz lassen sich mehr oder weniger deutlich in vielen intimen Beziehungen auffinden. Sie sind dabei selten die Prinzipien erster Ordnung. Sie werden erst dann eingeführt, wenn die Betroffenen einmal oder mehrmals gescheitert sind“ (Schmidbauer 1994, S. 109).

Als vorläufige Bilanz lässt sich feststellen, dass kapitalistisches Produzieren und süchtiger Konsum unausweichliche und existenzielle Schäden produziert. Beiden ist letztlich und ab einem gewissen Entwicklungsstadium sozialdestruktives Verhalten eigen. „Kapitalisten können von Verantwortung immer nur reden, aber sie können sie nicht praktizieren“ (Schmidbauer 2012, S. 185).

Kehren wir zurück zu der Frage, ob im Sozialwesen (u. a. Gesundheit, Bildung und Erziehung) immer noch ein geringeres Maß an Entfremdung herrscht oder nicht? Wie sehen die Arbeitsbedingungen aus und wie erleben die Beschäftigten sie? Folgende Hinweise ermöglichen erste Antworten. Zur Versorgung im Gesundheitswesen gehört auch der Bereich der Pflege alter Menschen. Insbesondere die ambulante Pflege wirft vielfältige Schwierigkeiten der kollektiven Interessenvertretung auf. Der Grad der gewerkschaftlichen Organisierung ist gering. Von den etwa 20 000 Pflegekräften in Berlin, die im ambulanten und stationären Setting tätig sind, sind ca. 3000 Verdi-Mitglieder. Das entspricht einem Organisierungsgrad von gerade einmal 15% (Vgl. www.unexchains.org: Gewerkschaftliche Organisierung). Ende 2014 waren etwa 19% der Lohnabhängigen in Deutschland Mitglied in einer DGB-Gewerkschaft. Zehn Jahre zuvor waren es noch 24% (Vgl. Dribusch/Birke 2012, S. 2). Doch zurück zum Bereich Pflege. Von den etwa 600 ambulanten Pflegediensten in Berlin haben gerade mal 30 einen Betriebsrat (Vgl. Becker 2014, S.132). Die gewerkschaftliche Vertretung der in der ambulanten Pflege Tätigen steht vor besonderen Schwierigkeiten, „die sich aus dem häuslichen Setting (außerhalb großer Einrichtungen), der meist geringen Größe der Anbieter, den vorherrschenden Teilarbeitsverhältnissen und der Verquickung von Gemeinwohl- und Marktorientierung ergeben“ (Ders. a.a.O., S.140). Das hat zur Folge, dass die Gewerkschaft kaum durch aktive Mitglieder in den Betrieben bzw. Pflegediensten repräsentiert wird. „Die klassischen Forderungen an die ArbeitgeberInnen wie sozialversicherungspflichtige Beschäftigung, unbefristete Arbeitsverträge, Gesundheits- bzw. Fürsorgepflicht, Förderung kollegialen Austauschs und die Qualifizierung auf Kosten der ArbeitgeberInnen finden sich zwar in den Publikationen von ver.di, werden aber strategisch über andere, dem Arbeitsprozess entkoppelte und übergeordnete, Akteure geleitet“ (ders. ebd.). In Interviews mit Pflegekräften wurde hinterfragt, warum es nur geringen Kontakt zur Gewerkschaft und kaum Betriebsräte gibt. Dabei stellte sich heraus, dass die Beschäftigten zum einen von einer Vertrauensbasis zu den Geschäftsführern der Pflegediensten sprachen und gleichzeitig eine innere Distanz zu den Gewerkschaften bekundeten, wobei die Positionen und Forderungen Verdis den nicht gewerkschaftlich organisierten Pflegekräften kaum bekannt waren. Auch angesichts der derzeit guten Arbeitsmarktlage wird im Konfliktfalle eher der Arbeitsplatz gewechselt, als dass der Konflikt ausgetragen wird. Aber noch gravierender erscheint eine Bewusstseinslage, die sehr weit von einem Lohnabhängigen-, gar Klassenbewusstsein entfernt zu sein scheint und aus der eine Identifikation mit den Interessen der Kapitalseite, Sozialkosten möglichst gering zu halten und berechtigte Ansprüche auf ein gutes Leben zurückzuweisen, spricht. „Der Durchsetzung von Interessen der Pflegekräfte steht außerdem ein Einstellungsmuster entgegen, das in fast allen Interviews zur Sprache kam: Die Selbstwahrnehmung als defizitär, als eine Branche, die eine Belastung für den Sozialstaat sei und sich deshalb mit Ansprüchen zurückhalten müsse“ (Ders. a. a. O., S. 143). Mit anderen Worten, die Interessen der Pflegebedürftigen und die der Gesamtgesellschaft sind vorrangig vor denen der Lohnabhängigen im Pflegebereich zu betrachten. Hier wird das von Schmidbauer beschriebene Helfersyndrom gesellschaftlich virulent. Zur Erinnerung: Als Helfer-Syndrom bezeichnete er „die zur Persönlichkeitsstruktur gewordene Unfähigkeit, eigene Gefühle und Bedürfnisse zu äußern, verbunden mit einer scheinbar omnipotenten, unangreifbaren Fassade im Bereich der sozialen Dienstleistungen“ (Schmidbauer 1982, S. 12). Und weiter schrieb er: „Der HS-Helfer weicht der Auseinandersetzung mit seiner eigenen, beschädigten Subjektivität und eingeschränkten Selbstverwirklichung dadurch aus, daß er anderen vermeintlich das Schicksal erspart oder doch erleichtert, an dem er selbst trägt“ (Ders. a. a. O., S. 234).

Damit verhindert er letztendlich aber auch – egal, ob gewollt oder nicht – gesellschaftliche Veränderungen. „Gesellschaftliche Unterdrückung verdankt ihre Macht nie nur der äußeren Gewalt, sondern der verinnerlichten Selbsteinschränkung und dem Selbsthaß in den Subjekten" (Ders. a. a. O., S. 235f). Angemessener wäre sicher eine mindestens gleichwertige Berücksichtigung der Interessen aller Akteure. Diese Situation ist umso tragischer, da gerade die helfenden Berufe nicht nur in Deutschland sondern auch international ein hohes Renommee haben (Vgl. Landeszeitung vom 22. 02.2014, S. 19). Aber finanziell zahlt sich dieses Ansehen vielfach nicht aus: „Der Dienst an der Allgemeinheit, der menschlichen Kontakt verlangt, sich nicht automatisieren und ohne Qualitätseinbußen immer produktiver gestalten lässt, zählt wenig. Wer für seinen Job viel Idealismus mitbringen muss, wird dafür nicht gerade finanziell reichlich belohnt, so als ob Idealisten Geld ohnehin nicht so wichtig wäre" (Öchsner 2014, S. 22). Aber trotz Helfersyndrom oder auch gerade wegen seiner Auswirkungen wollen viele Pflegekräfte den Beruf wechseln. Die Universität Lüneburg befragte rund 1000 Beschäftigte in 26 Altenheimen. „Über die Hälfte der Befragten gab an, im vergangenen Jahr trotz Krankheitsgefühls zweimal oder häufiger zur Arbeit gegangen zu sein – rund ein Drittel sogar gegen den Rat des Arztes. Als Ursache der Überlastung nannte mehr als die Hälfte der Befragten Personalengpässe und hohen Dokumentationsaufwand" (Landeszeitung vom 08/09.05.2013, S. 6). Angesichts dieser Misere wundert es nicht, dass rund 20% der Pflegekräfte einen Berufswechsel planen. Diese individuelle Schutzstrategie ist menschlich sicher sehr verständlich, während sie politisch eher kontraproduktiv ist. Wenn die unzufriedenen Mitarbeiter eher den Beruf wechseln, als sich für die Verbesserung ihrer Arbeitsbedingungen einzusetzen, sinkt die Wahrscheinlichkeit, dass sich Grundsätzliches zum Besseren wendet.

Nun neigen aber keinesfalls alle Lohnabhängigen im Sozialbereich unter einem Helfersyndrom. Zudem muss dieses auch nicht unbedingt einem politischen Engagement grundsätzlich widersprechen. Allerdings würde es sicher eher einem Helfersyndrom entsprechen für die Interessen der Anderen und Schwächeren zu kämpfen, denn für die eigenen. Dass es denn auch ganz anders geht, beweisen manche Ärzte. Bei den im Krankenhaus arbeitenden Ärzten, einer Teilpopulation der Ärzteschaft, ist bisher wenig progressives gesellschaftsveränderndes Engagement zu beobachten gewesen, soweit es sich auf deren gewerkschaftliche Vertretung bezieht. „Solange jedoch die wichtigste gewerkschaftsähnliche Organisation für die Krankenhausärzte, der Marburger Bund, die vornehmlichen Interessen der privilegierten Ärzte in Form von materiellen Lohnforderungen und Besitzstandwahrung vertritt, wird er schwerlich zu einem Formierungsort kritischer Intelligenz im ärztlichen Bereich werden" (Burkhardt 2013, S. 53). Dabei könnte der Trend, die medizinische Versorgung noch stärker, als es eh schon geschieht, den Profitinteressen vielfältiger Akteure zu unterwerfen, zur kritischen Reflektion beitragen. „Hier – in der Thematisierung und Zuspitzung des Widerspruchs zwischen guter Medizin auf der einen und den Grenzen von Kommerzialisierung und Rationalisierung bei der Organisation einer solchen auf der anderen Seite – besteht zunehmend eine Politisierungsmöglichkeit der ärztlichen Intelligenz" (Ders. a. a. O., S. 52).

Soziologen untersuchten vor einigen Jahren wie sich die Finanz- und Wirtschaftskrise der Jahre 2008 und folgende im Bewusstsein der Lohnabhängigen darstellte. Wirtschaftskrisen sind für viele Lohnabhängige erfahrungsgemäß mit drohender oder auch realer Arbeitslosigkeit, und damit auch mit Angst, verbunden. Nicht so bei den Beschäftigten im Sozialbereich. „Eine Arbeits*platz*gefährdung wird im Bereich Erziehung und Pflege angesichts des dortigen Arbeitskräftemangels kaum wahrgenommen. Virulent ist aber eine wachsende Arbeits*kraft*gefährdung: Wachsende Arbeitsanforderungen, ein immenser Verantwortungsdruck bei gleichzeitiger Reduzierung von qualifiziertem Personal, belastende Arbeitszeiten, aber auch steigende körperliche Anstrengungen bringen die Beschäftigten immer mehr an ihre Belastungsgrenzen" (Detje et al. 2013, S. 135). Mit anderen Worten, die Lohnabhängigen in diesem Bereich leiden unter zunehmendem Stress, der heutigen Ausdrucksform von Entfremdung.

Fasst man die beschriebenen Tendenzen in der Arbeitswelt zusammen, so lässt sich sicher sagen, dass das kapitalistische Wirtschaftssystem sich abermals und immer wieder als äußerst wandlungsfähig erwiesen hat. Ja, diese Eigenschaft scheint geradezu eine herausragende Konstante zu sein. Dabei verändert und revolutioniert sie permanent die Arbeitsverhältnisse der Lohnabhängigen. Diese grundsätzliche Eigenschaft sah bereits Marx aufgrund seiner ökonomischen Analysen. Für ihn war klar, „daß die jetzige Gesellschaft kein fester Kristall, sondern ein umwandlungsfähiger und beständig im Prozeß der Umwandlung begriffener Organismus ist" (Marx 1977, S. 16). Der Kapitalismus war im Laufe seiner Geschichte fast kreativ. Gorz zufolge gelang es ihm gar den Lohnabhängigen ihre gesellschaftsumwälzende Potenz zu rauben. „Er hat die kaum analysierte und nur unzulänglich begriffene Kraft erworben, die Nichtlösung seiner Probleme zu beherrschen; er versteht es durchaus, sein mangelhaftes Funktionieren zu überleben, ja, er schöpft daraus sogar neue Impulse" (Gorz 1984, S. 9). Aus der Perspektive der Lohnabhängigen, aus der Alltagserfahrung heraus mag dieser Wandlungsprozess schwer erkennbar und vor allem verstehbar sein. Aber auch diese Verschleierung scheint wiederum eine Konstante kapitalistischer Entwicklung zu sein. „Wissenschaftliche Wahrheit ist immer paradox vom Standpunkt der alltäglichen Erfahrung, die nur den täuschenden Schein der Dinge wahrnimmt" (Marx 1968a, S. 129). Allerdings scheinen die derzeitigen Wandlungsprozesse in vielen Bereichen mit dem Verlust bisher erreichter sozialer Sicherheit einherzugehen. „Soziale Wandlungen an sich sind in der kapitalistischen Gesellschaft absolut nichts Außergewöhnliches, sondern Normalität. Aber eine genauere Analyse der derzeitigen Wandlungen macht deutlich, dass wir inmitten einer geradezu dramatischen gesellschaftlichen Umbruchsituation leben, hinsichtlich der Vernichtung von Arbeitsplätzen, des Abbaus in der Vergangenheit erkämpfter sozialer Standards, der Absenkung des Preises der Ware Arbeitskraft, der Fragmentierung der arbeitenden Klasse wie auch überhaupt hinsichtlich einer zunehmenden sozialen Unsicherheit" (Lieberam 2007,S. 19). Diese Entwicklung hatte eine längere Vorlaufzeit. Spätestens seit Anfang der 80er Jahre des 20. Jahrhunderts wurde von einer Krise der Arbeitsgesellschaft gesprochen. Gorz ging bereits damals davon aus, „daß es keine Vollbeschäftigung für alle mehr geben kann und daß die Lohnarbeit nicht länger der Schwerpunkt des Lebens, ja nicht einmal die hauptsächliche eines jeden bleiben kann" (Gorz 1984, S. 56). Er plädierte damals für ein Arbeitszeitkonto und nahm darüber hinaus an, dass die Automatisierung und Digitalisierung die notwendige Lohnarbeit auf einen immer geringeren Anteil des Lebens würde schrumpfen lassen. Die gewonnene Zeit würde den Menschen für ihre eigene Entwicklung und Betätigung jenseits der kapitalistischen Rationalität zur Verfügung stehen. Die Massenarbeitslosigkeit hielt zwar an, schwankte in ihren Ausmaßen, blieb aber grundsätzlich. Statt massiver Arbeitszeitreduktionen für die breite Masse der Lohnabhängigen, die politisch, auch wegen der zunehmenden Schwäche der Gewerkschaften, nicht durchgesetzt werden konnten, wurde in Deutschland ein großer Niedriglohnsektor geschaffen und die Arbeitsverhältnisse für weite Teile der Lohnabhängigen immer prekärer. „Jeder Einzelne von uns weiß, fühlt, begreift sich als potentiell arbeitslos, potentiell prekär beschäftigt, potentiell auf Teilzeit-, Termin- oder Gelegenheitsjobs angewiesen. Aber was jeder und jede Einzelne weiß, wird noch lange nicht zum *allgemeinen* Wissen über unsere *gemeinsame* Lage. Vielmehr setzt der herrschende öffentliche Diskurs alles ein, um uns unsere gemeinsame Lage zu verschleiern, um zu verhindern, daß wir die Prekarisierung unserer Erwerbsverläufe als ein gesellschaftlich verursachtes Risiko erkennen, das *uns alle als Angehörige dieser Gesellschaft* betrifft: Als »soziale Individuen«, wie sie Marx nannte, und nicht als Einzel- oder gar Privatpersonen" (Gorz 2000, S. 76). Gerade die Entwicklung der letzten Jahrzehnte hat mit der Automatisierung und Digitalisierung der Arbeit deutlich gemacht, dass Wissen zur entscheidenden Produktivkraft geworden ist. Und damit treibt der Kapitalismus möglicherweise über sich selbst hinaus. „Der »kognitive Kapitalismus« ist ein Kapitalismus, der die Hinfälligkeit seiner Grundkategorien überlebt. Diese Grundkategorien, Arbeit, Wert und Kapital, kommen allein durch den Austausch von Waren zum Ausdruck und haben eine gemeinsame Substanz: die in Zeiteinheiten messbare Menge abstrakter, warenförmiger Arbeit. Die in Waren kristallisierte durchschnittliche Arbeitsmenge misst letzten Endes das Äquivalenzverhältnis – den (Tausch-)Wert – der Waren" (Gorz 2004, S. 65). Soweit die traditionelle marxistische Anschauung. Jetzt kommt es aber nach Gorz zum Bruch dieser Entwicklung. Wissen als entscheidende Produktivkraft verliert ihren privaten Charakter und auch ihren Wert. „Nun lässt sich aber die entscheidende Produktivkraft Wissen nicht mehr auf einen einheitlichen Nenner reduzieren, in Wert- und Zeiteinheiten messen. Wissen ist keine ordinäre Ware, sein Wert ist unbestimmbar, es lässt sich, insofern es digitalisierbar ist, endlos und kostenlos vermehren, seine Verbreitung steigert seine Fruchtbarkeit, seine Privatisierung reduziert sie und widerspricht seinem Wesen. Eine authentische Wissensökonomie wäre eine Gemeinwesenökonomie, in der die Grundkategorien der politischen Ökonomie ihre Geltung verlieren und in der die wichtigste Produktivkraft zum Nulltarif verfügbar wäre" (Gorz 2004, S. 65).

Der in den letzten Jahren eingeleitete und zukünftig an Dynamik zunehmende gesellschaftliche Umbruch lässt sich – wie oben erwähnt – unter dem Stichwort Digitalisierung beschreiben. Was bedeutet diese im Einzelnen? Im Jahre 2002 nutzten 71% der Unternehmen Computer, 2014 waren es bereits 91%. 62% der Unternehmen nutzten 2002 das Internet, 2014 waren es 89% (Vgl. Leisewitz 2015, S. 42). Die Digitalisierung wird die Arbeitsbedingungen, die Ausgestaltung der Arbeitsplätze und vor allem auch ihre Anzahl massiv beeinflussen. Diese Perspektive wird auch auf Industrieausstellungen thematisiert. „Großes Thema der Hannover Messe wird die künftige Zusammenarbeit des Menschen mit immer selbständigeren Robotern sein. Die Frage sei, welche Rolle der Mensch noch in der Fabrik der Zukunft habe. Diese werde wohl keine menschenleere Fabrik, allerdings eine Fabrik mit qualifizierten Tätigkeiten, in der die Beschäftigten mit Datenbrillen und anderem modernen Werkzeug arbeiten" (Landeszeitung vom 10.02.2017, S. 13). Aber auch im Dienstleistungsbereich findet sich diese Tendenz, Arbeitskräfte durch die Digitalisierung freizusetzen. Die Allianz-Versicherung will in den kommenden drei Jahren 700 Verwaltungsstellen in Deutschland streichen. Die Bearbeitung von Versicherungsanträgen und Schadensmeldungen soll voll- bzw. teilautomatisiert werden. So hofft man perspektivisch 1,2 Milliarden Euro einzusparen (Vgl. Hoefer 2017, S. 21). Es zeichnen sich damit auch gewerkschaftliche Handlungsfelder und die Dringlichkeit ihrer Bearbeitung einmal mehr und noch deutlicher ab. „Ohne eine weitgehende Verkürzung der Arbeitszeit bei vollem Lohn- und Personalausgleich dürfte es zu Arbeitsplatzvernichtung im großen Stil kommen, der auf Dauer nicht durch neu entstehende Arbeitsplätze z. B. im IT-Sektor kompensiert wird. Die bereits angeschossenen Sozialversicherungssysteme würden kollabieren, wenn die Rationalisierungsdividende komplett privatisiert statt sozialisiert wird. Die Qualifizierung von Beschäftigten wird zu einem zentralen Feld von Klassenauseinandersetzungen" (Hagenhofer 2015, S. 73). Die Voraussetzungen für die hier skizzierten Klassenauseinandersetzungen sind aber auf Seiten der Lohnabhängigen nicht sonderlich günstig. „Es deutet sich ja an, dass die Freisetzung von Arbeitskräften durch Rationalisierungswellen, der Abbau sozialer Standards auch in der Arbeitswelt, Ausbreitung prekärer, unsicherer Beschäftigung, weitere Erosion des Normalarbeitsverhältnises, Aushöhlung des Arbeitsschutzes und Zunahme der Konkurrenz unter den Beschäftigten zu den Bedingungen der Digitalisierung gehören, wie die Arbeitgeber sie propagieren“ (Prahl 2015, S. 68). Wie beurteilen die Lohnabhängigen die Auswirkungen der Digitalisierung? Der Deutsche Gewerkschaftsbund befragte in einer repräsentativen Studie hierzu 9737 Lohnabhängige. Von der Digitalisierung sind nach eigener Aussage insgesamt 82% der Befragten betroffen. Im Gastgewerbe sind es nur 44%, im Bereich Finanzdienstleistungen und Versicherungen hingegen 94% und in der öffentlichen Verwaltung 93% (Vgl. DGB 2016a, S. 6). Insgesamt 60% sind in sehr hohem Maße oder in hohem Maße von der Digitalisierung betroffen. Die Arbeitsbelastung ist bei 46% dadurch größer geworden, bei 45% ist sie gleich geblieben und bei lediglich 9% hat sie abgenommen. Bei 54% hat die Arbeitsmenge infolge der Digitalisierung zugenommen, bei 39% ist sie gleich geblieben und bei nur 7% ist sie geringer geworden. 28% der Lohnabhängigen arbeiten im Zuge der Digitalisierung vermehrt von zu Hause, für 12% hat die mobile Arbeit abgenommen und bei 60% ist alles wie bisher geblieben. 74% der Lohnabhängigen haben keinen oder kaum Einfluss auf den Einsatz digitaler Technik an ihrem Arbeitsplatz. 26% sind daran beteiligt. Von daher sind die folgenden Zahlen nicht verwunderlich. „Insgesamt 45 Prozent der von Digitalisierung Betroffenen – 37 Prozent auch der Hochqualifizierten – arbeiten sehr häufig oder oft in dem Gefühl, der digitalen Technik ausgeliefert zu sein; wo es Beteiligungsmöglichkeiten gibt, liegt der Anteil geringer“ (DGB 2016a, S. 15).

Mag die Arbeitswelt neben – zumindest partiellen Gefühlen der Befriedigung – viele Belastungen beinhalten und auch Ängste hervorrufen, für viele Arbeitslose, und insbesondere für viele Langzeitarbeitslose, ist die Kehrseite, die Arbeitslosigkeit, vielfach noch schwerer zu ertragen.

Arbeitslosigkeit und ihre Folgen

Die desaströsen Folgen lang anhaltender Arbeitslosigkeit sind seit vielen Jahrzehnten bekannt. Allerdings dauerte es bis Anfang der 30er Jahre, bis sie Gegenstand einer vertieften wissenschaftlichen Untersuchung wurden. 1933 veröffentlichte ein Forscherteam der Universität Wien eine Studie über die psychischen und sozialen Auswirkungen der Arbeitslosigkeit in der niederösterreichischen Gemeinde Marienthal.

Die dortige Textilfabrik schloss infolge der Weltwirtschaftskrise und hinterließ ein Heer von arbeitslosen Arbeitern. Die Wissenschaftler arbeiteten vier Typen von Arbeitslosen heraus: Die »Ungebrochenen«, 16%, die »Resignierten«, 48%, die »Verzweifelten«, 11%, und die »Apathischen«, 25% (Vgl. Jahoda et al. 2014, S. 73). Die Ungebrochenen wurden so charakterisiert: „Aufrechterhaltung des Haushaltes, Pflege der Kinder, subjektives Wohlbefinden, Aktivität, Pläne und Hoffnungen für die Zukunft, aufrechterhaltene Lebenslust, immer wieder Versuche zur Arbeitsbeschaffung" (Jahoda et al. 2014, S. 71). Insbesondere der Verlust der phantasierten Zukunftsperspektive unterschied die Gruppe der Resignierten von den Ungebrochenen: „Das gleichmütig erwartungslose Dahinleben, die Einstellung: man kann ja doch nichts gegen die Arbeitslosigkeit machen, dabei eine relativ ruhige Stimmung, sogar immer wieder auftauchende Augenblicksfreude, verbunden mit dem Verzicht auf eine Zukunft, die nicht einmal mehr in der Phantasie als Plan eine Rolle spielt, schien uns am besten geeignet, durch das Wort »Resignation«" (Jahoda et al. 2014, S. 70). Eine gravierende Veränderung des Lebensgefühls in Richtung Verschlechterung kennzeichnet die Verzweifelten: „Wie die Ungebrochenen und die Resignierten halten auch sie ihren Haushalt noch in Ordnung, pflegen auch sie ihre Kinder. Diese Haltungskriterien gehören also auch notwendig zur Gruppe der Verzweifelten. Es kommen aber noch hinzu: Verzweiflung, Depression, Hoffnungslosigkeit, das Gefühl der Vergeblichkeit aller Bemühungen und daher keine Arbeitssuche mehr, keine Versuche zur Verbesserung sowie häufig wiederkehrende Vergleiche mit der besseren Vergangenheit" (Jahoda et al. 2014, S. 71). Eine zunehmende Verelendung kennzeichnete die letzte Gruppe: „Mit apathischer Indolenz läßt man den Dingen ihren Lauf, ohne den Versuch zu machen, etwas vor dem Verfall zu retten. Wir bezeichnen diese Gruppe auch als apathisch. Das Hauptkriterium für diese Haltung ist das energielose, tatenlose Zusehen. Wohnung und Kinder sind unsauber und ungepflegt, die Stimmung ist nicht verzweifelt, sondern indolent. Es werden keine Pläne gemacht, es besteht keine Hoffnung; die Wirtschaftsführung ist nicht mehr auf Befriedigung der wichtigsten Bedürfnisse gerichtet, sondern unrationell. In dieser Gruppe finden wir die Trinker des Ortes. Die Familie zeigt Verfallserscheinungen, es gibt viel Streit; Betteln und Stehlen sind häufige Begleiterscheinungen. Nicht nur für die weitere Zukunft, schon für die nächsten Tage und Stunden herrscht völlige Planlosigkeit. Das Unterstützungsgeld wird schon in den ersten Tagen verbraucht, ohne daß bedacht würde, was in der übrigen Zeit geschehen soll" (Jahoda et al. 2014, S. 71f). Berücksichtigt man diese Veränderung des Lebensgefühls der Arbeitslosen – bei allen gegebenen Abstufungen – so verwundert es nicht, dass die Wiener Wissenschaftlicher eine Abnahme des politischen Bewusstseins und des politischen Engagements fanden. Die öffentlichen Belange und die Zukunftsperspektiven wurden immer bedeutungsloser. „Die Ansprüche an das Leben werden immer weiter zurückgeschraubt; der Kreis der Dinge und Einrichtungen, an denen noch Anteil genommen wird, schränkt sich immer mehr ein; die Energie, die noch bleibt, wird auf die Aufrechterhaltung des immer kleiner werdenden Lebensraumes konzentriert" (Jahoda et al. 2014, S. 101). Wenige Jahre zuvor äußerte sich Freud am Rande zum Thema Arbeit. „Keine andere Technik der Lebensführung bindet den Einzelnen so fest an die Realität als die Betonung der Arbeit, die ihn wenigstens in ein Stück der Realität, in die menschliche Gemeinschaft sicher einfügt" (Freud 1955, S. 438). Und dieser Realitätsbezug wird mit anhaltender Arbeitslosigkeit immer lockerer.

In Deutschland wurde in den Jahren 1929-1931 eine Studie durchgeführt, die die politische Einstellung von Arbeitern und Angestellten durch Fragebögen und mittels psychoanalytischer Methoden zu ergründen suchte (Vgl. Fromm 1980). Diese Studie gibt indirekt auch Aufschlüsse über die Lebenswelt Arbeitsloser und hinsichtlich deren politischen Einstellung auch interessante Hinweise, die noch heute beachtenswert erscheinen. „Bei den Arbeitslosen scheint es dementsprechend zwei Gruppen zu geben: Einige begriffen Arbeitslosigkeit und soziale Not als veränderbar und glaubten, daß eine Verbesserung nur durch Überwindung des gegenwärtigen ökonomischen Systems erwartet werden könne. Andere waren hingegen zu der Überzeugung gekommen, sie seien unfähig, wertlos und an ihrer heiklen Lage selber schuld. Der Unterschied kann dabei auf die Art der Arbeitslosigkeit zurückgeführt werden, denn Dauerarbeitslosigkeit wirkt stärker demoralisierend und dürfte eher Selbstvorwürfe und ein Gefühl der Hilflosigkeit auslösen..." (Fromm 1980, S. 71f).

Eine weitere wichtige Erkenntnis dieser Studie war die geringe gefühlsmäßige Bindung großer Teile der Lohnabhängigen an SPD und KPD. In Krisensituationen war auf sie kaum Verlass. Wichtig erscheint ferner, „daß 20% der Anhänger der Arbeiterparteien in ihren Meinungen und Gefühlen eine eindeutig autoritäre Tendenz zum

Ausdruck brachten“ (Fromm 1980, S. 189f). Leider wurde an dieser Stelle nicht zwischen beschäftigten und arbeitslosen Lohnabhängigen unterschieden. Nimmt man aber einmal an, dass der Anteil der autoritär strukturierten Menschen heute nicht sehr viel geringer ist, als um 1930 herum, so könnte dies das Phänomen erklären, dass bei Wahlen viele Arbeitslose einmal DIE LINKE wählen und ein anderes Mal die AfD. Es ginge dann weniger um eine kognitiv begründete Wahlentscheidung, sondern eher um eine emotionale, deren Hauptmotiv Protest ist. Aber eben auch antikapitalistischer Protest gegen die herrschenden Verhältnisse. Diese Motivlage beobachtete bereits Fromm. „Diejenigen Arbeiter und Angestellten, die zur NSDAP gehörten oder mit ihr sympathisierten, brachten mit ihrer abweisenden Haltung gegenüber Rationalisierungsmaßnahmen durchaus eine grundsätzliche Feindschaft gegenüber den Kapitalisten zum Ausdruck“ (Fromm 1980, S. 65). Ähnliches konstatierte Reich. Er registrierte in der SA „dumpf revolutionär gesinnte, aber gleichzeitig autoritär eingestellte Arbeiter, zum grössten Teil Arbeitslose und Jugendliche ohne politische Erfahrung“ (Reich 1972, S. 147).

Presseberichte sprechen dafür, dass Langzeitarbeitslose ihren Zustand ähnlich erleben wie vor rund 90 Jahren. Da ist von Resignation, Scham und Rückzug die Rede. Kraftlosigkeit und ein Gefühl von Lähmung macht sich vielfach breit (Vgl. Schrep 2014). Und ein kleiner Teil dieser Menschen hat sicher auch jede Motivation zur Arbeit verloren. Hierunter fallen u. a. Langzeitarbeitslose mit erheblichen psychischen und sozialen Problemen und ein Teil von suchtmittelabhängigen Menschen, soweit ihnen offiziell noch Arbeitsfähigkeit (über drei Stunden täglich) zugesprochen wird. Diese Menschen sind teilweise eine Zielgruppe sozialarbeiterischer Bemühungen, nicht zuletzt auch auf Grundlage des SGB II (u. a. Sucht- u. Schuldnerberatung). Entsprechend dem hohen Stellenwert, dem Arbeit in unserer Gesellschaft zugemessen wird, will auch die überwiegende Mehrzahl der Langzeitarbeitslosen einer Beschäftigung nachgehen.

„Generell kann man sagen, dass die Diskussion über die Arbeitswilligkeit von Hartz-IV-Empfängern an der Realität vorbeigeht. Mit etwa 90 Prozent will der allergrößte Teil einen Job haben“ (Benke 2010, S. 3). Und Unternehmer, die ALG-II-Empfänger einstellten, berichteten überwiegend von positiven Erfahrungen. Dies erbrachte eine Umfrage des Instituts für Demoskopie in Allensbach. Das Institut befragte 2012 306 Unternehmen. „Die Stichprobe ist repräsentativ für Unternehmen und Betriebe aus den Branchen Pflege, Handwerk und Gastronomie mit wenigstens einem sozialversicherungspflichtigen Beschäftigten, die in den letzten 5 Jahren einen SGB II-Empfänger eingestellt haben“ (Institut für Demoskopie Allensbach 2012, S.1).

Bezahlte Arbeit ist in unserer Gesellschaft ein wesentliches Moment der Sinnstiftung. Wenn der Arbeitsplatz verloren geht, und die Arbeitslosigkeit nicht nur vorübergehend, sondern von Dauer ist, stellt sich unwillkürlich die Frage, was gibt Sinn, Halt und Struktur im Leben. An dieser Stelle ist es naheliegend, dass die Familie einen besonderen Stellenwert bekommt. Doch diese Rolle ist nicht unproblematisch, wie man aus der Beratung von Arbeitslosen weiß. „Eheliche Konfliktpotentiale und latente Unzufriedenheiten werden rapide verschärft, wenn der/die andere ständig »da« ist im Sinne körperlicher Präsenz. Relativierende oder innerlich befriedigende Distanz kann nicht mehr auf natürliche Weise hergestellt werden“ (Schoppa 2010, S. 56). Das partnerschaftliche Gleichgewicht immer wieder auszutarieren, bedeutet eine erhebliche Anforderung an das Paar, die vor dem Hintergrund verminderter finanzieller Mittel nicht einfacher wird.

Die Arbeitslosigkeit der Eltern oder eines Elternteils ist aber auch nicht ohne Auswirkung auf die Kinder. „Vater oder Mutter, eines wesentlichen Aspektes ihrer Identität beraubt und in der Regel sichtbar angeschlagen und verunsichert, verlieren viel an Autorität derjenigen, die wissen, wie es im Leben geht. Im Vergleich schneiden arbeitslose Eltern auch im Ermöglichen von (Er-)Lebensmöglichkeiten für ihre Kinder benachteiligt ab. Innere Gereiztheit, Unzufriedenheit und Versagenserleben steigern die Wahrscheinlichkeit rigiderer Umgangs- und Erziehungsformen mit den Kindern, die häufig zu emotionalen »Blitzableitern« werden“ (Schoppa 2010, S. 57f).

Insbesondere Langzeitarbeitslosigkeit führt vielfach zu einem durch Scham und Antriebsschwäche bedingten resignativen Rückzug aus vielen sozialen Bezügen. „Je länger die Ausgrenzung dauert, umso seltener verlassen die Betroffenen ihre Wohnung oder den engen Raum ihres Wohnquartiers: Beschäftigungslosigkeit und Armut isolieren. Vermieden wird der Kontakt auch zur Verwandtschaft und zu engen Freunden. Wenn überhaupt, halten Langzeitarbeitslose Kontakt nur zu Personen aus ihren früheren betrieblichen Netzwerken, die ebenfalls erwerbslos sind“ (Seppmann 2007, S. 83). Insofern ist der Ansatz, Langzeitarbeitslose über das Coachen von wichtigen Bezugspersonen zu unterstützen, sicher auf den ersten Blick interessant (Vgl. Glöckler 2003). Bei genauerem Hinsehen erscheint er aber mit vielfältigen Schwierigkeiten behaftet.

Sofern Arbeitslosigkeit nicht in einen gesellschaftlich und politisch bedingten Zusammenhang eingeordnet werden kann und stattdessen eher als Kränkung und ohnmächtiges Schicksal erlebt wird, steigt die Gefahr der Übernahme autoritärer und ausländerfeindlicher Weltbilder. „Wenn keine Erklärung für die eigene Misere auffindbar ist, liegen Projektionen auf geeignete Sündenbockgruppierungen nahe. Undifferenziertes Verantwortlichmachen mag die Folge sein“ (Schoppa 2010, S. 63). Dabei ist seit langer Zeit klar, dass insbesondere die kapitalistische Produktionsweise, bei aller Entwicklung des wirtschaftlichen, technischen und menschlichen Reichtums auf der einen Seite, auch eine große, wenn auch immer wieder schwankende Zahl von Besitzlosen und Armen, auf der anderen Seite produziert. „Denn die Industrie bereichert zwar ein Land, aber sie schafft auch eine Klasse von Nichtbesitzenden, von absolut Armen, die von der Hand in den Mund lebt, die sich reißend vermehrt, eine Klasse, die nachher nicht wieder abzuschaffen ist, weil sie nie stabilen Besitz erwerben kann“ (Engels 1957, S. 459).

Grundsicherung für Erwerbslose

Die Grundsicherung kam zustande durch das Zusammenlegen der Arbeitslosenhilfe und der Sozialhilfe. Motiv war die Einsparung von Mitteln des Bundeshaushaltes und der kommunalen Haushalte. Tatsächlich führte diese Zusammenlegung zweier Hilfesysteme zu einer Verschlechterung der finanziellen Lage vieler Erwerbsloser, die zuvor Arbeitslosenhilfe erhielten. Deren Hilfe orientierte sich, wenn auch auf abgesenktem Niveau, wie das Arbeitslosengeld I, an dem zuvor verdienten Lohn der letzten Jahre. Das nun eingeführte Arbeitslosengeld II entspricht in etwa dem niedrigeren finanziellen Niveau der Fürsorge bzw. Sozialhilfe. Wer nun glaubt, diese Form des Sparens und des Umgangs mit Arbeitslosen ist neu, hat sich geirrt. Ein Blick in die Geschichte, genauer gesagt in die 20er und frühen 30er Jahre, belehrt hier eines Besseren und erinnert an das Bibelwort Lukas 5, 37/38. Dort ist vom »Neuen Wein in alten Schläuchen« die Rede. Ironie der Geschichte: Ein damaliger Protagonist, der Einsparungen zu Lasten der Arbeitslosen forderte, hieß mit Nachnamen Hartz, war aber kein Verwandter des ehemaligen Personalvorstands von VW, Peter Hartz. Wie sah die Unterstützung für Arbeitslose am Ende der Weimarer Republik aus? „Das deutsche Unterstützungssystem war *drei*gliederig: Versicherte, die erwerbslos wurden, erhielten höchstens 26 Wochen lang Arbeitslosenhilfe (Hauptunterstützung) und Familienzuschläge für ihre engsten Angehörigen. Danach gab es im Falle der Bedürftigkeit gleichfalls 26, später sogar 52 Wochen Krisenfürsorge, bevor die allgemeine Wohlfahrt (der Gemeinden) einsprang. Durch die Verordnung über die Krisenfürsorge für Arbeitslose vom 11. Oktober 1930 wurde die *originäre*, nicht auf Beitragszahlungen fußende Krisenunterstützung abgeschafft“ (Butterwegge 2015, S. 29). Damals wie heute, wurde das Niveau der Hilfe abgesenkt und zu Lasten der Wohlfahrt umgeschichtet. „Erhielten im Januar 1931 noch 2,5 Millionen Personen Arbeitslosenunterstützung, aber nur 0,8 Millionen Personen Wohlfahrtshilfe, standen im Januar 1933 nur 0,9 Millionen Empfänger(inne)n von Arbeitslosenunterstützung nicht weniger als 2,4 Millionen Wohlfahrtserwerbslose gegenüber, was die Gemeinden wegen ihrer Belastung in der gewaltigen Höhe von 1,23 Mrd. Reichsmark veranlasste, im Genehmigungsverfahren nach Ausschlussgründen zu suchen...." (Butterwegge 2015, S. 31). Aber es gibt auch Unterschiede im historischen Vergleich. Die damaligen „Reformen“ wurden von konservativen Reichsregierungen durchgeführt. Die Hartz-Reformen hingegen sind das Produkt einer rot-grünen Bundesregierung. Aber es bietet sich eine andere historische Parallele unter Federführung der Sozialdemokraten an. „Was auf friedenspolitischem Gebiet die Zustimmung der SPD-Reichstagsfraktion zu den Kriegskrediten am 4. August 1914 bedeutet hatte – eine bedingungslose Kapitulation vor dem deutschen Militarismus und den ihn tragenden Eliten –, war ungefähr 90 Jahre später im sozialpolitischen Bereich die Verabschiedung von Hartz IV: eine bedingungslose Kapitulation vor dem Neoliberalismus und den ihn tragenden Wirtschaftseliten samt einer Demontage des nach 1945 maßgeblich von Sozialdemokrat(inn)en mitgestalteten und weiter ausgebauten Wohlfahrtsstaates durch die nun im Kernbereich der sozialen Gerechtigkeit von ihren programmatischen Grundwerten abgerückte Partei“ (Butterwegge 2015, S. 139). Was damals zur Spaltung der Arbeiterbewegung und letztlich zur Gründung der KPD führte, hatte zu Anfang des Jahrtausends die Gründung der WASG zur Folge und 2007 die anschließende Fusion mit der PDS zur Partei DIE LINKE inklusive deren Westausdehnung in Deutschland. Doch damit genug der historischen Vergleiche.

Die Grundsicherung für Erwerbslose wird bei Vorliegen der Voraussetzungen ab dem 15. Lebensjahr bis zum Erreichen der Altersgrenze gezahlt. Grundsicherung in diesem Sinne erhalten erwerbsfähige Arbeitslose, die bisher keinen Anspruch auf Arbeitslosengeld I erworben haben oder aber nach Auslaufen des ALG I, in der Regel spätestens nach zwölf Monaten, in das abgesenkte ALG II fallen. Im September 2016 gab es in Deutschland 2.607.000 registrierte Arbeitslose, was einer Quote von 5,9% entspricht. Von diesen Arbeitslosen fielen wiederum 1.820.169 in den Rechtskreis des ALG II (Vgl. Bundesagentur für Arbeit 2016a). Die Zahl der Menschen, die von ALG II leben müssen, ist aber erheblich höher, wenn man die Zahl der Angehörigen bzw. Kinder der ALG-II-Bezieher berücksichtigt. Diesen Tatbestand berücksichtigt die folgende Tabelle:

Tabelle 4 Erwerbsfähige ALG-II-Empfänger

2007	2008	2009	2010	2011
5.277.000	5.010.000	4.909.000	4.894.000	4.615.000

2012	2013	2014	2015
4.443.000	4.425.000	4 350.000	4.324.000

Quelle: www.hartziv.org [16.12.2016]

Betrachtet man den Zeitraum von 2005 bis 2014 und rechnet die Zahl der zeitweiligen und dauerhaften ALG-II-Empfänger zusammen, so wird die Dimension dieses Grundsicherungssystems noch einmal ganz anders deutlich. In dieser Zeit bezogen „insgesamt 16,7 Mio. Personen zumindest zeitweilig Leistungen“ (Seibert et al. 2017,

S. 1). Grundsicherung erhält nur, wer grundsätzlich bereit ist, jegliche Arbeit anzunehmen und entsprechende Anstrengungen unternimmt. Die Anzahl der monatlich nachzuweisenden Bewerbungen werden in der sogenannten »Eingliederungsvereinbarung« festgehalten. In dieser Vereinbarung werden die Pflichten des Arbeitslosen dokumentiert und gegebenenfalls – und idealerweise – auch etwaige Fördermaßnahmen seitens des Leistungsträgers bzw. Jobcenters. Diese Vertragsgestaltung suggeriert, dass es sich bei dem ALG-II-Empfänger einerseits, der gern auch als »Kunde« bezeichnet wird, und dem Jobcenter andererseits, um gleichberechtigte Kooperationspartner handelt. Das ist mitnichten der Fall. Es besteht die gleiche Art von Vertragsfreiheit wie zwischen dem Arbeitgeber und einem Lohnabhängigen. Der Lohnabhängige ist nicht mehr wie ehedem leibeigen, er ist formal frei, aber er hat eben auch die Freiheit im Extremfalle zu verhungern, wenn er sich nicht auf das Arbeitsverhältnis einlässt. Dem ALG-II-Empfänger drohen Sanktionen bis hin zur kompletten Streichung des Arbeitslosengeldes, wenn er sich den Vorgaben des Jobcenters verweigert. Um dann nicht zu verhungern, werden ihm auf Antrag, Lebensmittelgutscheine ausgehändigt. Diese Form des Umgangs lässt sich auch als moderne Variante des am Pranger Stehens begreifen. Weil viele ALG-II-Empfänger grundsätzlich arbeiten wollen und die Jobcenter Kürzungen androhen, wenn kein Job bzw. Minijob angenommen wird, arbeitet ein zunehmender Teil der Hilfeempfänger wie der folgenden Aufstellung zu entnehmen ist:

Tabelle 5 Anteil der erwerbstätigen ALG-II-Empfänger

2007	2008	2009	2010	2011	2012	2013	2014	2015
23,12%	26,38%	26,99%	28,22%	29,35%	29,80%	29,79%	29,70%	28,58%

Quelle: www.hartziv.org [16.12.2016]

Offensichtlich geschieht die Annahme eines zusätzlichen, in der Regel schlecht bezahlten Jobs, vielfach nicht freiwillig. Dies belegen die massenhaften Sanktionen, die gegen nicht folgsame Arbeitslose verhängt werden.

Tabelle 6 Zahl der ausgesprochenen Sanktionen gg. ALG-II-Empfänger

2007	2008	2009	2010	2011

784.000	726.000	815.751	923.626	1.023.214

2012	**2013**	**2014**	**2015**
1.023.214	1.007.681	998.633	979.583

Quelle: www.hartziv.org [16.12.2016]

Eine genauere Betrachtung offenbart, wie viele und wofür ALG-II-Empfänger sanktioniert werden. Im Berichtszeitraum von Juni 2015 bis Mai 2016 wurden nach Angaben der Agentur für Arbeit 939.315 Sanktionen verhängt. 712.624 Sanktionen wurden verhängt, weil Meldeversäumnisse bei Träger des ALG II vorlagen. Auf Deutsch heißt dies, dass die Betroffenen Termine nicht wahrgenommen bzw. nicht abgesagt haben. 95.997 Sanktionen wurden verhängt, weil die Leistungsempfänger sich weigerten, Pflichten aus der Eingliederungsvereinbarung zu erfüllen. Hierbei dürfte es sich u. a. um nicht geschriebene Bewerbungen auf Arbeitsplätze handeln. 72.576 Sanktionen wurden ausgesprochen, weil die Leistungsempfänger sich weigerten eine Arbeit aufzunehmen oder fortzuführen oder eine Ausbildung, Arbeitsgelegenheit (z. B. Ein-Euro-Job) oder Maßnahme aufzunehmen oder fortzuführen. Die Zahl der Sanktionen erscheint erheblich, betraf aber nur ca. 4% der Leistungsberechtigten. Andersrum formuliert haben sich 96% der Leistungsempfänger rechtskonform verhalten, haben den Anforderungen des Gesetzes genüge getan. Sanktionen haben insbesondere auf jüngere Menschen unter 25 Jahren unterschiedliche Auswirkungen. So nahmen in Westdeutschland im Untersuchungszeitraum 2007-2009 25,5% der ALG-II-Empfänger, die in einer Einpersonenbedarfsgemeinschaft lebten nach der ersten Sanktion eine ungeförderte versicherungspflichtige Beschäftigung auf. Nach der zweiten Sanktion waren es 20,0%. Aber es meldeten sich als Folge der Sanktion auch gleichzeitig 6,9% bzw. 6,7% aus dem Arbeitsmarkt ab. Lebte der junge ALG-II-Empfänger in einer Mehrpersonenbedarfsgemeinschaft, so reagierten nach der ersten Sanktion 27,8% mit der Aufnahme einer ungeförderten versicherungspflichtigen Tätigkeit. Nach der zweiten Sanktion waren es 19,9%. Aus dem Arbeitsmarkt verabschiedeten sich jeweils 5,5% bzw. 5,7% (Vgl. van den Berg et al. 2017).

Wenn jemand wiederholt oder gar häufig Sanktionen in Kauf nimmt, stellt sich normalerweise die Frage der Motivation. Diese wird vielleicht gestellt, ihre Beantwortung findet sich aber nicht in den Veröffentlichungen der Agentur für Arbeit. Es steht aber zu vermuten, dass sich hinter dem sanktionierten Verhalten nicht eine gezielte, vielleicht gar politisch motivierte Verweigerung verbirgt, sondern dass psychische Erkrankungen – vor allem depressive Erkrankungen und Suchtabhängigkeiten – diese Versäumnisse verursachen. Im Abschnitt über »Arbeitslosigkeit und Suchterkrankungen« wird der Frage nachgegangen, ob die Fallmanager des Jobcenters diese Problematik überhaupt und in welchem Umfange erkennen und welche Maßnahmen dann ergriffen werden

Welche konkreten finanziellen Auswirkungen hatten diese Sanktionen? Im Mai 2016 bewirkten sie bei 133 000 erwachsenen Leistungsberechtigten bei mindestens einer Sanktion eine durchschnittliche Kürzung des Leistungsanspruches von 19,2%. In Zahlen ausgedrückt waren dies 108€, hiervon entfielen 96€ auf die Kürzung des Regelsatzes bzw. Mehrbedarfs und 12€ auf Kürzung der Kosten der Unterkunft (Vgl. Agentur für Arbeit 2016). Geht man davon aus, dass der Regelsatz für einen Haushaltsvorstand bzw. Alleinstehenden etwas über 400€ liegt, so wird deutlich, dass diese Kürzung erheblich ins Leben des Leistungsempfängers eingreift. Wird zudem die Miete gekürzt und das wohlmöglich wiederholt oder der Leistungsempfänger verwendet Mietanteile zur Ernährung, so wird deutlich, dass dieses Sanktionsgehabe im Zweifelsfalle auch Obdachlosigkeit produziert. Nicht umsonst kritisieren auch Jobvermittler dieses System, das auf Seiten der Betroffenen Ängste schürt und einschüchtert. Hinzu kommt, dass sich die Arbeit nicht nur an der Lage der ALG-II-Empfänger orientiert, sondern auch ein massives Eigeninteresse der Organisation vorherrscht, das teilweise die Arbeit dominiert. Wenn Langzeitarbeitslose in sinnlose oder nicht passende Lehrgänge gepresst werden, weil diese nun einmal gefüllt werden müssen oder Arbeitgebern Lohnzuschüsse gezahlt werden, die diese gern in Anspruch nehmen, den Leistungsempfänger dann aber doch wieder rauswerfen, wenn der Zuschuss bzw. die danach weiter zu beschäftigende Zeit ausläuft, so ist dies alles nicht im Interesse der Arbeitslosen. Hier wird Arbeitsmarktpolitik im Interesse der eigenen Statistik geführt. Die Lebenslage der Arbeitslosen ist hier allenfalls zweitrangig. Leistungsempfänger, die sich dieser Politik verweigern, werden sanktioniert und gegen kritische Jobcentermitarbeiter werden arbeitsrechtliche Maßnahmen ergriffen, falls diese überhaupt Kritik äußern, denn Arbeitnehmer mit Zeitverträgen werden sich dies mindestens zweimal überlegen (Vgl. Hannemann/Rygiert 2015). Im Jahre 2010 waren von den 55.708 Jobcentermitarbeitern 14.215 befristet angestellt. Das waren somit rund 25,5%. Im Jahre 2016 sah dies für die Jobcentermitarbeiter insgesamt etwas besser aus. Von den nunmehr 58.720 Mitarbeitern waren noch 6.740 Mitarbeiter befristet angestellt, was einem Anteil von 11,47% entspricht (Vgl. Deutscher Bundestag 2017).

Um die Effektivität des ALG-II-Systems zu analysieren, sind verschiedene Zugänge denkbar. Einer von Ihnen ist die Befragung der Hilfeempfänger selbst. Aber genau diese Perspektive wird selten eingenommen. Auch hieran lässt sich die subalterne Position der ALG-II-Empfänger ablesen, die ihnen von der Politik und der Wissenschaft zugewiesen wird. Eine der wenigen vorhandenen Studien beruht auf 95 qualitativen Interviews mit Arbeitsmarktexperten in den Jahren 2006/07 und 2008/09, deren Ziel es war, die Erwerbsorientierungen der Arbeitslosen zu erfassen. Mit den Arbeitslosen selbst wurden 188 Interviews geführt. Die sehr komplexe Studie kann hier allein aus Platzgründen nicht im Einzelnen referiert werden. Sie enthält aber ein interessantes Resümee: „Unsere Studie liefert keine Belege für eine generelle Erosion von Leistungsbereitschaft und Aufstiegsstreben bei den Leistungsbezieherinnen und Langzeitarbeitslosen. Entsprechende Diagnosen sitzen offensichtlich einem Zerrbild auf. Die Zentralität der Erwerbsarbeitsnorm ist in der Gesellschaft institutionell wie auch kulturell so tief verankert, dass es im Grunde weder strenger Zumutbarkeitsregeln noch besonderer Fördermaßnahmen bedarf, um ihr auch subjektiv Geltung zu verschaffen. Man mag dies begrüßen, bedauern oder kritisieren – aber die Zentralität von Erwerbsarbeit ist selbst beim Gros der Langzeitarbeitslosen subjektiv ungebrochen“ (Dörre et al. 2013, S. 384f). Aber das Hartz-IV-Regime hinterlässt trotzdem seine Spuren. „Die »neue Unterschicht« ist Resultat einer politischen Konstruktion, mit welcher eine soziale Großgruppe der kollektiven Abwertung überantwortet und der Stigmatisierung ausgesetzt wird. »Hartz IV« markiert für die von uns befragten Leistungsbezieherinnen einen Status unterhalb einer Schwelle gesellschaftlicher Respektabilität. Es handelt sich in der Selbst – wie in der Fremdwahrnehmung um einen Status der Würdelosigkeit, dem die Leistungsbezieherinnen nach Möglichkeit zu entkommen suchen oder den sie, so ein Statuswechsel nicht realisierbar ist, kaschieren, umdeuten, um ihn einigermaßen lebbar zu machen" (Dörre et al. 2013, S. 397). Dieser Status des Langzeitarbeitslosen beinhaltet finanzielle Sätze, die eben nicht das Existenzminimum garantieren. Das bedeutet teilweise schlichtweg Hunger. Ein Ausweg aus diesem Dilemma sind die Tafeln, die seit 20 Jahren in Deutschland abgelaufene, aber grundsätzlich noch gute Lebensmittel gegen Nachweis der Bedürftigkeit an arme Menschen verteilen. Von diesen Tafeln gibt es derzeit über 1000 Stück. Dort wo der Sozialstaat sich zurückzieht, springen nunmehr Ehrenamtliche in die Bresche. Das ist einerseits ehrenwert und Ausdruck von Empathie und sozialem Mitgefühl, andererseits darf der Staat aber hier grundsätzlich nicht aus seiner Verantwortung als verfassungsrechtlich begründeter Sozialstaat entlassen werden. Wenn das Überleben von Menschen davon abhängt, ob ihnen die Brosamen vom Tisch der Wohlhabenden und Reichen zufallen, dann ist dies aus demokratietheoretischer Sicht äußerst bedenklich, dann steuern wir auf pseudo-feudalistische Zustände zu. Aber es sind vor allem die Überlegungen und Gefühle der Betroffenen, die aufhorchen lassen sollten: „Wir haben Bedenken, denn wer zur Tafel geht, steht am Pranger der eigenen Gesellschaft. Was der Pranger auf dem mittelalterlichen Marktplatz war, ist heutzutage die Schlange, in der wir stehen. Dort fühlen wir uns deklassiert, weil wir unsere Armut öffentlich zeigen müssen. Wir stehen auf der Straße, und die Leute, die uns sehen, wissen, was los ist. Das sind *Bedürftige*" (Zitiert nach Selke 2013, S. 134).

Wie sehen nun die Förderungsinstrumente der Jobcenter aus Sicht der Betroffenen aus? Die damalige SPD-Abgeordnete im Landtag von Brandenburg, Esther Schröder, unterhielt im Jahr 2008/2009 ein „Hartz-IV-Kontaktbüro", eine Anlaufstelle für arbeitsuchende Hilfeempfänger. Im Rahmen dieser Tätigkeit führte sie Gespräche mit Langzeitarbeitslosen. Die Ergebnisse von 50 Gesprächen gingen in die von ihr verfasste Studie ein (Vgl. Schröder 2009). Die befragten Arbeitslosen hatten sich ein- bis fünfmal in Arbeitsgelegenheiten befunden. 2008 gab es 825.000 Eintritte in Arbeitsgelegenheiten nach dem SGB II. Davon waren 765.578 (93%) mit Mehraufwandsentschädigung, besser bekannt unter dem Namen Ein-Euro-Job. Deutschlandweit wurden 2008 mehr als 1,4 Milliarden Euro für diese Maßnahmen aufgewandt. Das waren fast 30% des Gesamtetats für Eingliederungsleistungen nach dem SGB II. Für Maßnahmen zur beruflichen Weiterbildung wurden 670 Millionen Euros ausgegeben und für Eingliederungszuschüsse 334 Millionen. Die Vermittlung in die Arbeitsgelegenheiten lief offenbar der ursprünglichen Absicht entgegen, die darin bestand, zu aktivierende Langzeitarbeitslose an Arbeit und ihre Rahmenbedingungen (morgens aufstehen, pünktlicher Arbeitsbeginn, vier bis sechs Stunden durchhalten etc.) zu gewöhnen. „Die Suche und Vorsprache beim Maßnahmeträgern bzw. hartnäckiges Drängen beim Berater in der ARGE oder Optionskommune waren in vielen Fällen ausschlaggebend für die Aufnahme einer Arbeitsgelegenheit..... So sind häufig nicht die zu Aktivierenden, sondern die Aktiven in Arbeitsgelegenheiten beschäftigt“ (Schröder 2009, S. 19). Die Zuteilung der Arbeitsgelegenheiten erscheint darum eher zufällig zu erfolgen. „Die beanspruchte Einbindung von Arbeitsgelegenheiten in ein Eingliederungskonzept ist mehr Theorie als Praxis. Die befragten Teilnehmer berichteten nicht darüber, dass ihnen die Maßnahme ausführlich begründet wurde. Auch wurde in der Regel zu den Zielen der Arbeitsgelegenheit nichts erläutert oder dokumentiert“ (Schröder 2009, S. 22). Weiter wurde davon berichtet, dass die Ansprechpartner in den Jobcentern ständig wechselten. Diese Klage ist auch 2016 noch vielfach zu hören. Offensichtlich ging es in erster Linie darum, die Menschen ohne viel Überlegung in Arbeitsgelegenheiten zu vermitteln, da sie dann nicht mehr in der Statistik der Jobcenter als Langzeitarbeitslose auftauchten. Ein anonymer Mitarbeiter eines Jobcenters bestätigt genau diese Einschätzung. „Es geht zu sehr um Statistiken – und nicht um die Menschen“ (Kapitelman 2015, S. 2). Aber auch nach Ende der Maßnahme geht es unzureichend weiter. „Auch im Anschluss an die Maßnahme waren grundsätzlich keine Auswertungs- und Beratungsgespräche vorgesehen. In den allermeisten Fällen fand kein Austausch über den Verlauf und über die Ergebnisse der Maßnahme statt. 37 der 50 Befragten gaben an, noch nie über ihre Maßnahmen in den Grundsicherungsstellen gesprochen zu haben. In der Arbeitsgelegenheit erworbene Fähigkeiten und Kenntnisse wurden nicht dokumentiert und ausgewertet und folglich auch keine darauf basierende weitere Eingliederungsstrategie entwickelt“ (Schröder 2009, S. 25). Nun könnte man meinen, dies seien alles Fehler, die zwischenzeitlich abgestellt wurden, denn schließlich sind seitdem einige Jahre ins Land gegangen. Dem ist aber leider nicht so. 2015 wurden 500 Fälle in acht Jobcentern einer näheren Analyse unterzogen. Dabei stellte sich heraus, dass die erworbenen Kenntnisse der Arbeitslosen oft nutzlos seien. Ferner wurde deutlich, „dass in 39 Prozent der Fälle die Ergebnisse der Maßnahme nicht dokumentiert und die Datensätze nicht aktualisiert wurden" (Zeit Online vom 18.11.2016, S. 1). Außerdem „sei in vielen Fällen vor Programmende nicht mit den Teilnehmern darüber gesprochen worden, wie es weitergehen könne" (Zeit Online vom 18.11.2016, S. 2). Wie es zu dieser streckenweise sehr ineffektiven Arbeit kommt, ist der Zeitungsmeldung leider nicht zu entnehmen. Zu vermuten ist, dass der sehr hohe Betreuungsschlüssel eine fachlich fundierte Arbeit kaum mehr zulässt. Als Betreuungsschlüssel bei den über 25 Jährigen war von der Bundesregierung ein Verhältnis von 1:150 festgelegt worden. 49% der Grundsicherungsstellen berichteten 2009 aber von einem Schlüssel von 1: 225 (Vgl. Henkel 2009, S. 44). Hier hat es allerdings in den letzten Jahren deutliche Verbesserungen gegeben. 2016 lag der Betreuungsschlüssel bei den unter 25Jährigen bei 1:70 und bei den über 25Jährigen betrug er 1:129 (Vgl. epd sozial 04/2017). Langzeitarbeitslose kritisierten die Fördermaßnahmen und beklagten sich, dass es vornehmlich um eine Bereinigung der Arbeitslosenstatistik ginge und zudem die Gefahr des Lohndumpings und der Verdrängung regulärer Beschäftigung bestände. „Wenn erwerbsfähige Hilfebedürftige über ihre Erfahrungen sprechen, über ihre Motive zur Aufnahme einer solchen Maßnahme und über berufliche Perspektiven im Anschluss daran, sind Befreiung aus der Isolation und der Hinzuverdienst für den Moment das Positive. Langfristig jedoch überwiegt das Negative, wenn die angestrebte Integration in reguläre Beschäftigung nach wie vor nicht gelingt" (Schröder 2009, S. 40). Die Zahl der Ein-Euro-Jobber nimmt seit Jahren ab. Im April 2016 waren es nur noch 75 000 (Vgl. Groll 2016). Dafür sind mehrere Gründe verantwortlich. Immer wieder ist es im Zuge der Einrichtung von Ein-Euro-Job-Stellen zu Missbrauch gekommen. D. h. es wurden sozialversicherungspflichtige Jobs zu Gunsten der Ein-Euro-Jobs abgebaut. Insgesamt wurden auch die Mittel zur Finanzierung dieser Stellen drastisch reduziert. Beispielsweise erfolgte im Saarland und in Rheinland Pfalz von 2010 auf 2013 eine Kürzung um 50%. Hinzu kommt, dass die Ein-Euro-Jobs weitestgehend ineffektiv sind, was die langfristige Integration in den regulären Arbeitsmarkt angeht. „Aus Sicht der Teilnehmer kann die Arbeitsgelegenheit kaum ihre beruflichen Perspektiven verbessern. Zudem lassen sich individuelle Vermittlungshemmnisse der Teilnehmer in der Regel nicht im Rahmen der Arbeitsgelegenheit bearbeiten, sodass die Teilnehmer nach dem Ende der Maßnahme erneut mit einem verschlossenen Arbeitsmarkt konfrontiert sind" (Ibus 2013, S. 16). Aus wissenschaftlicher Perspektive ergibt sich ein eher negatives Bild, was die berufliche Reintegration vieler Arbeitsloser angeht. „Das Budget für berufliche Weiterbildung wurde mit den Hartz-Reformen um zwei Drittel gekürzt. Statt Langzeitarbeitslose weiterzubilden, werden sie zunehmend unter Druck gesetzt“ (Butterwegge 2017, S. 4).

Nicht unerwähnt bleiben soll in diesem Zusammenhang aber auch, dass Jobcentermitarbeiter vielfach versuchen, ALG-II-Empfänger vor vermeidbarer Diskriminierung zu schützen. Die Große Koalition hat mit Einführung des Mindestlohnes zugleich beschlossen, dass Langzeitarbeitslose in den ersten sechs Monaten ihrer Beschäftigung vom Mindestlohn ausgenommen sind. Auf Antrag des Arbeitslosen kann diese Ausnahme vom Jobcenter bescheinigt werden. Voraussetzung dieser Bescheinigung ist natürlich, dass die Arbeitslosen über die Regelung informiert sind. Die Infos kommen hauptsächlich von den Sachbearbeitern; dies aber äußerst spärlich, so dass nur 1,4% der Arbeitslosen eine derartige Bescheinigung verlangt hätten. Jobcentermitarbeiter beraten hier nur sehr zurückhaltend, da „der Ansatz der Regelung als diskriminierend empfunden“ wird (Institut für Arbeitsmarkt- und Berufsforschung 2016, S. 93). Insgesamt scheint dieses Förderungsinstrument wenig bis nichts im Interesse der Arbeitslosen zu bewegen, denn es „finden sich keine Belege, dass Arbeitgeber aufgrund der Ausnahmeregelung verstärkt Langzeitarbeitslose unter Mindestlohn einstellen“ (Ders. a. a. O., S. 127). Wenn Erwerbslose sich stigmatisiert und ausgegrenzt erleben und zudem noch Objekt negativer Zuschreibungen sind, können Kleinigkeiten große Bedeutung annehmen. Seit Jahren führen verschiedene Initiativen bzw. Einzelpersonen einen Kampf um die telefonische Erreichbarkeit ihrer Sachbearbeiter im Jobcenter. Wollen sie ihren Sachbearbeiter telefonisch erreichen, so wird ihr Anruf von einer Zentrale oder gar einem Call-Center angenommen und es wird versprochen, dass der Sachbearbeiter sie so schnell wie möglich zurückruft. Hier wird der Arbeitslose in eine ohnmächtige Situation versetzt. Wenn dann der Anruf nicht oder erst Tage später erfolgt, fühlt sich der Anrufer oftmals nicht ernst genommen. Wenn das Bundesverwaltungsgericht es dann für rechtmäßig erklärt, dass die Jobcenter die Telefonnummern nicht herausgeben müssen und dies mit dem Recht auf informationelle Selbstbestimmung der Mitarbeiter begründet wird, so fühlt sich der Arbeitslose eher als Mensch zweiter Klasse denn als Partner des Jobcenters, wie es denn oft so vollmundig behauptet wird (Spiegel online v. 20.01.2016).

Bei all dem Aufwand und den Sanktionen, der im Umgang mit den Arbeitslosen getrieben wird, stellt sich die Frage, ob dieses System effizient ist. Oberstes Kriterium ist es, die Arbeitslosigkeit durch die (Re)Integration in den Arbeitsmarkt zu beenden. Wird dieses Ziel erreicht? Die Erfolge scheinen eher zweifelhaft zu sein. „Ein Hartz-IV-Bezieher war im vergangenen Jahr im Durchschnitt seit 619 Tagen, also mehr als 20 Monate, arbeitslos. Im Jahr 2011 waren es nach Angaben der Bundesagentur für Arbeit noch 555 Tage. Trotz guter Konjunktur ist die Verweildauer im Hartz-IV-System damit binnen vier Jahren um 11,5 Prozent gestiegen. Der negative Trend hält nach einem Bericht der Funke Mediengruppe an: Im September 2016 waren Hartz-IV-Empfänger im Durchschnitt seit 635 Tagen arbeitslos, also mehr als 21 Monate" (epdsozialaktuell 2016). Durchschnittswerte bedeuten, dass es ALG-II-Empfänger gibt, die nach wenigen Monaten den Weg zurück in die Beschäftigung finden, es bedeutet aber auch, dass viele Hilfeempfänger seit Jahren in diesem System festsitzen und hier das angebliche Ziel überhaupt nicht erreicht wird. Einen Hinweis hierauf, dass ALG-II-Empfänger jahrelang in diesem Status verharren und es mit dem Fördern nicht weit her ist, liefert die neueste Studie der Bertelsmann-Stiftung über Kinderarmut. „57 Prozent der betroffenen jungen Menschen im Alter von sieben bis unter 15 Jahren bezogen drei Jahre und länger staatliche Unterstützung nach dem Zweiten Sozialgesetzbuch (SGB II)" (Bertelsmann-Stiftung 2016). Die neuesten Zahlen der Agentur für Arbeit belegten, dass fast die Hälfte der Langzeitarbeitslosen länger als vier Jahre ALG II beziehen würden, 25% sogar mehr als acht Jahre. „Rund eine Million Leistungsbeziehende befand sich von Januar 2005 bis Dezember 2014 durchgehend in der Grundsicherung. Bezogen auf den Anfangsbestand im Januar 2005 verbleiben damit gut 16 Prozent zehn Jahre durchgehend im Leistungsbezug" (Seibert et al. 2017, S. 2). Gefordert wird von Teilen der politischen Akteure in diesem Zusammenhang eine Abschaffung von Hartz IV bzw. dem ALG II und eine armutsfeste Grundsicherung (Vgl. Lafontaine 2016). Als kurzfristige Maßnahme fordert einzig DIE LINKE im Bundestag eine sofortige Heraufsetzung des Regelsatzes auf 500€ und mittelfristig tritt sie für eine sanktionsfreie Mindestsicherung von 1.050€ ein (Vgl. Lehnert 2016, S. 21). Zu ähnlichen Ergebnissen kommen Berechnungen des Paritätischen Wohlfahrtsverbandes. Er fordert einen Regelsatz von 520€ für Erwachsene (Schneider 2016, S. 42). Die Anhebung des Regelsatzes ist sicher richtig, lindert die Armut etwas, bleibt aber innerhalb der Logik des ALG II, die auf eine Disziplinierung der Arbeitslosen hinausläuft und dabei wesentlich auf Angst und Verunsicherung setzt. Gerade für den Zusammenhang von Armut und Sucht gewinnen das Erleben von Angst und der schwierige Umgang mit ihr besondere Bedeutung. Angst vor weiterer Verelendung und Perpetuierung der Armut, Angst vor der zum Teil für die ALG-II-Empfänger undurchschaubaren Arbeitsweise der Jobcenter und Angst vor Herabwürdigung sind der ideale Nährboden, um bei abstinenten ALG-II-Empfängern nach der Entwöhnungsbehandlung Rückfälle zu produzieren. Eine sanktionsfreie Mindestsicherung, auch unter dem Namen bedingungsloses oder garantiertes Mindesteinkommen geläufig, hätte hier in vielerlei Hinsicht entscheidende Vorteile und würde einem Ausstieg aus einem repressiven Hilfesystem gleichkommen. Aber von diesem Ausstieg sind wir derzeit weiter entfernt als jemals zuvor. Die Bundesagentur für Arbeit, als die an vielen Jobcentern beteiligte Institution, verschärft stattdessen die Strafen für Langzeitarbeitslose. Seit dem 01.08.2016 können Geldstrafen von bis zu 5000€ gegen ALG-II-Empfänger verhängt werden, wenn sie Angaben „nicht, nicht richtig, nicht vollständig oder nicht rechtzeitig machen“ (Vgl. Spiegel Online vom 24.10.2016). Es steht natürlich außer Frage, dass das missbräuchliche Erschleichen von Sozialleistungen nicht einfach hingenommen werden kann. Aber es muss in diesem Zusammenhang auch gesagt werden, dass der Missbrauch nicht das zentrale Problem des ALG-II- Regimes ist. Dieses liegt vielmehr bei der über weite Strecken unzureichenden Arbeitsförderung. Wer hier über Jahre keine wirkliche Abhilfe schafft und stattdessen lieber Strafen verschärft, belegt damit eher die These, dass ALG-II Lohnabhängige in Arbeit disziplinieren und Langzeitarbeitslose in Niedriglohnjobs zwingen soll.

Bedingungsloses Grundeinkommen

Wenn die Pflicht zur Arbeit begründet werden soll, wird häufig historisch weit ausgeholt und dabei dann die Bibel bemüht. Diese Verfahrensweise ist insofern nicht unproblematisch, da die Verlässlichkeit der Daten generell abnimmt, je weiter der in Frage kommende Zeitraum in der Geschichte zurückliegt. Worum geht es dabei im Einzelnen? Im dritten Kapitel des zweiten Briefes des Paulus an die christliche Gemeinde in Thessaloniki findet sich der berühmte Satz: „So jemand nicht will arbeiten, der soll auch nicht essen.“ Dieser Satz, für sich allein gelesen, könnte als Hinweis auf eine autoritär verkündete Arbeitsmoral verstanden werden. Arbeit und Mühsal bis zum Ableben war – dem christlichen Mythos zufolge – bekanntlich die Strafe für die Vertreibung aus dem Paradies. Heißt es doch im ersten Buch Mose, drittes Kapitel: „Im Schweiße deines Angesichts sollst du dein Brot essen, bis dass du wieder zu Erde werdest, davon du genommen bist." Der Ausspruch des Paulus erscheint aber in einem bestimmten historischen Kontext, der durch Christenverfolgungen gekennzeichnet ist. Paulus ermahnt die Christen, nicht durch einen unordentlichen Lebenswandel oder gar durch Müßiggang aufzufallen, um so wohlmöglich Anlass für Verfolgungen zu provozieren. Er schreibt, „daß wir uns euer rühmen unter den Gemeinden Gottes über eure Geduld und euren Glauben in allen Verfolgungen und Trübsalen, die ihr duldet;" (2. Brief, 1. Kapitel). Möglicherweise deutet sich hier auch eine Akzentverschiebung in der Interpretation und Ausgestaltung des christlichen Mythos an. Was als sozialrevolutionäre Lehre unterer Bevölkerungsschichten begann, wandelte sich im Laufe weniger Jahrhunderte zur staatstragenden und die gesellschaftlichen Verhältnisse legitimierenden Religion. „Paulus selbst war ja der erste christliche Führer, der nicht mehr der proletarischen Schicht entstammte. Er war der Sohn eines wohlhabenden römischen Bürgers, war Pharisäer gewesen, also einer der Intellektuellen, die die Christen verachteten und von ihnen gehaßt wurden" (Fromm 1930, S. 43). Er wandelte sich bekanntlich vom Saulus zum Paulus, vom Christenverfolger zum Propagandisten dieser Anschauung. Unabhängig davon, wie man diesen Wandel interpretiert, ist aber unbestritten, dass das Christentum jahrhundertelang anders mit den Armen umging, als es in der Neuzeit üblich wurde. „Von der Etablierung des Christentums bis zum Spätmittelalter galten Arme fast durchgängig als »Kinder Gottes«, die von den Bessersituierten miternährt werden mussten. Da sie von Almosen lebten, deren Gabe für die Reichen unerlässlich war, wenn sie ihr Seelenheil sichern wollten, stellte niemand die Existenzberechtigung und die Würde der Armen in Frage" (Butterwegge 2016, S. 78). Aber die Frage lässt sich noch viel grundsätzlicher stellen, ob hier nicht moderne ökonomische Zielvorstellungen auf die Vergangenheit projiziert werden. Dies mit der unausgesprochenen Gleichsetzung bürgerlicher Interessen mit denen in der Geschichte schlechthin. In der Antike und im Mittelalter war das ökonomische Handeln aber nicht vorrangig am Profit orientiert. „Der Reichtum erscheint nicht als Zweck der Produktion...", heißt es lapidar bei Marx (Marx 1974, S. 387). Und weiter schreibt er: „So scheint die alte Anschauung, wo der Mensch, in welcher bornierten nationalen, religiösen, politischen Bestimmung auch immer als Zweck der Produktion erscheint, sehr erhaben zu sein gegen die moderne Welt, wo die Produktion als Zweck des Menschen und der Reichtum als Zweck der Produktion erscheint" (Marx 1974, ebd.). Das allmähliche Heraufziehen der bürgerlichen Gesellschaft am Ende des Mittelalters verändert den Zweck der Produktion. Es geht zunehmend weniger darum, dass die Wirtschaft den Menschen zu dienen habe, sondern der Mensch hat sich den ökonomischen Zielsetzungen der wirtschaftlichen Eliten zu unterwerfen. „Man darf wohl in dieser neuen Einstellung zu Leistung und Arbeit als Selbstzweck die wichtigste psychologische Veränderung sehen, die sich beim Menschen seit dem Ausgang des Mittelalters feststellen lässt" (Fromm 1941, S. 271). Fromm hebt hervor, dass das Vertrauen des Menschen auf Gottes bedingungslose Liebe zerstört wurde. Das Ergebnis war durchaus ambivalent. Einerseits löste der Mensch sich aus traditionellen Fesseln und erfuhr ein höheres Maß an persönlicher Freiheit und andererseits war er aber auch untergründig von Gefühlen der Vereinsamung, Isolation, Zweifel und Angst erfüllt. Nach diesem Exkurs zurück zu den geistigen Ahnherrn des Marxismus. Wenn nun Marxisten für eine Arbeitspflicht plädierten, so waren sie – historisch gesehen – in einer ähnlich bedrängten Situation wie die frühen Christen. Auf historische Parallelen wies bereits Engels hin. „In der Tat, der Kampf gegen eine anfangs übermächtige Welt und der gleichzeitige Kampf der Neuerer untereinander, ist beiden gemeinsam, den Urchristen wie den Sozialisten" (Engels 1970, S. 460). Allerdings – und das ist in diesem Zusammenhang sehr wichtig – forderten die Marxisten nicht, dass Arbeitslose arbeiten müssten, um eine Existenzsicherung zu bekommen. Die Pflicht zur Arbeit bezog sich zuvörderst auf die Müßiggänger, die von der Arbeit anderer, ihrem Grundbesitz oder Zinsen lebten. Nicht umsonst heißt es in dem berühmtesten Lied der Arbeiterbewegung, der Internationalen, „...die Müßiggänger schiebt beiseite". Bebel proklamierte die Pflicht zur Arbeit als Grundlage einer sozialistischen Gesellschaft. Dabei war ohnehin klar, dass der Lohnabhängige arbeiten muss, um zu leben. „Die Gesellschaft kann ohne Arbeit nicht existieren. Sie hat also das Recht zu fordern, dass jeder, der seine Bedürfnisse befriedigen will, auch nach Maßgabe seiner körperlichen und geistigen Fähigkeiten an der Herstellung der Gegenstände zur Befriedigung der Bedürfnisse aller tätig ist" (Bebel 1981, S. 414). Ziel des Ganzen sei es, „jedem ein möglichst hohes Maß von Lebensannehmlichkeiten zu gewähren..." (Bebel 1981, S. 415). An dieser Sicht hielt der Marxismus in der Folge fest. „Sozialismus heißt nicht mehr, dass Reiche mit Armen teilen, sondern dass eben dieser Unterschied zwischen Reichen und Armen dadurch beseitigt wird, dass man gleiche Arbeitspflicht für alle Arbeitsfähigen einführt und die Ausbeutung der einen durch die anderen völlig abschafft" (Luxemburg 2005, S. 8). Jahrzehnte später verdreht der sozialdemokratische Arbeits- und Sozialminister Müntefering – unter Außerachtlassung grundsätzlicher Prinzipien der materialistischen Methode – völlig die historischen Zusammenhänge, als er 2006 unter Berufung auf Paulus die Arbeitspflicht für Langzeitarbeitslose fordert (Vgl. Schuler 2010). Engels schien die Gefahr der Missinterpretation und Dogmatisierung des Materialismus zu ahnen, als er anmerkte, „daß die materialistische Methode in ihr Gegenteil umschlägt, wenn sie nicht als Leitfaden beim historischen Studium behandelt wird, sondern als fertige Schablone, wonach man sich die historischen Tatsachen zurechtschneidet" (Engels 1986, S. 411). Eingedenk dieser Ermahnung mag es aus marxistischer Perspektive auch einmal überflüssig sein für immer und ewig an der Arbeitspflicht festzuhalten. Ein wesentliches Kriterium dürfte der Entwicklungsgrad der Produktivkräfte bzw. das Volumen des gesellschaftlichen Reichtums sein. In diesem Zusammenhang sei wieder auf Engels verwiesen, der bereits sehr früh, 1844, darauf hinwies, dass die gesellschaftlich notwendige Arbeit perspektivisch immer mehr abnehmen werde. „Das Kapital steigert sich täglich; die Arbeitskraft wächst mit der Bevölkerung, und die Wissenschaft unterwirft den Menschen die Naturkraft täglich mehr und mehr. Diese unermeßliche Produktionsfähigkeit, mit Bewusstsein und im Interesse aller gehandhabt, würde die der Menschheit zufallende Arbeit bald auf ein Minimum verringern; ..." (Engels 1957, S. 517). Marx kommt rund 15 Jahre später aufgrund wirtschaftswissenschaftlicher Forschungen zu einem ähnlichen Ergebnis. Auch er konstatiert eine Entwicklung, „um die Arbeitszeit für die ganze Gesellschaft auf ein fallendes Minimum zu reduzieren, und so die Zeit aller frei für ihre eigne Entwicklung zu machen" (Marx 1974, S. 596). Denn darum geht es Marx bei all seinen Anstrengungen: den Menschen von wirtschaftlichen Zwängen zu befreien, damit er sein menschliches Potential voll entwickeln kann. „Denn der wirkliche Reichtum ist die entwickelte Produktivkraft aller Individuen" (Marx 1974, ebd.). Hier ist sodann der Punkt benannt, von dem aus es nur noch wenig bedarf, um zu dem Gedanken eines Grundeinkommens zu kommen. Das bedingungslose Grundeinkommen sichert auch die Produktivität und Kreativität der von Arbeit freigesetzten Menschen ab. Damit kommt es voraussichtlich auch zu einer anderen Bedeutung und Wertung von Arbeitslosigkeit. „Arbeitslosigkeit wird im Zeitalter der Digitalisierung weniger denn je Ergebnis des Scheiterns sein. Sie wird mehr und mehr zum Zeichen des Erfolgs" (Welt Online vom 01.12.2016). Andere Stimmen gehen davon aus, dass die Beschäftigung sich weiterentwickelt und ein bedingungsloses Grundeinkommen nicht notwendig sein wird. Weber spricht von der „Anpassung einer Wirtschaft, die weiterhin von menschlichen Fähigkeiten und Kompetenzen Gebrauch macht – aber in anderer Weise" (Weber 2016, S. 15.) Wie dem auch sei, es sollte dann von den Marxschen Ausführungen noch fast ein Jahrhundert dauern, bis es zu der Forderung eines Grundeinkommens kam.

Mitte der 50er Jahre des 20. Jahrhunderts hatte der gesellschaftliche Reichtum in der westlichen Welt und allen voran in den USA derart zugenommen, dass Fromm die Möglichkeit eines bedingungslosen Grundeinkommens zur Diskussion stellte. Dieses Grundeinkommen würde dem Einzelnen die Existenz sichern, „selbst wenn er nicht arbeitslos, krank oder alt ist" (Fromm 1955, S. 234). Es würde seine persönliche Freiheit erheblich erweitern, die er z. B. dafür nutzen könnte, sich auf eine andere Arbeit vorzubereiten. Aber auch andere Gründe für das Grundeinkommen wären denkbar. Der Mensch bräuchte sich nicht mehr auf schlechte Arbeitsbedingungen einlassen. „Es wird keine Freiheit geben, solange der Kapitalist einem Menschen, der »nichts« besitzt als sein Leben, seinen Willen aufzwingen kann, weil letzterer aus Mangel an Kapital keine Arbeit findet außer der, welche der Kapitalist ihm bietet" (Fromm 1955, S. 234). Fromm sah für sich die Möglichkeit, dass das Grundeinkommen auch missbraucht werden könnte. Das Grundeinkommen sollte auf zwei Jahre „begrenzt bleiben, um nicht eine neurotische Haltung zu erzeugen, bei der der Betreffende sich sozialen Pflichten jeder Art entzieht" (Ders. a. a. O., S. 234).

Die bisherige Geschichte lässt sich überwiegend als eine Geschichte des materiellen Mangels für die übergroße Mehrheit der Menschen beschreiben. Materieller Wohlstand und eine darauf aufbauende Persönlichkeitsentwicklung war nur einer vergleichsweise geringen Zahl von Menschen vergönnt, der jeweils herrschenden Klasse. Diese Mangelerfahrungen schlugen sich auch im Bewusstsein nieder. „Eine Psychologie des Mangels erzeugt Angst erzeugt, Neid und Egoismus... Eine Psychologie des

Überflusses erzeugt Initiative, Glauben und Solidarität" (Fromm 1966, S. 310). Fromm weist ferner darauf hin, dass der materielle Anreiz keineswegs das einzige Motiv zur Arbeit ist. Es gäbe noch andere Motive wie soziale Anerkennung oder einfach Freude an der Arbeit. Aus einer konsumkritischen Perspektive heraus fordert er „unser System des maximalen Konsums in ein System des optimalen Konsums (zu) verwandeln" (Fromm 1966, S. 313). Fromm beschreibt den Menschen des Spätkapitalismus als homo consumens. „Er ist jener Mensch, für den alles zum Konsumartikel wird: Zigaretten und Bier, Likör, Bücher, Liebe und Sexualität, Vorlesungen und Bildergalerien. Es gibt überhaupt nichts, was sich für diesen Menschen nicht zum Konsumartikel verwandeln könnte" (Fromm 1970, S. 318). Ein derart exzessives Konsumverhalten ist für Fromm Ausdruck von Entfremdung. „Unbewußt ist nämlich dieser neue Typus Mensch ein passiver, ein leerer, ein ängstlicher, ein isolierter Mensch, für den das Leben keinen Sinn hat und der zutiefst entfremdet und gelangweilt ist" (Fromm 1970, S. 319). Im garantierten Grundeinkommen sieht Fromm geradezu einen Richtungswechsel. „Begabte Menschen, die sich auf einen neuen Lebensstil vorbereiten wollen, hätten dazu Gelegenheit, wenn sie bereit sind, eine Zeitlang ein Leben in Armut auf sich zu nehmen" (Fromm 1976, S. 405). Die modernen Sozialstaaten der westlichen Welt haben diesen Grundsatz, dass der Mensch ein Anrecht auf ein materielles Existenzminimum in Würde habe, nicht wirklich akzeptiert. „Die Betroffenen werden nach wie vor von einer Bürokratie »verwaltet«, kontrolliert und gedemütigt. Ein garantiertes Einkommen würde bedeuten, daß niemand einen »Bedürftigkeitsnachweis« zu erbringen braucht, um ein bescheidenes Zimmer und ein Minimum an Nahrung zu erhalten. Es wäre daher auch keine Bürokratie zur Verwaltung eines Wohlfahrtsprogramms mit ihrer typischen Verschwendung und Mißachtung der Menschenwürde vonnöten" (Fromm 1976, S. 405). Ein bedingungsloses Grundeinkommen sichert die Existenz, ist aber wahrlich keine fürstliche Summe. Kipping weist somit zu Recht daraufhin, „dass auch bei einem Grundeinkommen weiterhin ein materieller Anreiz zur Erwerbsarbeit besteht" (Kipping 2010, S. 295). „Da es alle bekommen sollten, fällt das Argument, die »Nichtstuer« bekommen es und ich als arbeitender Mensch muss es bezahlen, weg" (Reiter 2015, S. 21). Zu finanzieren ist das Grundeinkommen durch eine grundlegend andere Steuerpolitik. Die derzeitige Richtung, Geld von unten nach oben durchzureichen, ist umzudrehen. Das momentane System begünstigt die eh schon Begüterten. „Die Mehrwertsteuer, die alle unabhängig vom Einkommen zu bezahlen haben, wurde im EU-Europa von durchschnittlich 19,2% im Jahre 2000 auf 20,2% im Jahre 2010 erhöht. Die durchschnittlichen Spitzensteuersätze auf Einkommen wurden hingegen im selben Zeitraum von 44,7% auf 37,5%, der Spitzensteuersatz für Körperschaften (das ist die Einkommenssteuer für Kapitalgesellschaften wie AGs, Ges. m. b. H.s usw.) im europäischen Durchschnitt von 31,9% auf 23,2% gesenkt“ (Reiter 2015, S. 21).

Das bedingungslose Grundeinkommen kann dazu beitragen, das Geschlechterverhältnis in Richtung von mehr Gleichberechtigung zu verändern. Männer können nur 40 Std. und mehr arbeiten, weil ihnen – im gesamtgesellschaftlichen Schnitt – die Frauen den Rücken freihalten, sich um den Haushalt, die Kinder und Angehörige kümmern. „Das bedingungslose Grundeinkommen kann ein Hebel sein, die bestehende Ordnung der Erwerbsarbeit und die bestehende Ordnung der Arbeitsteilung zwischen Männern und Frauen zu verändern“ (Appel 2015, S. 27). Damit ist auch klar, dass das bedingungslose Grundeinkommen in eine Politik eingebunden sein muss, die bisherige Rollenmuster zu reflektieren und zu verändern sucht. „Auch mit dem BGE stellt sich die Frage wie wir den gesamten Bereich der Reproduktions- und Carearbeit organisieren wollen. Es ist jedenfalls kein Ersatz für öffentliche Bildungs-, Gesundheits-, Versorgungs- und Betreuungseinrichtungen“ (Knittler 2015, S. 32).

In ihrem als Dialog gestalteten Buch über die Mythen des Kapitalismus und die kommende Gesellschaft berührten Altvater und Zelik (Vgl. Altvater/Zelik 2009) auch das Thema Grundeinkommen. Der Ökonom Altvater verwies dabei auf die Notwendigkeit eines Mindestlohns, der mittlerweile – bei einigen Ausnahmen – eingeführt wurde. „Es wird gegen das Grundeinkommen immer eingewandt, es verringere den Anreiz zum Arbeiten. Richtig an dem Argument ist, dass wir auch Mindestlöhne durchsetzen müssen und auf ein Verhältnis zwischen Mindestlohn und Grundeinkommen achten müssen. Dabei dürfen die Löhne nicht so niedrig sein, dass das Grundeinkommen zur Lohnsubventionierung dient. Wir brauchen beides: das Grundeinkommen und den Mindestlohn“ (Altvater 2009, S. 156 in: Altvater/Zelik 2009). Wie allzu berechtigt der Gedanke einer möglichen Lohnsubventionierung durch das Grundeinkommen ist, zeigt sich darin, dass bereits heute immer noch

Grundsicherung von vielen Lohnabhängigen in Anspruch genommen muss, weil die gezahlten Löhne nicht Existenz sichernd sind.

Möglicherweise bietet das bedingungslose Grundeinkommen auch einen Einstieg in eine alternative und solidarische Ökonomie. „Genossenschaften, Kooperationen und selbstverwaltete Betriebe werden massiv dadurch gefördert, dass alle Beteiligten auf einem ökonomischen Sicherheitsnetz aufbauen können" (Reiter 2015, S. 23).

Berücksichtigt man die Tatsache, dass das bedingungslose Einkommen mit einer Abkehr neoliberaler Steuer- und Wirtschaftspolitik verbunden sein muss, um wirklich effektiv und armutsfest zu sein, dann ist Skepsis gegenüber den Modellversuchen in Finnland und den Niederlanden angebracht. In Finnland startete zum 01.01.2017 ein zweijähriger Modellversuch, im Zuge dessen dort 2000 ausgeloste Arbeitslose zwischen 25 und 58 Jahren ein monatliches Grundeinkommen von 560 Euro bekommen. Nach Ablauf des ersten Jahres soll der Personenkreis erweitert werden. Allerdings sind die dafür notwendigen Gelder von der Regierung derzeit (Januar 2017) noch nicht bewilligt (Vgl. Focus online vom 02.01.2017). Die ausgewählten Arbeitslosen dürfen die Mitwirkung in diesem Modellversuch nicht verweigern. 560 Euro – das sind etwa 25% des Durchschnittslohnes in Finnland. Mit dieser Summe dürfte aber auch in Finnland kein existenzsicherndes Leben zu führen sein. Dieser Modellversuch will herausfinden, ob es machbar ist, dadurch die Sozialbürokratie abzubauen. Des Weiteren will man klären, ob das finnische Sozialsystem die falschen Anreize setze. „Das „belohne" angeblich zu wenig das Bemühen, eine Arbeit anzunehmen, weil bei Niedriglohnjobs das Arbeitseinkommen nur wenig über dem Sozialleistungsniveau liege. Viele Arbeitslose würden daher bewusst das Verbleiben in der Arbeitslosigkeit vorziehen" (Wolff 2016). Andere Aussagen gehen sogar noch weiter. „Marjukka Turunen vom finnischen Sozialversicherungsinstitut Kela, das das Experiment betreut, erklärt warum: Derzeit nämlich nähmen Empfänger von Sozialleistungen keine kleinen Jobs an, weil sie dann nach Abzug der Steuern vielleicht schlechter dastünden. Das nun getestete Grundeinkommen dagegen müsse nicht versteuert werden, auch wenn man 4000 Euro im Monat dazu verdiene" (Michler 2017). Dieser Modellversuch wurde von der aus Konservativen, Liberalen und Nationalen gebildeten Regierung ins Leben gerufen. Sozialdemokraten, Linke und Grüne sind hier skeptisch. Das Grundeinkommen sei viel zu niedrig. „Vielmehr steige lediglich der Anreiz, schlecht bezahlte Jobs anzunehmen – ein Konjunkturprogramm für den Niedriglohnsektor sozusagen" (Michler 2017).

So verwundert es denn auch nicht, dass sich unter den Fürsprechern des bedingungslosen Grundeinkommens sehr unterschiedliche Personen mit durchaus auch divergierenden Interessen befinden. Es lässt aufhorchen, wenn selbst der Siemens-Chef, Joe Kaeser, sich für ein Grundeinkommen ausspricht, wobei er die konkrete Ausgestaltung offen lässt. Kaeser ist sicher jeglichen sozialistischen Gedankengutes abhold. Ihm geht es dabei vor allem darum „soziale Spannungen durch die Digitalisierung" zu vermeiden, da er damit rechnet, dass bis zum Jahr 2025 1,5 Millionen traditionelle Arbeitsplätze verloren gehen und durch anspruchsvolle Computerbedienjobs ersetzt werden (Hägler 2016). Auch konservative Wirtschaftswissenschaftler propagieren das Grundeinkommen, weil sie befürchten, die zunehmende Polarisierung der Einkommen und des Vermögens könnte eines Tages dazu führen, dass die Menschen die Legitimation spätkapitalistischer Gesellschaften in Frage stellen könnten (Vgl. Straubhaar 2016). Die Behauptung allerdings, …„Im Zuge der Globalisierung hat man Verteilungsfragen verdrängt…" taugt kaum als Erklärungs- oder Entschuldigungsgrund für die Umverteilung von Einkommen und Vermögen von unten nach oben. Verdrängung als Abwehrmechanismus geschieht nicht bewusst, sondern auf unbewusste Weise schützt sich ein Mensch hierdurch vor der Wahrnehmung zumeist unlustvoller oder Angst machender Impulse aus der Innen- und/oder Außenwelt. Die Übertragung von Begrifflichkeiten der Psychoanalyse, gewonnen anhand individueller Therapien, auf sozialpsychologische und ökonomische Prozesse kann zumeist nicht ohne gewisse Einschränkungen und Abstriche vorgenommen werden. Eine Umgangssprache, die psychoanalytische Termini verwendet, wird vielfach unscharf und verschleiert mehr denn sie erklärt. Diese Prozesse der Umverteilung waren gewollt, wurden planvoll in Angriff genommen und sind innerhalb der kapitalistischen Profitlogik ein probates Mittel, wenn die Gewinne nicht nur kurzfristig zurückgehen.

Einem bedingungslosen Grundeinkommen muss eine grundlegend andere, sozial und ökonomisch gerechtere Steuerpolitik zugrunde gelegt werden. „Wichtig dabei ist, dass der Staat Kapitalerträge genauso wie das Arbeitseinkommen besteuert. Das gilt auch für die mithilfe von Robotern erzielten Gewinne" (Straubhaar 2017).

Ob die Überlegungen Kaesers und Straubhaars – auch angesichts der weitgehenden politischen Apathie der arbeitenden Bevölkerung – besonders weitblickend sind, oder, ob sie eher unrealistischen Ängsten entspringen, ist eine spannende Frage, die hier in ihrer notwendigen Breite nicht diskutiert werden kann. Beim Autor dieser Zeilen riefen sie assoziativ eine Stelle in einem Brief Rosa Luxemburgs aus dem Jahre 1917 an eine Freundin ins Gedächtnis: „Es gibt nichts Wandelbareres als menschliche Psychologie. Zumal die Psyche der Massen birgt stets in sich, wie Thalatta, das ewige Meer, alle latenten Möglichkeiten: tödliche Windstille und brausenden Sturm, niedrigste Feigheit und wildesten Heroismus. Die Masse ist stets das, was sie nach Zeitumständen sein muß, und sie ist stets auf dem Sprunge, etwas total anderes zu werden, als sie scheint“ (Luxemburg 1984, S. 176).

Diese Hoffnung Luxemburgs, dass die Verhältnisse doch relativ schnell ins Wanken geraten und sich dann auch Veränderungen ergeben, wenn viele Menschen aktiv werden, scheint auch hinsichtlich der Einführung des bedingungslosen Grundeinkommens bitter notwendig. Die Bundesarbeitsgemeinschaft Grundeinkommen der Partei DIE LINKE hat ein Konzept zur schrittweisen Einführung und Finanzierung des Grundeinkommens vorgelegt. Der Finanzierungsbedarf läge dabei bei rund 863 Milliarden Euro jährlich. Wegfallen würden etwa vornehmlich steuerfinanzierte Leistungen für ALG II, Bafög, Kindergeld, Grundsicherung im Alter in Höhe von 122 Mrd. jährlich. Das Grundeinkommen wäre darüber hinaus durch eine höhere Einkommenssteuer zu finanzieren (Vgl. Bundesarbeitsgemeinschaft Grundeinkommen 2014). Bei der Einführung eines bedingungslosen Grundeinkommens gibt es diverse Hürden. Die Zahlen dieser Größenordnung signalisieren die Größe der finanziellen Hürde. Das bedeutet auch, dass ein derartiges Grundeinkommen nicht über Nacht eingeführt werden kann. Ein erster Schritt könnte die Einführung eines Grundeinkommens in ausreichender Höhe für Minderjährige sein.

Alkoholismus als gesellschaftliches Problem

Alkoholkonsum und damit auch Alkoholismus ist ein jahrhundertealtes Problem. Alkohol wurde in der Medizin verwandt, er war Sorgenbrecher und er war eine Art militärisches Schmiermittel, das dazu diente, den Soldaten die Angst vor dem Töten und Getötetwerden zu nehmen. Im Laufe der Jahrhunderte wandelte sich der Konsum, die alkoholhaltigen Getränke unterlagen gewissen Moden und vor allem die Bewertung des Alkoholkonsums und die des abhängigen allemal änderte sich. „Im Bürgertum wird das hemmungslose Trinken seit dem 17. Jahrhundert zunehmend anstößig. Der Alkohol wird zwar nicht ganz verbannt, aber domestiziert. Der Bürger trinkt mäßig, und er trinkt im privaten Kreise (zu Hause, im Club, am Stammtisch)" (Schivelbusch 1985, S. 160).

Zu Beginn des 19. Jahrhunderts kommt es zu einer Ausweitung des Branntweinkonsums insbesondere unter der armen Bevölkerung. Grundlage hierfür war die Entdeckung, dass sich Branntwein nicht nur aus Korn, sondern auch aus Kartoffeln herstellen ließ und die Versorgung vieler kriegführender Soldaten mit Schnaps. „Damit wurde das ganze Gewerbe revolutioniert. … (es) wurde der kornbrennende Großgrundbesitzer vom kartoffelbrennenden Großgrundbesitzer verdrängt; die Brennerei verzog sich mehr und mehr vom fruchtbaren Kornland aufs unfruchtbare Kartoffelland, d. h. von Nordwestdeutschland nach Nordostdeutschland – nach *Altpreußen* östlich der Elbe" (Engels 1972, S. 38).

Als Massenphänomene treten Alkoholismus und Armut erstmals zwischen 1810 und 1850 in Erscheinung. Zu dieser Zeit lebte fast die Hälfte der Bevölkerung am Existenzminimum. Der Branntweinkonsum schoss in die Höhe und der Bierkonsum nahm ab. „Bei den Armen prallten jene zwei Faktoren, die die „Branntweinpest" in den unteren Sozialschichten generell charakterisierten, in besonders krasser Form aufeinander. Einerseits der Preissturz, der den Branntwein erstmals auch für die Armen erschwinglich machte, andererseits die neue Norm der Selbstbeherrschung, mit der die Armen nicht Schritt halten konnten. Ihre soziale Lage war so erbärmlich, daß sie einen selbstkontrollierten Lebensstil gar nicht zuließ. Denn Bedürfnisse zügeln, aufschieben oder verdrängen, das eigene Leben selbst kontrollieren und planen kann nur, wer frei von existentiellen Nöten ist, wer über eine Lebensperspektive verfügt und den Umständen nicht machtlos ausgeliefert ist" (Henkel 1998, S.19). Ein cleverer Teenager mit einer bemerkenswerten Beobachtungsgabe und Fähigkeit zur Reflektion registrierte bereits 1839, dass elende Arbeitsbedingungen das „Branntweintrinken" befördern (Vgl. Engels 1957, S. 417).

Neben schlechter Ernährung, fehlender oder unzureichender ärztlicher Versorgung sind es menschenunwürdige Arbeits- und Lebensbedingungen, die den Alkoholismus in der Arbeiterschaft fördern. „Vor allem der Trunk. Alle Lockungen, alle möglichen Versuchungen vereinigen sich, um die Arbeiter zur Trunksucht zu bringen. Der Branntwein ist ihnen fast die einzige Freudenquelle, und alles vereinigt sich, um sie ihnen recht nahe zu legen. Der Arbeiter kommt müde und erschlafft von seiner Arbeit heim; er findet eine Wohnung ohne alle Wohnlichkeit, feucht, unfreundlich und schmutzig; er bedarf dringend einer Aufheiterung, er muß *etwas* haben, das ihm die Arbeit der Mühe wert, die Aussicht auf den nächsten sauren Tag erträglich macht; seine abgespannte, unbehagliche und hypochondrische Stimmung, die schon aus seinem ungesunden Zustande, namentlich aus der Indigestion entsteht, wird durch seine übrige Lebenslage, durch die Unsicherheit seiner Existenz, durch seine Abhängigkeit von allen möglichen Zufällen und sein Unvermögen, selbst etwas zur Sicherstellung seiner Lage zu tun, bis zur Unerträglichkeit gesteigert; sein geschwächter Körper, geschwächt durch schlechte Luft und schlechte Nahrung, verlangt mit Gewalt nach einem Stimulus von außen her; sein geselliges Bedürfnis kann nur in einem Wirtshause befriedigt werden, er hat durchaus keinen andern Ort, wo er seine Freunde treffen könnte – und bei alledem sollte der Arbeiter nicht die stärkste Versuchung zur Trunksucht haben, sollte imstande sein, den Lockungen des Trunks zu widerstehen? Im Gegenteil, es ist die moralische und physische Notwendigkeit vorhanden, dass unter diesen Umständen eine sehr große Menge der Arbeiter dem Trunk verfallen *muß*" (Engels 1980, S. 331f)

Aber auch die Arbeitslosigkeit führt vielfach in die Sucht, wie Engels anhand der englischen Daten belegt. „Die Folgen der Maschinenverbesserungen für den Arbeiter sind in den jetzigen sozialen Verhältnissen nur ungünstig und oft im äußersten Grade drückend; jede neue Maschine bringt Brotlosigkeit, Elend und Not hervor – und in einem Lande wie England, wo ohnehin fast immer „überzählige Bevölkerung", ist die Entlassung aus der Arbeit in den meisten Fällen das schlimmste, was den Arbeiter betreffen kann. Und auch abgesehen davon, welch einen erschlaffenden, entnervenden Einfluß muß diese Ungewißheit der Lebensstellung, die aus dem unaufhörlichen Fortschritt der Maschinerie und mit ihr der Brotlosigkeit hervorgeht, auf die ohnehin schon schwankend gestellten Arbeiter ausüben! Um der Verzweiflung zu entgehen, stehen auch hier dem Arbeiter nur zwei Wege offen: die innere und äußere Empörung gegen die Bourgeoisie – oder der Trunk, die Liederlichkeit überhaupt. Und zu beiden pflegen die englischen Arbeiter ihre Zuflucht zu nehmen" (Engels 1980, S. 364f). Mit Engels wird also erstmals in der Armut die Ursache des Alkoholismus gesehen. Seine Formulierung könnte den Verdacht nahelegen, dass es sich hier um eine Art von Notwendigkeit oder Determinismus handelt. Von einer deterministischen Entwicklung gesellschaftlicher Prozesse waren aber sowohl Marx wie auch Engels weit entfernt. Da gibt es keine hinter den Rücken der Menschen sich durchsetzende wie auch immer geartete Kraft. "Es ist vielmehr der Mensch, der wirkliche lebendige Mensch, der das alles tut, besitzt und kämpft; es ist nicht etwa die „Geschichte", die den Menschen zum Mittel braucht, um ihre – als ob sie eine aparte Person wäre – Zwecke durchzuarbeiten, sondern sie ist nichts als die Tätigkeit des seine Zwecke verfolgenden Menschen" (Marx/Engels 1980, S. 98). Nichtsdestotrotz hat der Mensch die Fähigkeit und die Freiheit, sich zu den ihn beeinflussenden Umständen zu verhalten. „Alles, was die Menschen in Bewegung setzt, muß durch ihren Kopf hindurch; aber welche Gestalt es in diesem Kopf annimmt, hängt sehr von den Umständen ab" (Engels 1981, S. 298). Diese Beobachtungen, dass industrielle Produktion Armut bedinge, wurden später systematisiert und in einen theoretischen Zusammenhang gestellt, so dass Marx feststellen konnte, dass kapitalistisches Wirtschaften Arbeitslosigkeit produziert. „Die kapitalistische Akkumulation produziert vielmehr, und zwar im Verhältnis zu ihrer Energie und ihrem Umfang, beständig eine relative, d. h. für die mittleren Verwertungsbedürfnisse des Kapitals überschüssige, daher überflüssige oder Zuschuß-Arbeiterbevölkerung" (Marx 1977, S. 658). Marx war schon in jungen Jahren für die Emanzipation des Menschen eingetreten. Er forderte von ihm, dass „er denke, handle, seine Wirklichkeit gestalte,..., damit er sich um sich selbst und damit um seine wirkliche Sonne bewege" (Marx 1957, S. 379).

Die anhand der englischen Industrieentwicklung durch Marx und Engels gewonnen Daten finden sich auch wenige Jahrzehnte später in Deutschland wieder, das der englischen Wirtschaft nachfolgt. 1878 veröffentlicht Bebel eine Schrift zur Situation der Frau in Deutschland. Darin beschreibt er u. a. die Lebensbedingungen der Arbeiterfamilien, die durch niedrige Löhne, Frauenarbeit, Arbeitslosigkeit, und Wohnungsnot gekennzeichnet sind. Auch er streift kurz das Problem des Alkoholtrinkens. „Der

Mann geht ins Wirtshaus, um dort die Annehmlichkeiten zu finden, die ihm zu Hause fehlen; er trinkt, und ist es noch so wenig, er verbraucht für seine Verhältnisse zu viel. Unter Umständen verfällt er dem Laster des Spieles..... und verliert noch mehr, als er vertrinkt" (Bebel 1981, S. 157f). Was Bebel nur kurz streifte, war aber in der Tat schon damals ein gravierendes soziales Problem, so dass die maßgeblichen politischen Akteure darüber nicht hinweggehen konnten. Anfang der 90er Jahre fand in der von Kautsky herausgegebenen und redigierten Zeitschrift „Die Neue Zeit", der bedeutendsten Theoriezeitschrift der Sozialdemokratie, eine Debatte zum Thema Alkoholismus und Abstinenz statt. Kautsky wehrte sich zunächst gegen eine ausschließlich individualisierende Herangehensweise an den Alkoholismus, die ihn als Produkt moralischen Versagens begreift. „Der nächstliegende und bequemste Standpunkt gegenüber den Uebeln einer Gesellschaftsordnung ist der, sie als die Folgen der Schlechtigkeit oder Unvorsichtigkeit oder Unwissenheit der Individuen anzusehen. Von diesem Standpunkt aus kann man die betreffenden Uebel nicht anders bekämpfen als durch Predigten, Schulmeistereien und Strafen. Dies hat man denn auch bald gegenüber den Uebeln der kapitalistischen Gesellschaft versucht. Die Hauptvertreter dieses Standpunktes sind natürlich seit jeher die Frommen, die Pfaffen gewesen; aber merkwürdigerweise haben sie ihre besten Alliirten in ungläubigen Materialisten, namentlich Medizinern, gefunden" (Kautsky 1891, S. 51). Er hob sodann aber auch hervor, dass aufgrund der beengten Wohnverhältnisse der Arbeiter die Kneipe und damit auch den Alkoholkonsum brauche, um mit seinesgleichen zusammen zu kommen. Insofern erfüllt das Wirtshaus eine wichtige Funktion im Klassenkampf. „Für den Proletarier bedeutet in Deutschland der Verzicht auf den Alkohol den Verzicht auf jedes gesellige Beisammensein überhaupt; er hat keinen Salon zur Verfügung, er kann seine Freunde und Genossen nicht in seiner Stube empfangen; will er mit ihnen zusammenkommen, will er mit ihnen die Angelegenheiten besprechen, die sie gemeinsam berühren, dann muß er ins Wirthshaus. Die Politik der Bourgeoisie kann desselben entbehren, nicht aber die Politik des Proletariats – wenigstens in Deutschland" (Kautsky 1891, S. 106). Dieser Einschätzung lag natürlich auch die jahrelange Verfolgung durch das Sozialistengesetz (1878-1890) zugrunde, die dazu führte, dass Angehörige der Arbeiterklasse sich nicht mehr so ohne Weiteres organisieren und versammeln durften. „Das einzige Bollwerk der politischen Freiheit des Proletariers, dass ihm so leicht nicht konfisziert werden kann, ist – das Wirthshaus. Der Temperenzler mag darüber die Nase rümpfen, aber das ändert nichts an der Thatsache, dass unter den heutigen Verhältnissen Deutschlands das Wirthshaus das einzige Lokal ist, in dem die niederen Volksklassen frei zusammenkommen und ihre gemeinsamen Angelegenheiten besprechen können. Ohne Wirthshaus giebt es für den deutschen Proletarier nicht blos kein geselliges, sondern auch kein politisches Leben" (Kautsky 1891, S. 107). Die Abstinenzler, Kautsky nennt sie Temperenzler, sind aus seiner Sicht eine Gefahr für den Klassenkampf, da sie den Arbeiter von seiner – aus marxistischer Sicht – geschichtlichen Aufgabe, die Bourgeoisie zu stürzen, ablenken. „Der Arbeiter, der der Temperenzbewegung verfallen ist, wählt lieber seinen größten Feind, wenn dieser blos Wasser trinkt, als einen Genossen, der es für keine Sünde hält, seine Lippen mit Bier zu benetzen" (Kautsky 1891, S. 87). Hier traute der Theoretiker der Sozialdemokratie den Arbeitern offenbar wenig klassenbewusstes Verhalten zu. Fragt sich, warum er so wenig Zutrauen hatte. Dazu könnte natürlich auch ein Versäumnis der Funktionäre beigetragen haben, die die Arbeiter bzw. Wähler der Sozialdemokratie nicht genügend geschult hatten. Dazu äußerte sich Kautsky allerdings nicht. Er beharrte stattdessen auf den polit-ökonomischen Ursachen des Alkoholismus, der bei veränderten gesellschaftlichen Verhältnissen abnehmen werde. „Natürlich, ohne Trinken keine Trunksucht. Aber die Trunksucht ist das Resultat des Trinkens nur unter ganz bestimmten Verhältnissen, Verhältnissen, die mit Naturnotwendigkeit gekommen sind, die aber durch den Gang der ökonomischen Entwicklung und durch den Klassenkampf des Proletariats von einem gewissen Punkt an wieder überwunden werden. Je mehr das Proletariat an Einfluß im Staate gewinnt, und je mehr die ökonomische Entwicklung die materiellen Grundlagen schafft, deren das Proletariat bedarf, um seinen Einfluß zweckentsprechend zur Geltung zu bringen, umso schwächer werden die Faktoren, die den Alkoholismus geschaffen haben" (Kautsky 1891, S. 109).

Kautsky wies auch darauf hin, dass nicht nur das Proletariat mit den Folgen abhängigen Alkoholkonsums zu kämpfen hatte. „So werden die Nerven der Bourgeoisie durch ihre Thätigkeit ebenso ruinirt, wie durch ihren Müßiggang. Nimmt man zu dem Allen noch die Konvenienzehe, die der Bourgeois schließt, nachdem er den besten Theil seiner Kraft ausgegeben, so dass seine legitimen Kinder, seine Erben, in der

Regel gerade seine schwächlichsten Kinder sind, dann braucht man sich nicht zu wundern über die wachsende Verkommenheit der Bourgeoisie. Besäuft sich ein Theil der Bourgeois aus Uebermuth, so greift ein anderer Theil nach Stimulantien, oder Betäubungsmitteln, nach Alkohol, Morphium, Kokain, um sein Krankheitsgefühl loszuwerden, um seine Schmerzen zu ersticken, seine Sorgen zu vergessen; und wie im Proletariat, so sinkt auch in den Reihen der Besitzenden die Widerstandskraft gegenüber diesen Mitteln" (Kautsky 1891, S. 51).

Ende des 19. Jahrhunderts änderte sich auch mit dem Aufschwung der Naturwissenschaften das Paradigma zur Erklärung der Alkoholabhängigkeit. Das medizinische Modell, das die Alkoholabhängigkeit als Krankheit begreift, fand mehr und mehr Anklang. Nicht umsonst erwähnte auch Kautsky genetische Faktoren bei der Verursachung des Alkoholismus, obgleich er anmerkte, dass deren Stellenwert noch unklar wäre. „Freilich ist der Einfluß der Trunksucht auf die Nachkommenschaft keineswegs festgestellt; man kann noch nicht scharf sondern, wie weit die Trunksucht bei Kindern von Säufern auf Vererbung, wie weit auf dem Einfluß der Umgebung beruht; man weiß aber auch, dass Trunksüchtige mitunter gesunde Kinder haben..." (Kautsky 1891, S. 87). Innerhalb der SPD gab es weiterhin Debatten über den Alkoholismus, ohne dass die für Abstinenz eintretenden Genossen nennenswerten Einfluss auf die Programmatik der Partei ausüben konnten. „Trotz der wiederholten Ablehnung wuchs das Bedürfnis, die Alkoholfrage zum Parteitagsthema zu machen. Hatte es sich 1904 noch in sieben Anträgen ausgedrückt, so waren es 1905 bereits 20 und 1906, zum Mannheimer Parteitag, 47 Anträge" (Wollina o. J., S. 6).

In der Wissenschaft setzte sich fortan weitestgehend die Degenrationslehre zur Erklärung des Alkoholismus durch. Diese hatte für die herrschende Ordnung und ihre sie tragenden Schichten eindeutige Vorteile. Mit ihr war erstmals eine biologische Variante der Alkoholisierung der Armut geboren, die im Vergleich zur alten Denkfigur von der Lasterhaftigkeit und Willensschwäche als Trunksucht- und Armutsursache weniger angreifbar war, da sie in naturwissenschaftlichem Gewand auftrat und daher über jeden Zweifel erhaben, objektiv und überparteilich erschien" (Henkel 1998, S. 38). Diese Haltung hatte Langzeitfolgen, „weil dadurch die alkoholismus-ätiologische Potenz der Arbeitslosigkeit jahrzehntelang vorab, d. h. ohne wissenschaftliche Prüfung negiert und so der notwendige Aufklärungsprozeß und ebenso die Entwicklung spezifischer und kurativer Ansätze blockiert wurde" (Henkel 1998, S. 102). Marxisten hingegen sahen weiterhin in der Armut den wesentlichen Faktor in der Genese des Alkoholismus. 1905 setzte sich Luxemburg in einem Aufsatz mit den urkommunistischen Wurzeln des Christentums auseinander und verfolgte seine Entwicklung zur Staatsreligion und zur Herrschaftslegitimation feudaler und kapitalistischer Gesellschaften. Sie kritisierte das ideologische und halbherzige Gerede vieler Priester, wenn sie anmerkte, „mit den Lippen reden die Priester viel gegen Diebstahl, Raub und Trunksucht. Aber bekanntlich stehlen, schlagen und trinken die Menschen nicht aus Eigensinn oder Neigung, sondern aus zwei Gründen: aus Not und Dumpfheit. Wer also das Volk in Not und Dumpfheit hält, wie es die Geistlichkeit tut, wer im Volk den Willen und die Energie zu einem Ausweg aus Not und Dumpfheit tötet, wer auf jede Weise diejenigen behindert, die das Volk bilden und aus der Not emporheben wollen, der ist ebenso verantwortlich für die Verbreitung von Verbrechen und Trunksucht, als ob er dazu ermuntern würde" (Luxemburg 2005, S. 9).

Kurz vor dem ersten Weltkrieg berichtete Rosa Luxemburg über Todesfälle durch Alkohol in einer Berliner Obdachlosenunterkunft. „Der Massentod blieb nur auf die „Asylitenkreise" beschränkt, auf die Leute, die sich den Genuß „sehr billiger", stinkender Bücklinge oder giftigen Fusels zu Weihnachten geleistet hatten" (Luxemburg 1973, S. 84). Als Volkswirtschaftlerin und politische Agitatorin arbeitete sie natürlich die gesellschaftlichen Hintergründe dieser Todesfälle heraus. „Der wirkliche Giftbazillus, an dem die Berliner Asylisten gestorben sind, heißt – kapitalistische Gesellschaftsordnung in Reinkultur" (Ders. a. a. O., S. 89). Hier agierte sie ganz als marxistische Agitatorin im Sinne von Marx, der Jahrzehnte zuvor forderte: „Man muß den wirklichen Druck noch drückender machen, indem man ihm das Bewußtsein des Drucks hinzufügt, die Schmach noch schmachvoller, indem man sie publiziert... man muß diese versteinerten Verhältnisse dadurch zum Tanzen zwingen, daß man ihnen ihre eigne Melodie vorsingt" (Marx 1957, S. 381). Dieser unbedingte Glaube, dass sich Erkenntnis und Rationalität durchsetzen werden, findet sich ungebrochen auch bei Luxemburg. „Wir brauchen nur die Zusammenhänge, die Ursachen und Wirkungen aufzuzeigen, um die klare Erkenntnis des Klassenkampfes in Millionen von Hirnen auflodern zu lassen" (Luxemburg 1972, S. 301).

Luxemburg wusste aber auch, dass Arbeitslosigkeit mindestens langfristig nicht nur materielles Elend bedeutet, sondern auch die Selbstachtung und Zufriedenheit untergräbt. Nicht von ungefähr schrieb sie: „Mit revolutionären Idealen kann man keinen Hungrigen sättigen, aber man kann ihm Glauben an die Zukunft und damit Mut und Selbstachtung geben, man kann in ihm geistige Energie wecken, die ihm innere Überlegenheit geben und ihn gegen die stärksten physischen Leiden unempfindlich machen“ (Luxemburg 1973, S. 365). Luxemburg betonte vermutlich Eigenschaften wie Mut, Selbstachtung und Hoffnung auf die Zukunft, weil sie wusste, dass es um sie oftmals sehr schlecht bestellt war. Viele Arbeiter nahmen ihr Schicksal fast resignativ hin. Vor dem ersten Weltkrieg kennzeichnete Rühle viele Arbeiter wie folgt: „Wenn der Arbeiter nicht gerade mit der Gottergebenheit eines frommen Kirchenschafes sein Arbeitspensum als das ihm nach Gottes Ratschluß zugewiesene Schicksal ansieht, in das er sich willig und demutsvoll fügt, empfindet er seine Arbeitspflicht als Last, als Sklaverei und ein Unglück, dem er sich nach Möglichkeit zu entziehen sucht. Nur wenn sie guten Lohn trägt, findet er sich ohne Murren damit ab, aber von Arbeitsfreude ist auch hier keine Rede“ (Rühle 1977, S. 315f).

Rühle war nach dem ersten Weltkrieg einer der bedeutendsten Marxisten, die eine Verbindung von Marxismus und Tiefenpsychologie auch zur Erklärung des Alkoholismus heranzogen. Rühle bezog sich dabei auf den individualpsychologischen Ansatz Adlers. Er sah im Alkoholismus die Kompensation für ein unzureichendes Selbstwertgefühl aufgrund nicht erreichter Ziele. „Je schwieriger es ist, auf irgendeinem anderen Gebiete die erstrebte Höhe zu gewinnen, je geringer der Mut ist, dort mit ernsthaften Versuchen anzusetzen, je öfter unternommene Versuche gescheitert sind, desto stärker die Nötigung, den Weg des Alkohols zu wählen“ (Rühle 1970, S. 416). Er konstatierte ferner, dass der Alkoholiker keine Verantwortung für sein Leben übernehmen möchte. „Manchmal braucht der untüchtige Lebenskämpfer für seinen Misserfolg eine Lebensausrede, die ihn entschuldigt, ein Fluchtasyl der Verantwortungslosigkeit. Er will der Schuld wie der Verantwortung für sein „Pech“ überhoben sein. Dazu verhilft ihm der Alkohol“ (Ders. a. a. O., S. 419). Rühle betonte hier neurotische Motive, die der Sucht zugrunde liegen und damit aber auch die Verantwortung des Neurotikers bzw. Abhängigen für das Weiterbestehen seiner Sucht. In moderner psychoanalytischer Diktion liest sich das heute in etwa so: „Der Süchtige ist nicht in der Lage, durch Beziehungsgestaltung und Interaktion oder durch innerpsychische, Operationen die negativen Affekte erträglich zu machen, beispielsweise bei psychischem Schmerz Trost bei einem vertrauten Menschen zu suchen oder bei einem Gefühl eigener Wertlosigkeit Erinnerungen von Stolz oder Geliebtwerden zu aktivieren, die dem Wertlosigkeitsgefühl ausreichend gegensteuern könnten“ (Voigtel 2015, S. 32). Rühle kritisierte ferner die Haltung der SPD vor dem Weltkrieg, die in ihrer oben skizzierten Position eine unselige Verschränkung von ökonomischen und sozialen Faktoren in der Genese des Alkoholismus mit der Abwehrstruktur des Einzelnen ermöglichte. „Sie schob das Schwergewicht der Verantwortung auf die „gesellschaftlichen Verhältnisse“, was den einzelnen, obwohl er an diesen Verhältnissen beteiligt ist, zu seiner Beruhigung so entlastete, dass er ruhig weitertrinken konnte. Sie erwartete die Lösung der Alkoholfrage von einer fernen Zukunft, was für die Gegenwart bedeutete, dass man sich als Mensch und Christ ins Unvermeidliche zu fügen und lediglich vor dem chronischen Suff zu hüten habe“ (Rühle 1970, S. 437). Die grundsätzlich fruchtbare Haltung, soziologische und tiefenpsychologische Erkenntnisse zur Erklärung des Alkoholismus zu kombinieren, fand mit der Machtübernahme durch die Nationalsozialisten ein jähes Ende. Von nun an dominierten rassistische Erklärungsmuster, die schlussendlich dazu führten, dass chronische Alkoholiker zwangsweise sterilisiert und teilweise in Konzentrationslager eingeliefert wurden. Mit Gründung der Bundesrepublik sind Arbeit und Arbeitslosigkeit kein Thema in der Suchtforschung. Mit dem Bundessozialgerichtsurteil von 1968 ist die Alkoholabhängigkeit, auch in ihren leichteren Formen, grundsätzlich als Krankheit anerkannt. Die Kosten ihrer Behandlung werden von der Kranken- und Rentenversicherung getragen. Damit ist sie eine Krankheit wie jede andere, die sozialrechtlich Lohnfortzahlung und bei längerem Andauern Lohnersatzleistungen bei Arbeitsunfähigkeit vorsieht. Mit anderen Worten heißt dies auch, dass Krankheit nicht bestraft wird. Mit der Zusammenlegung von Arbeitslosenhilfe und Sozialhilfe zur Grundsicherung vollzog sich aber erneut ein bedeutsamer Paradigmenwechsel im Umgang mit Abhängigkeitserkrankungen.

Das Sozialgesetzbuch II, das rechtliche Instrumentarium zur Regelung und Versorgung langzeitarbeitsloser Menschen, sieht denn auch in §16a die Möglichkeit vor,

Hindernisse der Wiedereingliederung durch eine eventuell notwendige Suchtberatung aus dem Weg zu räumen. Nun erscheint dieses Beratungsangebot zunächst als hilfreich, wenn es über eine Entwöhnungsbehandlung zur Überwindung einer Suchtmittelabhängigkeit beiträgt. Dieser Charakter wird aber zugleich durch die Sanktionsmöglichkeiten des SGB II konterkariert, die dann greifen, wenn der Langzeitarbeitslose seinen Verpflichtungen aus der Eingliederungsvereinbarung (z. B. die Suchtberatung in Anspruch nehmen, Bewerbungen vorlegen, Schulungen und Trainings absolvieren) nicht nachkommt. Der Lebensbedarf kann massiv, bis zu 60% gekürzt, bei anhaltender Pflichtverletzung sogar komplett gestrichen werden. Diese Vorgehensweise, suchtmittelbedingte Verhaltensweisen zu sanktionieren, weicht von dem sonst in der Sozialgesetzgebung anerkannten Grundsatz, dass chronischer und abhängiger Alkohol-, Medikamenten- und Drogenkonsum als Krankheit anzusehen ist und damit keiner Sanktionierung unterliegt, ab. Prägnant formuliert heißt dies, dass Armut und Krankheit bestraft wird, wenn die Bereitschaft sich in den Arbeitsprozess einzugliedern, nicht möglich ist oder verweigert wird.

Auch in der Bevölkerung ist das Krankheitskonzept des Alkoholismus keinesfalls Allgemeingut. Während die Wissenschaft, aber auch die therapeutische Praxis in den letzten Jahrzehnten ein großes Wissen über die Ursachen, die Verläufe und die Behandlungsmöglichkeiten angehäuft hat, hinkt der Kenntnisstand der Bevölkerung auffällig hinterher. „Alkoholabhängigkeit bleibt eine negativ zugeschriebene Eigenschaft, ein Stigma“ (Rummel 2015, S. 275). Die Deutsche Hauptstelle für Suchtfragen ermittelte im Jahre 2001 in einer telefonischen Repräsentativbefragung die Einstellung der Deutschen zu Alkohol- und Drogenabhängigen. 17% sahen in der Abhängigkeitserkrankung eine Charakterschwäche. 34% meinten, es wäre eine selbstverschuldete, aber therapierbare Krankheit. Hingegen sahen 40% der Befragten im Alkoholismus eine vielschichtige und behandelbare Krankheit. 3% waren der Meinung, Alkoholismus wäre nicht behandelbar und 2% waren der Ansicht er sei selbstverschuldet und nicht behandelbar (Vgl. Rummel 2015, S. 277). Obgleich diese hier referierte Umfrage über 15 Jahre alt ist, dürfte sich an der Einstellung der Bevölkerung kaum etwas geändert haben. Dafür spricht die emotionale Reaktion der Menschen auf Alkoholabhängige. Diese wurde 1990 und 2011 näher untersucht. In beiden Jahren stimmten 56% der Befragten der Kategorie »Ich fühle Mitleid für ihn/sie« zu. Die

Kategorie »Ich fühle das Bedürfnis, ihm/ihr zu helfen« stieß 1990 bei 55% der Befragten und 2011 bei 53% auf Zustimmung. Andererseits bejahten 1990 45% der Befragten die Aussage »Ich fühle mich unwohl« im Kontakt mit Alkoholabhängigen, 2011 waren es 42%. 27% bzw. 26% der Menschen gaben an, Alkoholabhängige würden sie ängstigen. Alkoholabhängige werden stärker abgelehnt, je näher der persönliche Kontakt ist. 1990 bzw. 2011 lehnten es 80% bzw. 81% ab, ihre Kinder von Alkoholabhängigen beaufsichtigen zu lassen. Die Einheirat in die Familie lehnten 1990 75% und 2011 68% der Befragten ab (Näheres bei Rummel 2015, S. 280f). Es ist daher ein ernüchterndes Fazit zu ziehen. „Jahre großer Anstrengungen insbesondere der Suchthilfe haben nicht dazu geführt, Alkoholabhängigkeit ihr Stigma zu nehmen" (Rummel 2015, S. 284).

Arbeitslosigkeit und psychische Erkrankungen

Bei der Erörterung der Frage, welche Zusammenhänge zwischen Arbeitslosigkeit und psychischen Erkrankungen bestehen, ist vorab eine wichtige Bezugsgröße zu klären. Wie groß ist der Anteil der Menschen mit psychischen Störungen in der Allgemeinbevölkerung? Ein Vergleich dieser Werte mit der Teilpopulation der Arbeitslosen kann eventuelle Differenzen aufzeigen. Eine repräsentative epidemiologische Untersuchung der 18-79Jährigen ergab für diverse Krankheitsbilder eine 12-Monatsprävalenz mit folgenden Werten: 16,2% Angststörungen, 11,2% Alkoholstörungen, 8,2% unipolare Depression, 3,8% Zwangsstörungen, 3,3% somatoforme Störungen, 2,8% bipolare Störungen, 2,4% psychotische Störungen und 2,4% PTBS (Vgl. Wittchen/Jacobi 2012, S. 8). 33,3% der Menschen hatten eine derart ausgeprägte Störung, dass ein Interventionsbedarf bestand (Ders. a. a. O., S. 12).

Angaben der Techniker Krankenkasse, die allerdings schon aus dem Jahre 2006 stammen, belegen dass 21,8% der Berufstätigen, 28,0% der ALG-I-Bezieher und 36,7% der ALG-II-Bezieher innerhalb eines Jahres mit einer psychiatrischen Diagnose die Arztpraxis verließen (Vgl. Institut für Arbeitsmarkt- und Berufsforschung 2013, S. 33). Den AOK Angaben zufolge betrug der Anteil der ALG-II-Empfänger mit einer psychiatrischen Diagnose 2007 32,6%, 2008 34,5%, 2009 36,9% 2010 38,3% und

2011 40,2%. Nach Angaben der AOK betrug der Anteil der ALG-II-Empfänger mit der Diagnose »Depressive Episode« im Jahre 2011 14,8%, bei den Betriebskrankenkassen waren es im gleichen Jahr gar 16,4% (Vgl. Ders. a.a. O., S. 34). Diese Zahlen sprechen dafür, dass bei ALG-II-Empfängern häufiger als bei dem Bevölkerungsdurchschnitt eine psychiatrische Diagnose vergeben wird. Insbesondere scheinen Langzeitarbeitslose vermehrt an depressiven Erkrankungen zu leiden. Hervorzuheben ist, dass die Vergabe einer psychiatrischen Diagnose noch nichts über die Belastungs- und Arbeitsfähigkeit aussagt, da viele Erkrankungen unterschiedliche Verläufe und verschiedene Schweregrade aufweisen. Zudem lassen sich viele Krankheitsbilder auch gut medikamentös behandeln, so dass in vielen Fällen, zumal wenn es sich um leichte Ausprägungen handelt, die Arbeitsfähigkeit nicht in Frage stehen muss.

Die referierten Zahlen werfen nun die Frage auf, wie erhöhte Krankheitsraten mit psychiatrischen Diagnosen bei Langzeitarbeitslosen zustande kommen. Berücksichtigt man die Bedeutung, die der Arbeit im Erleben der meisten Menschen in der heutigen Gesellschaft zukommt, so spricht vieles dafür, dass Arbeitslosigkeit erhöhte Raten psychischer Erkrankungen verursacht. Diese Annahme würde auch das Anwachsen der psychiatrischen Diagnosen bei lang anhaltender Arbeitslosigkeit erklären. Dieser Sachverhalt wird auch als Kausalitätshypothese bezeichnet. Genau diese Dynamik lässt sich auch immer wieder in therapeutischen Gruppen beobachten. Teilnehmer, die ihre Arbeit verlieren sind vielfach im ersten Moment geschockt, dann aber zuversichtlich, dass die Arbeitslosigkeit nur von kurzer Dauer sein wird. Wenn dann wiederholt Bewerbungen um einen neuen Arbeitsplatz scheitern und die Wochen und Monate ins Land gehen, dann nimmt die Zuversicht kontinuierlich ab und Antriebslosigkeit und Resignation greifen um sich. Viele Arbeitslose werden geradezu von einem Gefühl der Lähmung ergriffen. Abgesehen davon, dass die Betroffenen eine individuell zugeschnittene Hilfe brauchen, die z. B. in therapeutischer Unterstützung bestehen kann, spricht dieses Erklärungsmodell dafür, dass letztendlich nur Arbeitsplätze oder arbeitsmarktpolitische Maßnahmen und Förderungen hier wirkliche Abhilfe schaffen können. Denkbar wäre ein öffentlich finanzierter oder geförderter Arbeitsmarkt, der reguläre Arbeitsstellen schafft, berufliche Qualifikationen vermittelt und dadurch auch wieder den Anschluss an den regulären Arbeitsmarkt möglich macht.

Andererseits kann auch das gehäufte Vorhandensein psychischer Erkrankungen in bestimmten Bevölkerungsgruppen dazu führen, dass die Reintegration ins Arbeitsleben misslingt. Dieses Phänomen wird als Selektionshypothese beschrieben. Es ist wohl davon auszugehen, dass es sich hier wohl kaum um ein Entweder-Oder der Hypothesen handelt. Vielmehr ist ein dialektisches Bedingungsgefüge anzunehmen. Allerdings werden Vertreter der Selektionshypothese, zumal wenn sie die Kausalitätshypothese ablehnen, eher dazu neigen, therapeutische Maßnahmen in den Vordergrund zu rücken. Diese Art der Herangehensweise braucht eine gesellschaftskritische Perspektive keineswegs zu vernachlässigen. Zu fragen wäre beispielsweise, warum es nicht mehr psychotherapeutische Ambulanzen in öffentlicher Trägerschaft gibt, die unzumutbare Wartezeiten von sechs bis neun Monaten, und teilweise mehr, auf einen Psychotherapieplatz verhindern.

Eine Untersuchung an 105 Langzeitarbeitslosen jenseits der Fünfzig, die vom Jobcenter München an ein Zentrum für psychosoziales Coaching weitergeleitet wurden, ergab, dass Depressionen (70%), Angststörungen (55%) und Störungen durch Alkohol (32%) die häufigsten seelischen Erkrankungen waren. Diese grundsätzlich gut behandelbaren psychischen Störungen erhielten in 61% der Fälle keine oder keine störungsspezifische Behandlung. Eine leitlinienkonforme Behandlung lag lediglich bei 9% der Langzeitarbeitslosen vor (Vgl. Bühler et al. 2013, S. 603ff).

ALG-II-Empfänger und Suchterkrankungen

Einführend kann festgehalten werden, dass sowohl die Alkoholabstinenz wie die Alkoholabhängigkeit je nach Sozialschicht differiert. (Auf die grundsätzliche Problematik des Schichtenbegriffes und der sie bildenden Kriterien kann hier nicht eingegangen werden). Bei 18-59jährigen Männern fanden sich in der unteren Sozialschicht 10,1% Abstinente, in der mittleren Sozialschicht 7,8% und in der oberen Sozialschicht 5,0%. Bei den Frauen dieser Altersgruppe waren die Werte noch deutlicher. In der unteren Sozialschicht zeigten 28,3% der Frauen abstinentes Verhalten. In der mittleren Sozialschicht waren es noch 12,1% und in der oberen Sozialschicht 6,4%.

Eine Alkoholabhängigkeit zeigten 12,8% der aus der unteren Sozialschicht stammenden Männer, 3,5% der Männer der mittleren Sozialschicht und 4,0% der Männer aus der oberen Sozialschicht. Erheblich anders die Zahlen für die Frauen: 1,5% der Frauen der unteren Sozialschicht hatten eine Alkoholabhängigkeit entwickelt. Dies war bei 1,2% der Frauen aus der mittleren und 1,9% der Frauen aus der oberen Sozialschicht auch der Fall (Vgl. Henkel 2007, S. 186). Bei den Arbeitslosen tranken 16,0% mehr als 60g Alkohol pro Tag, bei den Erwerbstätigen waren es 11,0%, mehr als 80g Alkohol pro Tag tranken 13,7% der Arbeitslosen und 6,6% der Erwerbstätigen (Vgl. Henkel 2007, S. 187). Allgemein bekannt ist ferner, dass Angehörige der unteren Sozialschichten ein höheres Arbeitslosenrisiko aufweisen. Dauert die Arbeitslosigkeit länger als ein Jahr (Ausnahmen bei älteren Lohnabhängigen), so fällt der Arbeitslose vom ALG-I-Bezug in den ALG-II-Bezug.

Das Sozialgesetz SGB II ist vergleichsweise jüngeren Datums. Es trat zum 01.01.2005 in Kraft. Dies erklärt sicher zum Teil, warum es relativ wenige Untersuchungen über die Prävalenz von Suchterkrankungen bei ALG-II-Beziehern gibt. Eine neuere Untersuchung ermittelte die Suchtdiagnoseraten bei ALG-II-Beziehenden in der medizinischen Versorgung im Vergleich zu ALG-I-Arbeitslosen und Erwerbstätigen. Hierzu wurden die Leistungsdaten aller AOK-Versicherten der Jahre 2007-2012 ausgewertet. „Bei 10,2% aller Hartz-IV-Quartalsfälle wurde mindestens eine Suchtdiagnose gestellt. Bei den ALG-I-Arbeitslosen betrug diese Diagnoserate 6,3% und bei den Erwerbstätigen 3,7%“ (Henkel/Schröder 2015, S. 129). Teilweise gibt es erhebliche Differenzen, wenn man sich unterschiedliche Altersgruppen anschaut oder nach Geschlechtszugehörigkeit differenziert. In der Altersgruppe der 18-29jährigen Frauen betrug die Suchtdiagnoserate bei den ALG-II-Bezieherinnen 5,91% und lag damit deutlich unter dem Durchschnitt von 10,24%. Bei den ALG-I-Bezieherinnen und den Erwerbstätigen in dieser Altersgruppe betrug sie 4,29% bzw. 2,67%. Bei den Männern dieser Altersgruppe fanden sich Werte von 6,00%, 3,36% und 1,79%. In der Altersgruppe der 30 bis 49 Jährigen fand sich bei 8,28% der weiblichen ALG-II-Empfänger eine Suchtdiagnose und bei 12,37% der Männer. Betrachtet man die Altersgruppe der 50-64jährigen, so hatten 8,68% der weiblichen ALG-II-Empfänger eine Suchtdiagnose. Es findet also ein geringer Anstieg im Vergleich zu der jüngeren Altersgruppe statt. Anders bei den Männern dieser Altersgruppe:hier steigt die Rate auf 14,2% (Vgl. Henkel/Schröder 2015, S. 133). Möglicherweise liegt die Rate der Suchtdiagnosen noch höher, denn es ist zu vermuten, dass Folgeerkrankungen des Suchtmittelkonsums in den Arztpraxen behandelt wurden und zum Beispiel unter Magenschleimhautentzündung (Gastritis) oder Magengeschwür (Ulcus) codiert wurden und die Grunderkrankung z. B. des Alkoholismus nicht erkannt wurde. Umgekehrt ist auch denkbar, dass die Suchtdiagnose bewusst nicht gestellt wurde, um den Patienten zu schützen und der Patient z. B. wegen einem Magengeschwür krankgeschrieben wurde. Hinzu kommt, dass die AOK eine bestimmte Versichertenstruktur aufweist, die sicher nicht für alle Kassenpatienten in Deutschland repräsentativ ist.

Es „belegen zahlreiche Längsschnittstudien, dass ein Leben in Armut bzw. unter Bedingungen von länger anhaltender Arbeitslosigkeit und hoher materiell-sozialer Deprivation Risikofaktoren impliziert für die Entwicklung bzw. Verschlimmerung diverser untersuchter Alkoholprobleme: Binge Drinking, schädlicher/missbräuchlicher Konsum, Symptome der Alkoholabhängigkeit; das trifft stärker für Männer als für Frauen zu…" (Henkel 2016, S. 110). Auch hier sind – wie in dem Abschnitt »Arbeitslosigkeit und psychische Erkrankungen« erwähnt – selektive und kausale Effekte nachgewiesen. „Suchtprobleme erhöhen das Risiko, arbeitslos zu werden." Hinzu kommt: „Suchtprobleme erhöhen das Risiko, arbeitslos zu bleiben" (Henkel 2010, S. 6, Vgl. auch Henkel 2011). Obgleich erwiesen ist, dass Arbeitslosigkeit die Entwicklung von Suchtproblemen begünstigt, so verändert doch die überwiegende Zahl der Arbeitslosen ihre Trinkgewohnheiten nicht. „Es bestehen zumindest bei den Erwachsenen häufig so festgefügte Trink- und Rauchgewohnheiten, dass selbst der Verlust der Arbeit als kritisches Lebensereignis darauf keinen substantiellen Einfluss nimmt" (Henkel 2010, S. 11). Arbeitslosigkeit kann auch zu einer Abnahme von Alkoholproblemen führen. Hier sind drei Faktoren zu nennen: Einschränkung des Konsums aufgrund verringerter finanzieller Mittel, durch soziale Isolierung infolge von Arbeitslosigkeit oder Wegfall arbeitsgebundenen Konsums. Welches Gewicht diese Faktoren real haben, ist aber unklar. Die Angst vor Arbeitslosigkeit führt allerdings zu einer Zunahme von Suchtproblemen unter Erwerbstätigen. Aber auch der gegenteilige Effekt ist denkbar. Aus Angst vor Entlassung wird weniger getrunken, so dass Lohnabhängige weniger „mit Fahne" am Arbeitsplatz erscheinen oder alkoholbedingt fehlen.

Vielfach hat eine Alkoholabhängigkeit unterschiedliche Folgen für den Lohnabhängigen (und den Arbeitgeber). „Von den 230 Patienten beschreiben 175 (76,1%), dass ihre Abhängigkeit Auswirkungen auf die Arbeitsfähigkeit bzw. auf die berufliche Situation hatte. Am häufigsten (60-80mal) werden dabei Gespräche mit Vorgesetzten, Leistungsabfall, AU-Tage und kurzfristige Abwesenheiten genannt. Immerhin 35mal kam es zu Abmahnungen, 27mal wurde eine Therapieauflage ausgesprochen und 10mal lag eine alkoholbedingte Kündigung vor“ (Schneider et al. 2004, S. 238). Vielfach lassen sich zirkuläre Prozesse beobachten. „Beschäftigte, die bereits ausgeprägte Alkoholprobleme haben, werden aufgrunddessen überproportional häufig arbeitslos, greifen zur Bewältigung der mit der Arbeitslosigkeit auftretenden Lebensprobleme verstärkt auf den Alkohol zurück und laufen damit Gefahr, ihre Chancen auf dem Arbeitsmarkt weiter zu mindern und länger arbeitslos zu bleiben“ (Henkel 2002, S. 30).

Es wurde oben bereits darauf hingewiesen, dass der § 16a SGB II die Vermittlung von suchtmittelabhängigen ALG-Empfängern an die örtlichen Suchtberatungsstellen vorsieht. Allerdings ist »Vermittlung« eigentlich das nicht passende Wort, da die Kontaktaufnahme zur Suchtberatung zumeist als Auflage in der Eingliederungsvereinbarung festgeschrieben wird und bei Nichtbefolgung sanktionierbar ist. Das Wort Vermittlung suggeriert hier Freiwilligkeit, von der nicht per se auszugehen ist. Allerdings folgen die Betroffenen zumeist dieser Auflage. Bei einer Befragung von Jobcentern und Suchtberatungsstellen im Jahre 2008 gaben „mehr als 70% [der Suchtberatungsstellen, A. v. B.] an, dass durch die Einführung des SGB II Klient/inn/en in die Suchtberatungsstelle gekommen sind, die den Kontakt zur Suchtberatung sonst nicht gefunden hätten“ (Henkel 2009, S. 42). Heißt dies wiederum auch, dass die suchtmittelabhängige Klientel von besonderer Bedeutung für die Jobcenter ist? Offensichtlich ist dies nicht der Fall, denn die an die Suchtberatungsstellen verwiesenen Klienten machen gerade mal 2% der „Kunden“ aus (Vgl. Henkel 2009, S. 56). Auf Seiten der suchtmittelabhängigen ALG-II-Empfänger hat insbesondere die Möglichkeit der Sanktionierung durch die Jobcentermitarbeiter eine herausragende Bedeutung. Ihnen kommt eine erhebliche Macht zu. „Sanktionsentscheidungen sind nach Auffassung der Grundsicherungsstellen Einzelfallentscheidungen, in denen die Fachkräfte der Grundsicherungsstelle ihr Ermessen ausüben können und müssen“ (Henkel 2009, S.

78). Wie sieht nun die Praxis der Sanktionierung aus? Werden Verpflichtungen aus der Eingliederungsvereinbarung nicht eingehalten, so wird als wichtiger Grund von 28,3% der Jobcenter die Suchterkrankung anerkannt. Bei 34,4% der Jobcenter ist dies nicht der Fall und 37,3% der Jobcenter erkennen die Suchterkrankung in bestimmten Fällen als wichtigen Grund an, um auf eine Sanktionierung zu verzichten. Was passiert konkret, wenn entgegen der Eingliederungsvereinbarung die Suchtberatungsstelle nicht aufgesucht wird? 36,2% der Jobcenter sanktionieren in der Regel nicht, 32,7% in der Regel ja und 31,1% der Jobcenter sanktionieren dieses Verhalten in bestimmten Fällen. Bevor Sanktionen verhängt werden, halten 8% der Jobcenter immer Rücksprache mit der Suchtberatungsstelle, 25,3% tun dies häufig, 41,3% manchmal und 25,3% nie. 13,8% der Suchtberatungsstellen geben an, oft Probleme wegen des Umgangs der SGB-II-Stelle mit Sanktionen zu haben, 64,6% haben dies manchmal und lediglich 21,5% nie. Suchtmittelabhängige ALG-II-Empfänger können allerdings nicht davon ausgehen, dass ihre Suchterkrankung grundsätzlich oder gar schnell erkannt wird, denn 91,1% der Jobcenter geben an, dass eine besondere Schwierigkeit darin liegt, die Suchterkrankung zu erkennen. 83,9% der Jobcenter offenbaren, dass es eine besondere Schwierigkeit ist, die „Kunden" mit Suchterkrankung nachhaltig in Beschäftigung oder Ausbildung zu vermitteln. Und schließlich sagen 79,4% der Jobcenter, es sei eine besondere Schwierigkeit die Kunden dazu zu motivieren, eine Suchtberatung in Anspruch zu nehmen. Henkel regt an, es „wäre unbedingt sinnvoll, empirisch zu untersuchen, wie sich Sanktionierungen konkret auf das suchtbezogene Handeln der Hilfebedürftigen, den weiteren Betreuungsprozess in der Grundsicherungsstelle und den Beratungsprozess seitens der Suchthilfe auswirken" (Henkel 2009, S. 158).

Wie viele suchtmittelabhängige ALG-II-Empfänger bundesweit an Suchtberatungsstellen überwiesen wurden, lässt sich nicht exakt belegen, da es zumindest 2013 darüber noch keine Statistik der Jobcenter gab. Aus Sicht der Suchtberatungsstellen waren in den Jahren 2007 bis 2011 zwischen 5,9 und 8,5% der ALG-II-Empfänger von den Jobcentern geschickt worden. 2011 dürften aufgrund von Schätzungen etwa zwischen 10.741 und 12.450 „Kunden" von den Jobcentern an die Suchtberatungsstellen vermittelt worden sein (Vgl. Henkel/Zemlin 2013, S. 280). Angesichts des hohen Anteils Suchtmittelabhängiger unter Langzeitarbeitslosen ist diese Bilanz eher dürftig.

Wie sieht nun allgemein der Übergang von Langzeitarbeitslosigkeit in Existenz sichernde Erwerbstätigkeit aus? Eine Studie ergab, dass nach 8,5 Monaten ALG-II-Bezug 23,9% der Arbeitslosen, die über kein Vermittlungshemmnis verfügten, wieder in Arbeit waren. Waren es mehr als drei Hemmnisse (z. B. höheres Alter, gesundheitliche Beeinträchtigungen, niedrige Qualifikation, Migration, Dauer des ALG-II-Bezugs, etc.), so sank die Quote auf 4,3%. Bei mehr als sechs Vermittlungshemmnissen ging die Wahrscheinlichkeit auf Existenz sichernde Arbeit gegen Null (Vgl. Achatz/Trappmann 2011, S. 30). Es ist anzunehmen, dass ein Großteil der Suchtkranken drei bis vier Vermittlungshemmnisse aufweist. So zieht Henkel folgendes Fazit: „Zwischen dem Anspruch der Förderung der Teilhabe am Arbeitsleben und der Realität klafft eine immense Lücke" (Henkel 2012,S. 21). Hinsichtlich der zukünftigen Entwicklung ist hier vermutlich wenig Positives zu erwarten, denn die Pro-Kopf-Förderung der ALG-II-Bezieher ist von rund 3100€ im Jahre 2010 auf 2000€ (geplant) im Jahre 2014 gekürzt worden. In den Genuss der beruflichen Weiterbildung kamen 2010 rund 84.900 ALG-II-Empfänger, während es 2013 nur noch rund 55.300 waren (Vgl. Henkel/Zemlin 2014).

Teil 2: Die Rehabilitation Suchtkranker

Bei der Rehabilitation Suchtkranker werden unterschiedliche Behandlungsformen unterschieden. Zum einen gibt es die stationäre Entwöhnungsbehandlung, die zumeist 12 bis 16 Wochen dauert, zum anderen die ambulante Entwöhnungsbehandlung, deren Behandlungsdauer – abhängig vom Therapiebedarf – zwischen sechs und 18 Monaten umfassen kann. Daneben sind die modulare Kombinationstherapie und die Adaption zu nennen. Letztere schließt sich dann als Phase II an eine stationäre Entwöhnungsbehandlung an, wenn es darum geht den Klienten weiter zu stabilisieren, um den Erfolg der medizinischen Rehabilitation sicherzustellen und ihn in soziale und berufliche Bezüge zu reintegrieren.

Von welchen Größenordnungen sprechen wir hier? Im Jahre 2013 wurden bundesweit insgesamt 51.211 Suchtrehabilitationen im Auftrage der Deutschen Rentenversicherungsträger durchgeführt, davon 41.942 stationär und 9.269 ambulant. Die Kosten hierfür betrugen 495 Mio. Euro (Vgl. Naumann 2015, S. 242f). Für 2014 ergab sich ein ähnliches Bild. Es wurden insgesamt 50.485 Suchtrehabilitationen durchgeführt; davon 41.065 stationär und 9.420 ambulant (Vgl. Naumann/Bonn 2016, S. 201). Hinzu kommen Behandlungen, deren Kostenträger vornehmlich die gesetzlichen Krankenkassen sind. Wie hoch ihr Anteil an den stationären und ambulanten Suchtrehabilitationen ist, konnte nicht ermittelt werden. Er dürfte aber erheblich kleiner sein, da die Krankenkassen Kostenträger für Erwerbsminderungs- und Altersrentner sind.

Behandlungskosten von 495 Mio. Euro sind auf den ersten Blick eine erhebliche Summe. Diese Einschätzung relativiert sich aber, wenn man weiß, dass schädlicher Alkoholkonsum in Deutschland volkswirtschaftliche Kosten in Höhe von 39,3 Mrd. Euro pro Jahr verursacht. 9,15 Mrd. Euro sind direkte Kosten. Hierunter fallen medizinische Behandlungen, Medikamente, Rehabilitationsmaßnahmen und Pflegeleistungen. Die indirekten Kosten belaufen sich auf 30,15 Mrd. Euro. Hierzu gehören vor allem alkoholbedingte Produktionsausfälle (Vgl. Bundespsychotherapeutenkammer 2016, S. 12). Allein eine oberflächliche Betrachtung dieser Zahlen spricht dafür, dass Suchtrehabilitationen sich allemal rentieren.

Erwerbslose Suchtkranke und medizinisch-berufliche Rehabilitation

Die Zusammenhänge zwischen Arbeitslosigkeit und Suchterkrankungen waren in Fachliteratur jahrzehntelang kein Thema. Auch als Mitte der 70er Jahre des letzten Jahrhunderts die Massenarbeitslosigkeit begann und seitdem nicht mehr verschwand, allenfalls schwankte, änderte sich daran nicht viel, so dass noch Anfang der 90er Jahre galt: „Auch für die Alkoholismusforschung ist die Arbeitslosigkeit noch kein allgemein akzeptierter Gegenstand der Forschung" (Henkel 1991, S. 25). Als Begründung wurde angenommen, dass infolge der Massenarbeitslosigkeit dem Arbeitsmarkt genügend Fachkräfte zur Verfügung ständen, „so daß aus dieser Perspektive besondere Anstrengungen zur Rehabilitation Arbeitsloser überflüssig und dementsprechende Forschungsvorhaben dysfunktional erscheinen und deshalb auch nur schwer die forschungspolitische Unterstützung finden, die sie eigentlich benötigten" (Ders. a. a. O., S. 26). Diese Sichtweise ist sicher nicht von der Hand zu weisen, aber sie bleibt unvollständig. Staatliche, halbstaatliche und private soziale Einrichtungen, die wesentlich über Steuern bzw. Mittel der Sozial- und Rentenversicherung finanziert werden, sehen sich gerade in Zeiten der Massenarbeitslosigkeit, wenn weniger Beiträge gezahlt, aber in erhöhtem Maße Leistungen in Anspruch genommen werden, einem erhöhten Legitimationsdruck ausgesetzt. In Zeiten finanziellen Engpasses wird die Effizienz der Maßnahmen genauer überprüft. Insofern erstaunt es nicht, wenn hinsichtlich der beruflichen Rehabilitation Suchtkranker erhebliche Bemühungen der Einrichtungen festgestellt werden. „Die Rehabilitationseinrichtungen haben in den 80er und 90er Jahre große Anstrengungen gemacht, um die berufliche Integration ihrer Klienten zu erleichtern" (Bönner 1999, S. 34). Insbesondere für Klienten, die Unterstützung bei der Integration in Wohn- und Arbeitsbezüge brauchen, wurden seit damals vielerorts unter dem Begriff der Adaption stationäre Übergangseinrichtungen geschaffen, die eine Unterbringung für bis zu drei Monate ermöglichen. Trotz aller Anstrengungen sind die Arbeitslosenzahlen unter den ehemaligen Reha-Klienten erheblich. Forschungen ergaben, dass von dem BfA-Jahrgang 2001 48% der Männer und Frauen zwei Jahre nach Ende der Rehabilitation in Beschäftigung standen. Zu diesem Zeitpunkt waren aber auch 40% der Männer und 37% der Frauen arbeitslos. Hinzu kamen 13% der Männer und 15% der Frauen, die längerfristig arbeitsunfähig waren (Vgl. Henkel 2008, S. 181). „Die wesentlichen Gründe liegen nicht nur in der allgemeinen restriktiven Lage auf dem Arbeitsmarkt, sondern zusätzlich in den häufig mehrfachen und gravierenden Arbeitsmarkthandicaps der Arbeitslosen, die eine Suchtbehandlung absolvieren: vor allem hohes Alter (Alkoholabhängige), geringe schulisch-berufliche Qualifikationen, gesundheitliche Einschränkungen, Haftstrafen (Drogenabhängige) und lange Arbeitslosigkeitszeiten bereits vor Beginn der Suchtbehandlung“ (Henkel 2008, S. 186).

Wenn nun die Arbeitslosigkeit insgesamt und bundesweit sinkt, wie dies in den letzten Jahren der Fall war, stellt sich die Frage, ob sich dieser Trend dann auch unter den Klienten der Suchthilfe wiederfindet. Eine Datenanalyse der Deutschen Suchthilfestatistik der Jahre 2007-2011 wertete im ambulanten Bereich zwischen 107 041 Datensätze aus 720 Einrichtungen (2007) und 155 276 aus 779 Einrichtungen (2009) aus. Für den stationären Bereich wurden zwischen 24 586 Datensätze aus 147 Einrichtungen (2007) und 39 329 aus 189 Einrichtungen (2010) betrachtet. Der beobachtete Tatbestand ist eindeutig. „Ein zur Arbeitslosenquote in der Allgemeinbevölkerung, die zwischen 2007 und 2011 um mehr als zwei Prozentpunkte zurückgegangen ist, ähnlicher Rückgang ist unter der Klientel in Einrichtungen der DSHS [Deutsche Suchthilfestatistik, A. v. B.] nicht zu beobachten“ (Kipke et al. 2015, S. 87). Für den therapeutischen Prozess bzw. den Ausstieg aus der Abhängigkeit und die zukünftige Abstinenz hat der Erwerbsstatus erhebliche Folgen. Bedeutsam ist, dass Arbeitslose häufiger und schwerer rückfällig werden als konstant Erwerbstätige. Nach stationärer Entwöhnungsbehandlung wurden 45,3% der konstant Arbeitslosen aber nur 23,2% der konstant Erwerbstätigen rückfällig. Von den Arbeitslosen wurden 32,9% im ersten Katamnesemonat rückfällig. Bei den Erwerbstätigen waren es nur 19,2%. Während Arbeitslose im Mittel mit 4,4 Tagen und 145g Alkohol pro Trinktag rückfällig wurden, waren es bei den Erwerbstätigen 2,9 Tage und die Alkoholmenge betrug im Mittel 87g pro Trinktag (Vgl. Henkel et al. 2008, S. 221).

Bekanntermaßen lassen sich über 70% der Rückfallursachen auf drei Themenkomplexe zurückführen. Es sind belastende Gefühlszustände wie Ängste oder Depressionen, Trinkverführungen durch direkte Trinkeinladungen oder der Anblick von Alkoholika und soziale Konflikte. Zu letzteren rechnet Körkel auch Konflikte mit der Arbeitsverwaltung (Vgl. Körkel 2008, S. 252).

Forschungen ergaben acht signifikante Faktoren, die sich bei der Vorhersage eines Rückfalls bei arbeitslosen Suchtkranken nach stationärer Entwöhnungsbehandlung als wichtig erwiesen. Erfolgte während der Behandlung ein Substanzkonsum, so erhöhte sich das Rückfallrisiko um das 15-fache. Bei Unzufriedenheit mit der Partnersituation, Unzufriedenheit mit der Freizeitgestaltung und einer überdurchschnittlich hohen Zahl bisheriger Entzugsbehandlungen erhöhte sich das Rückfallrisiko um das 1,5- bis 1,7-fache. Bei längerer Arbeitslosigkeitsdauer erhöhte sich das Rückfallrisiko lediglich um das 1,1-fache. Bestand bei Entlassungsbeginn eine Arbeitsunfähigkeit, so reduzierte dies das Rückfallrisiko um das Fünffache. Allerdings war dies nicht auf die Arbeitsunfähigkeit an sich zurückzuführen, sondern vielmehr auf die Überleitung der Arbeitsunfähigen in Adaptionseinrichtungen oder ins Betreute Wohnen. Ein aktives Coping und die regelmäßige Teilnahme an Suchtselbsthilfegruppen reduzierte das Rückfallrisiko um das 3,3-Fache (Vgl. Henkel/Zemlin/Dornbusch 2008, S. 229). Die Einbindung in berufliche und familiäre Strukturen befördert tendenziell eine erfolgreiche Suchtrehabilitation. Arbeitslose Abhängige sind hier in einer tendenziell schwierigeren Lebenssituation. „Der Anteil der Alleinlebenden liegt unter arbeitslosen Klienten deutlich höher als bei erwerbstätigen Klienten. Damit fehlt mehr als der Hälfte der Klienten diese wichtige Ressource und auch ein mögliches soziales Korrektiv“ (Kipke et al. 2015, S. 88). Eine schon etwas ältere Untersuchung, die aber vom Grundsatz her auch heute noch Wesentliches herausarbeitet, fand unter Arbeitslosen und nicht dem Arbeitsmarkt zur Verfügung Stehenden (EU- u. BU-Rentner, Hausmänner) eine Quote von 39,39%, die keinen festen Partner hatten. Hinzu kamen 10,60%, die dauerhaft keinen festen Partner hatten (Vgl. Kolling et al. 2002, S. 306).

Insbesondere Langzeitarbeitslosigkeit geht mit erheblichen finanziellen Einbußen einher. Diese kann zu einer zunehmenden Ver- und Überschuldung führen, die wiederum, je nach Einstellung, als massive Belastung erlebt werden kann. „Etwa die Hälfte der arbeitslosen Klienten (ambulant und stationär) berichten problematische Schulden, wobei der Großteil weniger als 10.000€ Schulden hat. Dementsprechend sollte nach Möglichkeit auch eine Schuldnerberatung [in den therapeutischen Prozess, A. v. B.] miteinbezogen werden, um die Handlungsfreiheit der Klienten zu erhöhen“ (Kipke et al. 2015, S. 88).

Bei der medizinisch-beruflichen Rehabilitation Suchtkranker sind verschiedene Ebenen zu berücksichtigen. Dies gilt natürlich zu allererst für Klienten, die noch einen Job haben. „Wenn die Behandler darauf achten, dass in sämtlichen Therapieveranstaltungen immer wieder die Brücke von den individuellen Symptomen bzw. Eigenschaften hin zu deren Auswirkungen auf das Arbeitsleben geschlagen wird, dann ist bereits die „Standardtherapie" eine solide Basis für eine gelingende Erwerbstätigkeit" (Schneider/Nels 2013, S. 51). Abhängige mit Arbeitsplatz müssen in dem einen oder anderen Fall beispielsweise lernen, sich nicht selbst zu überfordern oder weniger perfektionistisch zu sein. Diese Ziele werden offenbar in Rehabilitationsbehandlungen vielfach und schon seit Jahren erreicht: So „verringert sich die subjektive Bedeutsamkeit der Arbeit, die Verausgabungsbereitschaft, das Perfektionsstreben sowie die Resignationstendenz, während Distanzierungsfähigkeit und innere Ruhe zunehmen. Keine signifikanten Veränderungen sind für die Bereiche beruflicher Ehrgeiz, offensive Problembewältigung, Erfolgserlebnisse im Beruf, Lebenszufriedenheit und Erleben sozialer Unterstützung auszumachen" (Schneider et al. 2004, S. 238, ähnlich auch Kreh/Levas 2014). Grundsätzlich gilt diese Herangehensweise aber auch für arbeitslose Klienten. Wenn in der Behandlung Fähigkeiten wie Verlässlichkeit und Ausdauer trainiert werden, so kommt dies sicher bei der Arbeitsplatzsuche und im Endeffekt auch bei der zukünftigen Arbeit zum Tragen. Für den Erhalt des Arbeitsplatzes ist es wichtig, die Erholungsfähigkeit zu erhalten und die eigenen Leistungsgrenzen nicht dauerhaft zu überschreiten. Schwierigkeiten sollten eher als Chance und Herausforderung denn als Gefahr begriffen werden (Vgl. Schneider 2004, S. 68). Darüber hinaus brauchen insbesondere Langzeitarbeitslose ein besonderes Maß an Unterstützung. Resignative Tendenzen und vor allem depressive Erkrankungen erschweren in vielen Fällen die Arbeitssuche. In einem spezifischen Angebot für Arbeitslose kann hier ein erster Einstieg in die Bearbeitung dieser psychischen Problemlagen erfolgen. In vielen Fällen wird es ein erster Einstieg bleiben, denn eine ambulante Rehabilitation für Suchtkranke ist keine Psychotherapie zur Behandlung von Neurosen oder Persönlichkeitsstörungen, auch wenn sie einzelne Elemente davon umfasst. Dann muss gegebenenfalls auch psychiatrischer Rat hinzugezogen werden, um zu entscheiden, ob eine medikamentöse Behandlung der depressiven Erkrankung sinnvoll ist. Gleichzeitig muss eine Einschätzung getroffen werden, ob außerdem eine Indikation für eine ambulante Psychotherapie vorliegt. Dabei ist natürlich zu berücksichtigen, dass der Klient sich nicht mit einer Vielzahl an therapeutischen Terminen überfordert. Allerdings ist realistischerweise damit zu rechnen, dass die Aufnahme einer Psychotherapie von einer mehrmonatigen Wartezeit begleitet ist.

Die Anamnese der Erwerbsbiografie eines Suchtmittelabhängigen ist ein objektives Kriterium, ob eine berufliche Integration von Erfolg gekrönt war oder nicht. Entsprechende Katamnesen müssen von daher neben dem Abstinenzstatus auch den Erwerbsstatus berücksichtigen. Allerdings darf das Ziel der Reintegration in Arbeit auch nicht überbewertet oder gar verabsolutiert werden, da hier vielfältige Einflussfaktoren am Werke sind. „Selbstverständlich darf es hierbei aber nicht darum gehen, die Verantwortung für die berufliche Integration allein auf den Bereich der medizinischen Rehabilitation zu übertragen, zumal die Rehabilitationseinrichtungen nur ein Akteur in einem komplexen Zusammenspiel unterschiedlicher Institutionen und zuständiger Stellen sind“ (Weissinger 2008, S. 286).

Angesichts mehrfacher Vermittlungshemmnisse wie höheres Lebensalter, gesundheitliche Einschränkungen, fehlende oder unzureichende berufliche Qualifikation, fehlendes oder unzureichendes Schreib- und Lesevermögen, fehlender Führerschein, Hafterfahrung wird eine Vermittlung in Arbeit, vor allem in eine Vollzeitarbeitsstelle, in vielen Fällen aussichtslos erscheinen(Vgl. Bönner 1999, S. 34; Kolling et al. 2002, S. 303). Der Drogen- und Suchtrat spricht sich dafür aus, auf kommunaler Ebene „Beschäftigungsprojekte für schwervermittelbare suchtkranke Menschen mit erheblichen körperlichen und psychischen Einschränkungen“ zu erhalten bzw. zu schaffen (Drogen- und Suchtrat 2015, S. 2). Ferner sollte die Suchtkrankenhilfe verstärkt mit Integrationsbetrieben kooperieren, damit sich diese auch für Abhängigkeitserkrankte öffnen. Letztlich bedeutet dies auch, dass die Arbeitsmarktpolitik zugunsten arbeitsmarktferner Menschen wieder neuausgerichtet werden muss. Es bedarf einer besseren Mittelausstattung (Vgl. Hofmann 2014). Aber auch darüber hinaus wird es Menschen geben, die auch in derartige Projekte, Maßnahmen und Betriebe nicht mehr vermittelbar sind. Diese Klienten sind gefordert, jenseits von bezahlter Lohnarbeit ihren Alltag für sich sinnvoll zu strukturieren und auszufüllen. Hier ist an ausgedehnte Hobbies oder ehrenamtliche Tätigkeiten zu denken, die als sinnstiftend erfahren werden und Austausch mit anderen Menschen bzw. Gleichgesinnten beinhalten (Vgl. Lindenmeyer 2001). Diese Menschen müssen gegebenenfalls schon in etwas jüngeren

Jahren etwas umsetzen, was auf viele Lohnabhängige erst mit Eintritt des Rentenalters zukommt. Dabei soll keineswegs in Abrede gestellt werden, dass es oftmals erheblich schwerer ist, mit Ende Fünfzig ohne Erwerbsarbeit dazustehen, als mit Mitte Sechzig in den altersbedingten Ruhestand zu gehen; ganz abgesehen von den durchaus unterschiedlichen finanziellen Ausgangsbedingungen. Die Betroffenen hier bei der Verarbeitung zu begleiten, dürfte keine einfach zu bewerkstelligende Aufgabe sein, da die Erwerbsorientierung auch bei Arbeitslosen kulturell tief verankert ist, wie bereits ausführlich beschrieben. Hier geht es vor allem auch um Trauer, um die innere Akzeptanz, dass die Rückkehr ins Erwerbsleben nicht mehr wahrscheinlich ist. Dies scheint festzustehen, während das, was kommen soll, was vielleicht auch gewünscht wird, oftmals noch unklar oder gar nicht bekannt ist.

Bei der beruflichen Rehabilitation kommt es in erster Linie auf die lückenlose Vernetzung der beteiligten Akteure bzw. Institutionen an. Hier liegt ein enormes Potential. Dies ist auch die Sicht der Kostenträger der Entwöhnungsbehandlungen. „Aus ökonomischen Gründen sollte bei der Weiterentwicklung nicht die Bildung neuer Angebotsstrukturen ausschlaggebend sein, sondern die Flexibilisierung und Optimierung der bisherigen" (Stähler 2002, S. 295). Idealerweise wird der berufliche Status und die Leistungsfähigkeit samt ihrer Stärken und Schwächen in der stationären Rehabilitation erhoben. Hier werden dann auch bereits erste Maßnahmen eingeleitet. Arbeitsfähigkeiten können in der Arbeitstherapie trainiert werden, Bewerbungstrainings können im Rollenspiel simuliert werden, EDV-Kenntnisse können erworben oder aufgefrischt werden. Für weiterführende Maßnahmen, deren Kostenträger die Agentur für Arbeit, die Jobcenter oder die Rentenversicherung sein können, ist es überaus hilfreich, wenn Vertreter dieser Institutionen die arbeitslosen Suchtkranken schon vor Ort in den Fachkliniken beraten. Etwaige Reha-Anträge können schon dort gestellt werden, so dass unnötige Zeitverluste nach Entlassung aus der stationären Reha vermieden werden. De fakto geschieht dies in der Praxis vielfach, aber immer noch nicht lückenlos. Gelegentlich wird der Hinweis gegeben, nach der stationären Behandlung entsprechende Anträge zu stellen. Hiermit sind insbesondere Klienten aus bildungsfernen Schichten mit Lese- und Schreibschwierigkeiten oftmals überfordert. Notwendig ist eine Nahtlosigkeit der Übergänge zwischen den Diensten der Agentur für Arbeit, den Jobcentern und den Suchtrehabilitationseinrichtungen. Diese ist zu institutionalisieren. „Eine gute Erreichbarkeit, insbesondere durch die Benennung persönlicher Ansprechpartner in den Agenturen für Arbeit und Jobcentern sowie in den Einrichtungen der Suchtkrankenhilfe ist deshalb erforderlich" (Weissinger 2012, S. 66). Sofern am Ende der stationären Entwöhnung eine ambulante Weiterbehandlung beantragt, genehmigt und dann auch angetreten wurde, besteht die Möglichkeit, den beruflichen Rehabilitations-Status nochmals zu erheben und den Klienten beim Stellen entsprechender Anträge zu unterstützen. Das in dieser Schrift skizzierte indikative Angebot dient genau diesem Ziel.

Ambulante Rehabilitation für arbeitssuchende Suchtkranke in Niedersachsen

Wie viele ambulante Rehabilitationen Abhängigkeitskranker in Niedersachsen, finanziert durch die Deutsche Rentenversicherung, jährlich durchgeführt bzw. abgeschlossen werden, lässt sich nur annäherungsweise ermitteln. Wie oben ausgeführt, wurden im Jahre 2014 bundesweit 9.420 ambulante Suchtrehabilitationen abgeschlossen. Niedersachsen hatte zum 31.12.2015 7.926.599 Einwohner, dies entsprach einem Anteil von 9,64% an der bundesdeutschen Bevölkerung. Legt man dieses Verhältnis auf die ambulanten Rehabilitationen in Niedersachsen um, so dürften 2014/2015 ca. 908 ambulante Suchtrehabilitationen abgeschlossen worden sein. Statistische Veröffentlichungen der Deutschen Rentenversicherung für das Jahr 2015 gehen im Bereich der Rentenversicherung Braunschweig-Hannover von 622 abgeschlossenen ambulanten Entwöhnungsbehandlungen bei Alkoholabhängigen und 186 abgeschlossenen Behandlungen bei Drogenabhängigkeit aus. Hinzu kamen 361 Entwöhnungsbehandlungsmischfälle, die sich nicht eindeutig unter die Kategorien »stationär«, »ganztägig ambulant« oder »ambulant« fassen ließen. Allerdings umfasst die DRV BS-H nur einen Teil Niedersachsens. Im Bereich der Rentenversicherung Oldenburg-Bremen, die wiederum – wie der Name schon sagt – für Teile Niedersachsens und für das Bundesland Bremen zuständig ist, wurden in dem besagten Jahr 154 ambulante Entwöhnungsbehandlungen bei Alkoholabhängigkeit und 55 bei Drogenabhängigkeit abgeschlossen. Die Mischfälle betrugen hier 145. Die Deutsche Rentenversicherung Bund war im Jahr 2015 bundesweit Kostenträger für 1877 abgeschlossene ambulante Entwöhnungsbehandlungen bei Alkoholabhängigkeit, 211 bei Drogenabhängigkeit und 65 Entwöhnungsbehandlungen wurden der Kategorie »Mischfälle« zugeordnet (Vgl. DRV 2016, S. 88).

Die nachfolgend referierten Daten zur beruflichen Integration und Teilhabe beruhen auf einer Erhebung zu den Angeboten, Strukturen und Erfordernissen, die die Niedersächsische Landesstelle für Suchtfragen 2013 durchführte (Vgl. Böttger 2015). Damals wurden insgesamt 126 Einrichtungen (75 ambulante Beratungs- und Behandlungsstellen, 21 Fachkliniken, sechs Tageskliniken, sieben Adaptionseinrichtungen und 17 Langzeiteinrichtungen) angeschrieben. 88 Fragebögen wurden ausgefüllt zurückgesandt, was einer sehr guten Rücklaufquote von 70,6% entspricht. Von den 75 ambulanten Stellen antworteten 56. Auf deren Aussagen kommen wir hier vornehmlich zurück. Allerdings ist einschränkend anzumerken, dass die Angaben der ambulanten Beratungs- und Behandlungsstellen alle ambulanten Leistungen umfassen, nicht nur die Leistungen im Bereich der ambulanten Rehabilitation. Es ist davon auszugehen, dass im Rahmen der ambulanten Rehabilitation insgesamt häufiger arbeitsbezogene Leistungen und Gespräche angeboten werden.

Die drei „am häufigsten“ dokumentierten Leistungsarten in den ambulanten Stellen sind

a) Unterstützung zur Wiedererlangung der Fahrerlaubnis,
b) berufsbezogene Anamnese und Diagnostik und
c) Suchtberatung nach § 16 SGB II zur Beseitigung von Vermittlungshemmnissen am Arbeitsmarkt.

„Ab und an“ werden in den ambulanten Stellen

a) berufsbezogene Einzelgespräche geführt,
b) Indikationsgruppen angeboten (z. B. Umgang mit Arbeitslosigkeit, Stressbewältigung und Soziales Kompetenztraining),
c) Hilfestellungen bei Problemen am Arbeitsplatz gegeben,
d) Unterstützung bei der Suche nach einem Arbeits- und/oder Praktikumsplatz angeboten.

Die Kooperation mit den Arbeitsagenturen erfolgt in 68% der ambulanten Behandlungsstellen ungeregelt und im Einzelfall. Bei der Kooperation mit den Jobcentern gibt es nur in 48% der Fälle eine ungeregelte und im Einzelfall erfolgende Zusammenarbeit. Bei 50% der Behandlungsstellen liegt der Zusammenarbeit ein geregeltes Ablaufverfahren zugrunde. In 41% der Fälle erfolgt ein regelmäßiger fachlicher Austausch und nur 11% der ambulanten Behandlungsstellen führen suchtspezifische Schulungen für die Arbeitsagenturen und Jobcenter durch.

Wie sieht nun die Hilfe der Arbeitsagenturen und Jobcenter konkret aus? Fangen wir mit der Berufsberatung an. 11% der ambulanten Stellen gaben an, dass erwerbslose Klienten diese Leistung „häufig" bekommen, 39% sagten „ab und an" und 50% der Stellen meinten, dies sei „nie" der Fall. Wie sieht die Reha-Beratung durch die Arbeitsagenturen und Jobcenter aus? 7% der ambulanten Stellen gaben an, diese erfolge „häufig". 41% der Einrichtungen sagten, dies passiere „ab und an" und 52% der Stellen sagten, dies passiere „nie". Eine berufliche Reha-Beratung durch die Rentenversicherung steht nur in 9% der Stellen den Klienten „häufig" zur Verfügung. 47% der Stellen gaben an, dies geschehe „ab und an" und 44% der Einrichtungen meinten, dies geschähe „nie". Angesichts dieser Zahlen ist verständlich, wenn die Fachkräfte in den Beratungs- und Behandlungsstellen einen umfassenden Entwicklungsbedarf sahen. Hier können nur einzelne Punkte hervorgehoben werden. So wünschte man sich mehr Reha-Beratungsleistungen für die Klienten durch die Jobcenter und die DRV. Man forderte eine Verbesserung der Zusammenarbeit zwischen Beratungsstellen, Jobcentern, Arbeitsagenturen und Betrieben. Wünschenswert wären mehr Informationen durch die Jobcenter in den Beratungsstellen. Ein Ausbau des Fallmanagements der DRV wäre hilfreich. Worum geht es dabei?

Im stationären Bereich wurde seit 2012 das Konzept „Integrationsbezogenes Fallmanagement Sucht" in fast allen Kliniken eingeführt und seitdem erprobt. Erwerbslose Rehabilitanden sollen bei der beruflichen Wiedereingliederung vielfältig unterstützt werden. Das Prozedere sieht grob skizziert folgendermaßen aus: Der Fachberater Rehabilitation der DRV Braunschweig-Hannover nimmt in der Klinik Kontakt zu dem Versicherten auf, nachdem die Klinik bzw. der dortige Bezugstherapeut ihn über das Fallmanagement informiert haben. Der Reha-Fachberater schließt dann mit dem Versicherten eine „Vereinbarung:Integrationsbezogenes Fallmanagement" ab. Die

DRV BS-H beauftragt sodann einen externen Fallmanager mit der Durchführung. Das Fallmanagement kann bis zu zwölf persönliche Beratungsgespräche umfassen. Die angebotenen Hilfestellungen können in Hinweisen auf Zuständigkeiten anderer Behörden (Agentur für Arbeit oder Jobcenter) oder Möglichkeiten der aktiven Arbeitssuche bestehen. In persönlichen Gesprächen können idealerweise Eingliederungshemmnisse überwunden und der Versicherte zu fortlaufenden Bewerbungsaktivitäten motiviert werden. Mit Zustimmung des Versicherten können auch Kontakte zu potentiellen Arbeitgebern aufgenommen werden.

Woran liegt es aber, dass die Zusammenarbeit zwischen den einzelnen Akteuren bei der beruflichen Rehabilitation Suchtkranker im ambulanten Bereich noch viele Schwachstellen aufweist? Der Autor einer Expertise gibt hier erste Hinweise: „Grundlegend für die Defizite scheinen weniger das fehlende Bewusstsein für die Notwendigkeit von Kooperationen innerhalb des Suchthilfesystems und mit externen Kooperationspartnern zu sein, als vielmehr die Frage des verantwortlichen Impulsgebers und der Realisierung der gemeinsamen Umsetzung unterschiedlicher Akteure aus unterschiedlichen Subsystemen“ (Tielking 2015, S. 48).

Die Untersuchung zieht u. a. folgendes Fazit: „Im Bereich der stationären medizinischen Reha Sucht scheint die gezielte Entwicklung einer beruflichen Perspektive bei erwerbslosen Patient/innen grundsätzlich Standard zu sein. Im ambulanten Setting findet dies insbesondere im Rahmen der ambulanten Reha Beachtung…“ (Böttger 2015, S. 40).

Ambulante Rehabilitation für arbeitssuchende Suchtkranke in Lüneburg

Lüneburg – und damit auch die Fachstelle für Sucht und Suchtprävention – liegt im nordöstlichen Niedersachsen. Der Versorgungsauftrag besteht für den Landkreis Lüneburg mit gut 180.000 Einwohnern. Zentrum des Landkreises ist die Stadt Lüneburg mit rund 75.000 Einwohnern. Zumindest der Anteil der Arbeitslosen an der Gesamtklientel der Ratsuchenden entspricht in etwa dem niedersächsischen Durchschnitt der ambulanten Suchtbehandlungsstellen.

Zum besseren Verständnis werden hier vorab einige grundsätzliche Informationen zur ambulanten Rehabilitation vorgestellt. Bei der ambulanten Rehabilitation für Suchtkranke lassen sich verschiedene Zugangswege unterscheiden. Zum einen gibt es die originäre ambulante Rehabilitation, die regelhaft eine Behandlungszeit von sechs bis zwölf Monaten umfasst. In besonders schwierigen Fällen mit erhöhtem Behandlungsbedarf kann sie bis zu 18 Monaten dauern. Sie beinhaltet wöchentliche Gruppentherapiesitzungen und Einzelgespräche im vier- bis sechswöchigem Abstand. Zum anderen gibt es die sogenannte Weiterbehandlung nach einer stationären Rehabilitation. Auch sie kann bei erheblichem Behandlungsbedarf über sechs Monate hinausgehen und bis zu 18 Monate dauern und wird unter den gleichen Bedingungen durchgeführt. Darüber hinaus wird in der Fachstelle das ambulante Modul der modularen Kombinationstherapie angeboten. Diese Form der Therapie dauert insgesamt 52 Wochen. Die Kombinationstherapie beginnt mit einem stationären Modul, das kürzer sein kann als eine herkömmliche stationäre Entwöhnungsbehandlung, aber notwendig ist, um den Klienten zu stabilisieren. Das ambulante Modul umfasst im Schnitt etwa neun Monate. Kostenträger der Entwöhnungsbehandlung ist zumeist der Rentenversicherungsträger; bei Altersrentnern und bei Beziehern von Erwerbsminderungsrenten zahlen die Krankenkassen die Behandlung.

Nachdem die ambulante oder stationäre Behandlung abgeschlossen ist, gibt es in Einzelfällen noch die Möglichkeit beim Kostenträger eine Nachsorge für maximal 20 Behandlungseinheiten zu beantragen. Sie können in einem Zeitraum von maximal sechs Monaten abgearbeitet werden. Sie kommt vor allem dann zum Tragen, wenn es gilt, dass in der Therapie Erreichte zu festigen und in den Alltag und hier vor allem in den Arbeitsalltag zu übertragen. Weitere Voraussetzung ist, dass eine Psychotherapie nicht notwendig und der Anschluss an eine Selbsthilfegruppe nicht ausreichend erscheint. Bei dieser Anschlussmaßnahme geht es nicht mehr um die Bearbeitung therapeutischer Problemlagen. Dementsprechend wird diese Aufgabe, da eine therapeutisch durch die Kostenträger anerkannte Weiterbildung nicht notwendig vorausgesetzt wird, erfahrenen Suchtberatern übertragen.

Die Therapiegruppen umfassen maximal zwölf Mitglieder. In der Lüneburger Behandlungsstelle hat es sich bewährt die Gruppensitzungen aufgeteilt in zwei Schwerpunkte durchzuführen. Im ersten Teil werden Themen wie Umgang mit Suchtdruck,

Gefühlsregulation, Konflikte im privaten oder beruflichen Bereich und Stressregulation behandelt. Im zweiten Teil können eigene Anliegen der Gruppenteilnehmer thematisiert werden. Im Krisenfalle, bzw. wenn ein Gruppenmitglied einen Rückfall erwähnt, hat die Rückfallanalyse Vorrang vor der Bearbeitung inhaltlicher und persönlicher Themen.

Erwerbslosigkeit unter den Klienten der Fachstelle für Sucht in Lüneburg

Im Jahre 2016 wurden in der Fachstelle für Sucht und Suchtprävention (Drobs) in Lüneburg 1.430 Betreuungen durchgeführt, von denen wiederum 1.287 Betreuungen aufgrund einer eigenen Suchtproblematik erfolgten. Ab dem zweiten Beratungstermin wird eine größere Anzahl von Daten erhoben, hierunter auch der Erwerbsstatus. Für die folgenden Zahlen konnten 908 Kontakte ausgewertet werden. Die Angaben beziehen sich auf die „überwiegende Erwerbssituation am Tag vor dem Betreuungsbeginn“. Es bezogen 38 Klienten (4,18%) Arbeitslosengeld I (ALG I). 373 Klienten (41,07%) bezogen Arbeitslosengeld II (ALG II). Diese Zahlen sagen für sich allein genommen wenig. Allerdings wird deutlich, dass der Anteil der Klienten, die im ALG-II-Bezug stehen, im Vergleich zur allgemeinen Arbeitslosenrate sehr hoch ist. Im Jahre 2016 betrug die Arbeitslosenrate im Landkreis Lüneburg im Januar 6,7%, im Juni 5,9% und im Dezember 5,8%. Der Anteil der Arbeitslosen aus dem SGB III (= Arbeitslosengeld I) betrug im Januar 2016 2,2% im Juni 1,7% und im Dezember 1,8%. Der Anteil der Arbeitslosen, die Unterstützung nach dem SGB II erhielten betrug im Januar 4,5%, im Juni 4,2% und im Dezember 4,0% (Vgl. Bundesagentur für Arbeit (Hrsg.):Statistik nach Regionen. 2017).

Eine niedersachsenweite Erhebung aus dem Jahre 2013, die 56 ambulante Einrichtungen umfasste, ergab einen Anteil von 5,7% ALG-I-Empfängern und 35,4% ALG-II-Empfängern unter den Ratsuchenden (Vgl. Böttger 2016).

Erwerbslosigkeit unter Klienten der ambulanten Rehabilitation in Lüneburg

Im Jahre 2016 nahmen 105 Klienten an der ambulanten Rehabilitation in der Suchtambulanz Nordostniedersachsen (SANON) teil. Vier Klienten oder 3,80% bezogen ALG I, während 29 Klienten oder 27,61% ALG II bezogen. Hier fällt auf, dass der Anteil der ALG-II-Empfänger in der ambulanten Rehabilitation deutlich unter ihrem Anteil an der Gesamtzahl der Ratsuchenden liegt. Dies dürfte vor allem daran liegen, dass viele ALG-II-Empfänger nicht, bzw. nicht mehr, über eine ausreichende psychosoziale Stabilität für eine ambulante Behandlung verfügen.

Inhalte des indikativen Angebotes für Arbeitssuchende

Die Deutsche Rentenversicherung Bund und die Fachverbände haben sich 2014 auf »Empfehlungen zur Stärkung des Erwerbsbezugs in der medizinischen Rehabilitation Abhängigkeitskranker« geeinigt. Diese Schrift unterscheidet fünf Zielgruppen. (Vgl. Gemeinsame Arbeitsgruppe 2014, S. 12) Zielgruppe 1 umfasst „Rehabilitanden in Arbeit ohne besondere erwerbsbezogene Problemlagen." Zielgruppe 2 bilden „Rehabilitanden in Arbeit mit besonderen erwerbsbezogenen Problemlagen." Diese beiden Zielgruppen können gut über die allgemeinen Gruppentherapiesitzungen versorgt werden. Anders sieht es bei den anderen drei Zielgruppen aus, die ein spezifisches Angebot benötigen. Zielgruppe 3 umfasst arbeitslose Rehabilitanden nach SGB III. Hinzu kommen Erwerbstätige, die während einer Krankschreibung arbeitslos wurden. Auch Erwerbstätige, die langzeitarbeitsunfähig sind und nach 72 Wochen aus dem Krankengeldbezug fallen und noch einen Arbeitsplatz haben, aber dann ALG I oder ALG II beziehen, fallen in diese Kategorie. Zielgruppe 4 meint arbeitslose Rehabilitanden nach SGB II. Unter die Zielgruppe 5 sind Schüler, Studenten, Hausfrauen und Zeitrentner zu subsumieren, die eine (Re-)Integration auf den Arbeitsmarkt anstreben.

Das indikative Angebot für Arbeitsuchende innerhalb der ambulanten Rehabilitation wird also einerseits von der Deutschen Rentenversicherung (DRV) favorisiert und andererseits beruht es auf der Erfahrung, dass die spezifische Situation Arbeitsloser in der bisherigen therapeutischen Arbeit nicht genügend berücksichtigt wurde. Wie sieht dies konkret aus? Themenblöcke wie »Konflikte am Arbeitsplatz« oder »Stressregulation im Arbeitsleben« laufen an Arbeitslosen weitestgehend vorbei. Sie können in diesem Zusammenhang allenfalls über länger zurückliegende Erfahrungen berichten, deren Reflektion aber kaum Auswirkung auf ihre derzeitige Lebenssituation hat. Das bedeutet, dass die Perspektive Arbeitsloser in der Gruppenarbeit nur unzureichend repräsentiert wird. Hinzu kommt, dass viele Arbeitslose Schamgefühle angesichts des fehlenden Arbeitsplatzes empfinden. Ungewollt könnten diese Schamgefühle intensiviert werden, wenn sie wiederholt und anhaltend der Erörterung von Konflikten am Arbeitsplatz anderer Gruppenteilnehmer beiwohnen müssten, ohne die Gelegenheit zu haben, die eigene spezifische Problemlage zu thematisieren. Umgekehrt könnten sich Erwerbstätige langweilen, wenn die mit Arbeitslosigkeit einhergehenden Probleme zu großen Raum in der Gruppenarbeit einnehmen. Will man diese Interessenskollusion möglichst vermeiden, so könnte eine Vertiefung des Themas allenfalls im Einzelgespräch erfolgen. Dies ist natürlich grundsätzlich sinnvoll, kann aber die Auseinandersetzung in der Gruppe nicht ersetzen. Denn hier lernen die Gruppenmitglieder auch von einander und die Auseinandersetzung mit den ebenso arbeitslosen Gruppenmitgliedern kann den Kern für überaus wichtige Solidaritätserfahrungen legen. „Das Wissen, dass man keine Ausnahme darstellt, wenn die Gefühlswelt ins Wanken gerät und es vielen anderen Erwerbslosen auch so geht, kann schon entlastend wirken“ (Landesinstitut NRW 2011, S. 43). Die Integrative Therapie sieht in den Erfahrungen der Solidarität einen Weg der Heilung. Damit sind nicht nur Erfahrungen in der Therapiegruppe gemeint, sondern auch solche in Selbsthilfegruppen, Stadtteilinitiativen, sozialen oder politischen Initiativen. „Über diese Art von Engagement kann das Gefühl der gesellschaftlichen und der persönlichen Entfremdung verringert werden“ (Rahm et al. 1993, S. 335). Wird das menschliche Bedürfnis nach Akzeptanz, Zugehörigkeit, Wärme und Trost in der Gruppe erfüllt, so zeichnet sie sich durch eine starke Kohäsivität aus. Diese ist ein wesentlicher Faktor der Wirksamkeit von Gruppentherapien(Vgl. Yalom 2010, S. 82). Alle Teilnehmer einer Entwöhnungsbehandlung zeigen diese skizzierten menschlichen Bedürfnisse, aber arbeitslose Abhängige bedürfen ihrer oftmals in besonderem Maße, da sie vielfach isoliert leben und sich häufig zahlreichen Abwertungen ihrer Umwelt ausgesetzt sehen. Ein therapeutisches Angebot für Erwerbslose kann aber durch die erlebte Solidarität nicht nur stabilisierend wirken, sondern es besteht auch die Gefahr der gegenteiligen Wirkung, wenn durch eine Problemfixierung auf die Themen der fehlenden Arbeit und des mangelnden Geldes ein regressiver Sog entsteht, der dann eine bedrückende oder gar depressive Stimmungslage bei den GruppenteilnehmerInnen erzeugt (Vgl. Landesinstitut NRW 2011, S. 73). Diese mögliche Dynamik, die latent immer vorhanden ist, muss der Gruppenleiter im Blick haben, um ihr gegebenenfalls bewusst entgegensteuern zu können. Insofern haben Diskussionen über gesellschaftliche Ursachen und Funktionen von Arbeitslosigkeit etwas Zwiespältiges. Einerseits entlasten sie den Klienten von einer nicht zutreffenden Verantwortungsübernahme für bestimmte Aspekte seiner Lebenssituation und andererseits können sie sehr bedrückend wirken. Es sollte dem Gruppenleiter bewusst sein, „dass die Fokussierung auf gesellschaftliche und organisationale Merkmale mit hoher Wahrscheinlichkeit das Erleben von Hilflosigkeit verstärken würde“ (Koch/Lehr/Hillert 2015, S. 48).

Diese spezifische Gruppe ist seit Anfang 2016 fester Bestandteil der ambulanten Entwöhnungsbehandlung am Standort Lüneburg der Suchtambulanz Nordostniedersachsen (SANON). Im Behandlungsvertrag, der zu Beginn der ambulanten Rehabilitation besprochen und unterzeichnet wird, wird ausdrücklich auf diesen Therapiebaustein hingewiesen. Das indikative Angebot umfasst neun Sitzungen a 100 Minuten. Fast jede Gruppensitzung beginnt mit einer Eingangs- bzw. Befindlichkeitsrunde. Je nachdem, was hier geäußert wurde, nimmt die Gruppenarbeit einen unterschiedlichen Verlauf. Grundsätzlich gilt, dass Störungen Vorrang haben. Falls ein Gruppenmitglied Schwierigkeiten u. Belastungen äußert und so einen Beratungs- und Therapiebedarf signalisiert, wird das vorgesehene Thema zunächst zurückgestellt, da vorrangig die eventuell beeinträchtigte Arbeitsfähigkeit wieder hergestellt werden muss. Die Sitzungen werden über weite Strecken thematisch vorstrukturiert (Vgl. Lindenmeyer 2015). Hier werden dann Arbeitsblätter bearbeitet, die sich u. a. mit der Funktion von Arbeit für die Gruppenteilnehmer auseinandersetzen. Es geht weiter um die Veränderungen im Alltag, die Arbeitslosigkeit hervorrief. Es wird aber auch der mögliche Gewinn durch die in großem Maße zur Verfügung stehende Zeit thematisiert. Weitere Themen sind eigene Stärken und gewünschte Tätigkeitsfelder. Sofern ein konkretes Vorstellungsgespräch ansteht, kann dieses mittels Rollenspiel vorbereitet werden. Die Bearbeitung spezifischer Fragenkomplexe dient auch dazu als

Impuls oder Stimulus für ausführlichere Gruppendiskussionen zu dienen. Der Schwerpunkt der Arbeit liegt gemäß der Ausbildung des Autors – bei Bedarf – auf der Arbeit mit dem Einzelnen vor der Gruppe. Diese Vorgehensweise ist die der klassischen Gestalttherapie (Vgl. Perls 1987 oder Perls 1976), von der heutzutage aber durchaus abgewichen wird (Vgl. Bernstädt/Hahn 2010). Psychoanalytisch orientierte Gruppentherapeuten setzen den Fokus eher auf die Gruppe als Ganzes oder bearbeiten schwerpunktmäßig interaktionelle Konflikte zwischen den Gruppenmitgliedern. Da das indikative Angebot für Arbeitssuchende aber auch starke psycho-edukative Elemente aufweist, muss eine etwaige Regression auf frühere Stadien der psychosexuellen Entwicklung an dieser Stelle möglichst vermieden werden. Dem kommt das gestalttherapeutische Vorgehen entgegen, was natürlich auch den psychoanalytisch orientierten Gruppentherapeuten nicht unbekannt ist. „Beschäftigt sich der Therapeut viel mit dem Einzelnen, betont das die Unterschiede zwischen den Gruppenmitgliedern. Es wirkt dem Verschmelzen der Gruppe zu einem Globalobjekt entgegen und begrenzt die Regression…" (König/Lindner 1992, S. 106).

Des Weiteren stellt sich in einer Gruppensitzung die Lüneburger Erwerbsloseninitiative vor. Zu ihrem Leistungsspektrum gehören einerseits die Beratung der Arbeitslosen und andererseits die Begleitung zum Jobcenter oder zur Agentur für Arbeit, soweit dies von dem Arbeitslosen gewünscht wird.

In einer späteren Gruppensitzung sind dann Vertreterinnen des Jobcenters in der Gruppe zu Gast. Deren Aufgabe ist es, die Arbeitsweise und das Unterstützungsangebot des Jobcenters zu erläutern, um dadurch Kontaktängste abzubauen. Sofern sich im Vorfeld durch die Gruppenarbeit konkrete Fragestellungen ergeben, werden diese im Vorfeld unter Bewahrung des Datenschutzes an das Jobcenter übermittelt, um eine gezielte Auskunft in der Gruppe geben zu können.

Eine weitere Gruppensitzung wird wesentlich durch eine Reha-Beraterin der Agentur für Arbeit gestaltet, die die Arbeit ihrer Behörde und die Grundzüge des Reha-Rechts erläutert. An Hand von Fragen aus der Therapiegruppe können Perspektiven für Einzelne geklärt werden. Die Förderungsinstrumente des Jobcenters und der Agentur für Arbeit sind auch in umfänglichen Broschüren beschrieben, die im Internet zur Verfügung stehen (Vgl. Bundesagentur für Arbeit 3/2016, Bundesagentur für Arbeit

6/2016, Bundesagentur für Arbeit 9/2016, Bundesagentur für Arbeit 10/2016, Bundesagentur für Arbeit 1/2017).

Da in der Gruppenarbeit auch Fragen zur Förderung der beruflichen Teilhabe auftauchen, wurde von der DRV Braunschweig-Hannover eine konkrete Person in der Außenstelle Lüneburg benannt, die für Fragen telefonisch zur Verfügung steht. Zudem sind die Förderinstrumente zur beruflichen Rehabilitation auch im Internet abrufbar (Vgl. Deutsche Rentenversicherung 2016).

Ein weiterer Bestandteil der Gruppenarbeit ist – soweit im Einzelfall notwendig – die Vermittlung sozialrechtlichen Wissens, der Hinweis auf relevante Fachliteratur und das Unterstützungsangebot durch den Sozialverband Deutschland e.V. (SoVD).

Erste Erfahrungen mit dem indikativen Angebot für Arbeitssuchende

Grundsätzlich findet im therapeutischen Prozess der ambulanten Rehabilitation Abhängiger die Thematisierung der vielfältigen Belastungen Arbeitsloser im Einzelgespräch statt. Gleichwohl bietet die Gruppenarbeit, insbesondere in einer Kleingruppe, besondere Chancen für die TeilnehmerInnen. Denn Einzelgespräche, so sinnvoll und hilfreich sie sind, sie schreiben, quasi als Nebenwirkung, auch ein Arrangement fort, unter dem insbesondere viele Langzeitarbeitslose leiden, die Vereinzelung, manchmal auch Einsamkeit. Dem gilt es entgegen zu wirken. Allein die Erfahrung, mit den durch die Arbeitslosigkeit aufgeworfenen Fragen und Nöten nicht allein zu sein, kann stützend, manchmal gar heilsam sein. Das Verständnis und die Beratung durch ebenfalls betroffene Gruppenmitglieder sind in ihrer Bedeutung wohl kaum zu unterschätzen. Das Gefühl, sich in der Gruppe unter Gleichgesinnten akzeptiert und wohl zu fühlen, kann ein Hinweis darauf sein, sich zukünftig mit anderen in einer Gruppe zu solidarisieren und zu organisieren.

Die Aufnahme des zusätzlichen Angebotes

Das indikative Angebot für arbeitslose Abhängigkeitserkrankte wurde Anfang 2016 in der Suchtambulanz Nordostniedersachsen eingeführt. Das bedeutete in der Praxis, dass viele potentielle Teilnehmer ihre ambulante Rehabilitation in unserer Suchtambulanz schon begonnen hatten und nun das Angebot erhielten an einer weiteren, zeitlich sehr begrenzten Gruppe teilzunehmen. Für einen Zeitraum von rund zwei Monaten kam es also zu zwei Gruppensitzungen in der Woche. Wenn dann in dieser Woche noch ein Einzelgespräch lag, waren es auch einmal drei Termine pro Woche. Dieses zusätzliche Angebot wurde nun durchaus unterschiedlich aufgenommen. Die Annahme, dieses Angebot werde als sinnvoll und hilfreich empfunden, zumal Arbeitslose überwiegend über viel freie Zeit verfügen, erwies sich zumindest in ihrer Pauschalität als unzutreffend. Einige Teilnehmer verweigerten sich oder nahmen nur unter Protest teil, weil hier im Laufe der Behandlung zusätzliche Termine anberaumt wurden, die zu Beginn nicht absehbar waren. Hier ging es vielfach nicht um eine inhaltliche Kritik, sondern die Abhängigen taten sich schwer damit auf Veränderungen ihrer Behandlungsmodalitäten flexibel zu reagieren. Denkbar ist natürlich auch, dass sich hinter diesen Vorbehalten eine generelle Angst vor Gruppen verbirgt. Diese muss nicht unbedingt bewusst sein. „Die Gruppe als halb öffentlicher Raum verbindet sich mit Vorstellungen von Konfrontation, Konkurrenz und der Minderung der Zuwendung durch den Therapeuten“ (Gephart 2015, S. 285f). Für viele Klienten stellt es eine Herausforderung dar, sich in eine Gruppe zu integrieren. Wenn dann noch eine zweite Gruppe wie das indikative Angebot aus mehreren Therapiegruppen zusammengestellt wird, so kann dies zusätzlich verunsichern. Vereinzelt wurde darüber geklagt, dass drei therapeutische Termine pro Woche einfach zu viel wären. Dies bedeute zu viel innere Auseinandersetzung. Diese Klage ist natürlich ernst zu nehmen, aber auch zu hinterfragen; zumal dann, wenn man berücksichtigt, dass eine stationäre Entwöhnungsbehandlung – dies sei zum Vergleich erwähnt – regulär zwei bis drei Gruppensitzungen pro Woche umfasst, zuzüglich weiterer Einzelgespräche und Gruppenangebote wie Sport, Arbeits-, Ergo- und Kunsttherapie etc., so dass die therapeutischen Maßnahmen im stationären Setting in ihrem zeitlichen Umfang nahezu einer Vollzeitbeschäftigung gleichkommen. Möglicherweise verbarg sich hinter dieser „Jammerei“ aber auch ein genereller Kommunikationsstil. Dieser Hypothese konnte im Rahmen der Gruppe für Arbeitslose nicht differenzierter nachgegangen werden. Bekannt ist allerdings, dass es Menschen gibt, die ihre Kontaktaufnahme und die fortlaufende Beziehung dadurch gestalten, in dem sie sich beschweren, sich als überfordert und leidend darstellen. Dies vielleicht nicht zuletzt auch deshalb, weil sie in der Vergangenheit dadurch oder auch nur dadurch Aufmerksamkeit und Kontakt bekamen. Zur Illustration ein Fallbeispiel:

Herr P., ein Spieler, ist alleinerziehender Vater von vier kleinen Kindern, das älteste Kind ist im Grundschulalter, das jüngste Kind besucht mit 21 Monaten eine Krippe. Durch die Versorgung der Kinder ist Herr P. objektiv sehr eingespannt. Auffällig ist aber, dass er jede Gruppensitzung mit der Mitteilung beginnt, dass es ihm nicht gut geht, er eigentlich keine Lust hatte zu kommen, er sich dann aber doch durchgerungen habe, wofür er dann auch postwendend mit dem Ziel der positiven Verstärkung die Anerkennung des Gruppenleiters bekommt. Am Gruppenprozess beteiligt sich Herr P. sehr engagiert. In der Abschlussrunde teilte Herr P. regelmäßig mit, dass es ihm besser ginge und es doch eine gute Entscheidung gewesen wäre die Gruppe zu besuchen.

Andere Teilnehmer wiederum begrüßten das Angebot einer speziellen Gruppe, die sich mit der besonderen Problematik arbeitsloser Abhängiger auseinandersetzt, uneingeschränkt, nahmen regelmäßig teil und arbeiteten intensiv mit. Eine weitere Teilgruppe nahm zwar an der Gruppe teil, beteiligte sich auch, wenn auch weniger intensiv als die zuvor genannte, manche Teilnehmer erkrankten dann aber unvermittelt zu dem Termin, an dem sie ihre spezielle Problematik anonym mit einer Expertin des Jobcenters oder der Agentur für Arbeit hätten erörtern können. Bilanzierend lässt sich also festhalten, dass das Angebot einer indikativen Gruppe für Arbeitslose durchaus unterschiedlich aufgenommen und genutzt wird. Wir werden weiter unten sehen, dass dies möglicherweise auch in Zusammenhang mit der Persönlichkeit des Teilnehmers, seiner sozialen Lage, beruflichen Perspektive und Planung zusammenhängt.

Arbeitsmotivation

Hervorzuheben ist, dass alle Gruppenteilnehmer grundsätzlich motiviert waren, zu arbeiten. Allerdings in unterschiedlichen Ausmaß und bei Berücksichtigung diverser Handicaps. Hierzu einige Beispiele:

Herr T., 50 Jahre alt, alleinstehend und alkoholabhängig, schildert in der Gruppe seine Ambivalenz. Er habe starke Bandscheibenprobleme, könne Schichtarbeit nach Jahrzehnten nicht mehr leisten, wolle aber grundsätzlich arbeiten, nur im Moment ginge es nicht.

Er greift die Anregung des Gruppenleiters auf bei der Rentenversicherung einen Antrag auf orthopädische Reha zu stellen, um seinen gesundheitlichen Zustand zu verbessern. Ferner wird ihm nahegelegt von sich aus Kontakt zur Agentur für Arbeit aufzunehmen, damit seine derzeit schwierige Lage dort aktenkundig wird. Mit seinem Sachbearbeiter von der Agentur für Arbeit kommt er überein, dass er sich vorrangig um die Wiederherstellung seiner Gesundheit kümmern möge und Vermittlungen vorerst zurückgestellt werden.

Eine etwas andere Konstellation findet sich bei einer anderen Teilnehmerin:

Frau O., 48 Jahre alt, Frührentnerin aufgrund eines Schlaganfalls. Sie ist alkohol- und cannabisabhängig. Frau O. hat einen Minijob, da sie nur in begrenztem Maße dazuverdienen darf, da sie sonst ihre Rente verlieren würde. Aus ihren Andeutungen ist aber zu entnehmen, dass sie darüber hinaus noch schwarz arbeitet.

Wieder völlig anders stellt sich die Situation für Herrn C. dar.

Herr C. ist 56 Jahre alt, alleinstehend und alkohol- und cannabisabhängig. Er hat jahrzehntelang wegen eines Tötungsdeliktes im Maßregelvollzug gesessen. Er absolviert eine ambulante Therapie und lebt von ALG II. Herr C. sagt von sich, dass er an einer Arbeitsstelle voraussichtlich nicht klarkäme, da er sich kaum etwas von anderen Menschen sagen ließe. Ob dies in Gänze wirklich so wäre, sei dahin gestellt. Möglicherweise spürt Herr C. aber, dass das jahrzehntelange Leben in einer durchstrukturierten Institution dazu geführt hat, dass seine sozialen Kompetenzen, wie sie zum Ausfüllen eines Arbeitsplatzes gemeinhin notwendig sind, nicht ausreichend sind. Er engagiert sich drei bis vier Tage lang ehrenamtlich in einem Tierheim und fällt nach eigenen Angaben abends todmüde, aber zufrieden, ins Bett. Ihm käme es auf den Kontakt zu den Tieren an, Geld wäre nicht wichtig. Von ALG II könne er leben.

Dass eine Diskussion über die Funktion von Arbeit den eigenen Entscheidungsprozess beeinflussen kann, zeigt das Beispiel von Herrn U.:

Herr U., 54 Jahre alt, alleinstehend, ist ungelernter Arbeiter und alkoholabhängig. Er tritt sein ambulantes Modul einer Kombinationsbehandlung mit diversen gesundheitlichen Beschwerden an (Rückenschmerzen, Bluthochdruck, Hör- und Sehschwächen, Durchblutungsstörungen in den Händen). Ein Ziel seiner Behandlung ist es, eine Entscheidung zu treffen, ob er einen Antrag auf Erwerbsminderungsrente stellt oder doch noch wieder nach einer Arbeitsstelle sucht. Angesichts eines Sonderschulabschlusses und den diversen gesundheitlichen Einschränkungen erscheint letzteres als ein zunächst ziemlich aussichtsloses Unterfangen. Durch die Gruppenarbeit wird Herrn U. immer bewusster, dass er doch wieder lohnabhängig arbeiten möchte. Obgleich er in seiner Freizeit viel zu tun hat (Engagement im Schützenverein, Arbeit in Haus und Garten, Hilfe bei Nachbarn), will er wieder Geld durch eigene Arbeit verdienen. Herr U. stellt zunächst einen Antrag auf Teilhabe am Arbeitsleben und hofft über das Instrument des Eingliederungszuschusses einen Job zu bekommen. Dieser Antrag wird aber mit der Begründung abgelehnt, er könne trotz aller Einschränkungen weiterhin im Baugewerbe als Helfer arbeiten. Herr U. akzeptiert diesen Bescheid und verzichtet auf Rechtsmittel. Er schreibt zunächst erfolglos mit Hilfe seiner Nachbarn diverse Bewerbungen und erhält dann einen auf sechs Monate befristeten Job bei einer Leiharbeitsfirma. Obgleich die Arbeit schwer, dreckig und mit 10€ brutto die Stunde schlecht bezahlt ist, blüht Herr U. regelrecht auf und ist zufrieden.

Großer Gesprächsbedarf

Sofern es in der Gruppenarbeit um Erfahrungen am ehemaligen Arbeitsplatz oder um Kontakte zum Jobcenter ging, war schnell das Thema Kränkung auf dem Tisch. Diese Gefühle waren zum Teil sehr massiv, auch dann noch, wenn ihre Auslöser bereits Jahre zurück lagen. Es war den Betroffenen ein großes Anliegen, dass diesen Erfahrungen genügend Raum gegeben wurde. Diese Vorgehensweise war aus therapeutischer Sicht umso mehr notwendig, da es damit zuvörderst auch darum ging, überhaupt erst einmal die Arbeitsfähigkeit in der Gruppe herzustellen. Des Weiteren war anzunehmen, dass kränkende und unverarbeitete Kommunikations- bzw. Arbeitserfahrungen die zukünftigen Jobcenterkontakte oder Bewerbungsversuche negativ beeinflussen können.

Ein Fallbeispiel kann verdeutlichen, worum es in der Praxis geht.

Frau B. ist von Beruf Sozialpädagogin, 60 Jahre alt und alkoholabhängig. Sie war bis vor kurzem jahrzehntelang bei einem bekannten Jugendhilfeträger angestellt. Sie war in einer Familiengruppe tätig. Ihre Festanstellung endete mit dem Erwachsenwerden des letzten

Kindes. Ihre Hoffnung, bis zum Eintritt des Rentenalters dort andere Tätigkeiten in Vollzeit zu übernehmen, zerschlug sich. Stattdessen wurde ihr ein 450€-Job angeboten, den sie empört ablehnte. Frau B. war tief gekränkt über dieses Verhalten ihres Arbeitgebers.

Unter Berücksichtigung ihrer jahrzehntelangen Berufserfahrung und der dadurch erworbenen Kompetenzen wurde mit ihr überlegt, ob eine freiberufliche Tätigkeit als Berufsbetreuerin für junge Erwachsene eine Perspektive darstellen könnte. Frau B. wollte hier weitere Schritte unternehmen, um diese Möglichkeit für sich weiter abzuklären.

Umschulung

Umschulungsmaßnahmen sind ein oftmals effektives Instrumentarium, um Arbeitslose wieder in Arbeit zu bringen. Sie kommen bei unterschiedlichen Problemlagen zum Tragen. Menschen, die im Bereich der Gastronomie, sei es als Koch oder Servicekraft arbeiteten und alkoholabhängig wurden, sollten dieses Arbeitsfeld zukünftig im Sinne des Erhalts einer langfristigen Abstinenz meiden. Entsprechende Empfehlungen werden regelhaft am Ende einer stationären Rehabilitation ausgesprochen. Sofern der Betroffene sich noch nicht jenseits des 50. Lebensjahres befindet und dazu motiviert ist, kommen Umschulungsmaßnahmen in Betracht. Offiziell existiert diese Altersgrenze nicht und es wird jeweils im Einzelfall eine Entscheidung getroffen, aber in der Praxis finden sich kaum ältere Arbeitnehmer, denen auch bei großem Interesse eine Umschulung finanziert wird. Anders sieht es zum Teil bei den jüngeren Jahrgängen aus. Hier kommen Berufsausbildungen bzw. Umschulungen dann in Betracht, wenn zuvor noch keine Ausbildung absolviert wurde. Kostenträger kann dann auch das Jobcenter sein. Hierzu ein Beispiel:

Herr G. ist 34 Jahre alt und alkoholabhängig. Zum Zeitpunkt seiner Behandlung lebt er nach einer stationären Rehabilitation in einem Übergangswohnheim. Seine Daten werden vorab anonym an die Jobcentermitarbeiterin mit der Frage übermittelt, welche Unterstützungsmöglichkeiten in Betracht kommen. In der Gruppensitzung mit der Jobcentermitarbeiterin erhält er die Info, dass er sich mit seiner Sachbearbeiterin zwecks einer Umschulung in Verbindung setzen möge, was er dann in der Folge tut. Er absolviert zunächst ein Praktikum und erhält darüber einen potentiellen Arbeitgeber für die praktische Arbeit.

Sofern die psychologische Untersuchung eine Eignung bestätigt, zahlt das Jobcenter zunächst für die zwei Jahre der Ausbildung das ALG II. Zusätzlich können Leistungen für Arbeitsmittel und Fahrtkosten in Anspruch genommen werden.

Diese Fallbearbeitung in der Gruppensitzung mit der Jobcentermitarbeiterin hat auf Seiten des Betroffenen bestehende Unsicherheiten über etwaige Schwierigkeiten im Umgang mit dem Jobcenter entschärft. Deutlich wurde in der Gruppenarbeit auch, dass keineswegs alle ALG-II-Empfänger über Vorbehalte oder schlechte Erfahrungen mit dem Jobcenter berichteten. Einzelne Teilnehmer berichteten, dass sie sich von ihrer Sachbearbeiterin sehr unterstützt fühlten und man ihnen auch ohne Vorbehalte gegenüber ihrer Suchterkrankung begegnete.

Reha-Beratung in stationären Einrichtungen

Die Reha-Beratung durch die DRV BS-H findet flächendeckend in den stationären Entwöhnungseinrichtungen statt. Die Zuweisung der einzelnen Patienten bzw. Klienten erfolgt bei Bedarf durch das Personal der Fachklinik. Hier scheint es sehr darauf anzukommen, zu welchem Zeitpunkt die Beratung stattfindet. Aus unserer Sicht ergibt es Sinn, wenn diese Beratung im letzten Drittel der Behandlung stattfindet. Damit steigt die Wahrscheinlichkeit, dass der zu Beratende offen für die Beratung und nicht allzu sehr mit Themen aus der eigenen Suchtgeschichte innerlich beschäftigt ist. Zumindest in Einzelfällen erfolgt die berufliche Reha-Beratung offenbar zu einem Zeitpunkt, der den Klienten überfordert. Unser Interviewpartner, Herr Z., deutet dies im Interview an (siehe S. 142ff).

Entfremdung

Im ersten Teil dieses Buches wurde beschrieben, dass der Arbeitsprozess in einem kapitalistischen Wirtschaftssystem, sicherlich auch abhängig vom Qualifikationsniveau der Lohnabhängigen, oftmals vielfältige Erfahrungen von Entfremdung für den Lohnabhängigen mit sich bringt. Diese Entfremdung kann sich u. a. in Desinteresse und Langeweile während der Arbeit äußern, sie kann sich aber auch in Stressgefühlen offenbaren, wenn sie den Lohnabhängigen körperlich und vor allem psychisch überfordert. Bekanntlich stehen die Profitinteressen, aber auch der Zwang zum Erzielen des Profits im Zentrum kapitalistischen Wirtschaftens. Wie sich die Lohnabhängigen fühlen, ist allenfalls zweitrangig. Ihre Befindlichkeit gerät erst dann in das Zentrum der Aufmerksamkeit, wenn gesundheitliche Beeinträchtigungen den Arbeits- und Wirtschaftsprozess kurz- oder auch langfristig zu untergraben drohen oder die Lohnabhängigen mit Nachdruck divergierende Interessen z. B. durch Streik zum Ausdruck bringen. Je nach Situation wird hierauf mit rehabilitativen Maßnahmen, Verhandlungen oder Aussperrung reagiert. Das kapitalistische System in Deutschland reagiert – grob vereinfachend gesagt – mit rehabilitativen Maßnahmen, wenn die Arbeitskraft des Lohnabhängigen im Sinne dieses Systems erhalten werden muss und wenn es darüber hinaus auch darum geht, ein System der Ausbeutung (im marxistischen Sinne) dadurch langfristig aufrecht zu erhalten, in dem es sich sozialstaatlich legitimiert. Diese Dynamik wurde in der Gruppe dann deutlich, wenn es darum ging, die Förderinstrumente der Agentur für Arbeit, des Jobcenters und der Deutschen Rentenversicherung näher kennen zu lernen und zu begreifen, wann sie zum Einsatz kommen. Sie dienen keinesfalls dazu, dem Arbeitslosen bzw. Lohnabhängigen emotional befriedigende Arbeitsverhältnisse zu verschaffen. Spätestens dann, wenn klar wird, dass ein Mittfünfziger nicht mehr in den Genuss einer Umschulung kommt, weil sich das verausgabte Geld aus Sicht der Kostenträger nicht mehr amortisiert, zeigt sich, wessen Interessen bei der Arbeitsförderung vorrangig verfolgt werden. Und was hier an einem herausgehobenen Fall deutlich wird, gilt generell: Eingliederungszuschüsse, Fortbildungsmaßnahmen und Umschulungen verbessern in vielen Fällen, vor allem bei den jüngeren arbeitslosen Lohnabhängigen, deren Los. Dies ist aber eher ein als subjektiv angenehm empfundener Begleiteffekt. In erster Linie geht es darum, eine ausreichend große Zahl von hinreichend qualifizierten Lohnabhängigen für die Unternehmen und Verwaltungen in Deutschland bereit zu stellen. Diese Erkenntnis kann desillusionierend wirken. Sie kann aber auch entlastend wahrgenommen werden, da sie gleichzeitig zeigt, dass das Schicksal der Arbeitslosigkeit auch ein weitestgehend gesellschaftlich und ökonomisch bedingtes ist, auch wenn aus Sicht „interessierter Kreise" Arbeitslosigkeit gern als individuell verschuldeter Zustand propagiert wird. Diskussionen über Entfremdungsgefühle müssen sich zudem immer der Gefahr bewusst sein, dass sie unmittelbar Resultat des Arbeitsprozesses unter kapitalistischen

Produktionsbedingungen sind, die wiederum nicht kurzfristig, sondern allenfalls mittel-, wenn nicht langfristig, nur durch gezieltes politisches Engagement der Lohnabhängigen zu verändern sind. Dieser Prozess ist bekanntlich sehr mühsam und auch nicht immer Erfolg versprechend. Das kann schnell entmutigen. Psychologisch geschickt geführte Diskussionen werden also nicht bei diesem Thema mit offenem Ausgang enden, sondern es ist angezeigt, sich zum Schluss wieder auf das zu konzentrieren, was im Bereich der eigenen Handlungsfähigkeit liegt und unmittelbar beeinflusst und verändert werden kann. Geschieht dies nicht, droht die Handlungsfähigkeit verloren zu gehen.

Vermeidungsverhalten

Abhängigkeitserkrankungen sind ein komplexes Geschehen und unterscheiden sich zum Teil erheblich, was ihre Erscheinungsformen und ihre körperlichen, seelischen und sozialen Folgen anbetrifft. Ein gemeinsamer Nenner aller Süchtigen scheint aber ihr Vermeidungsverhalten zu sein. Alkoholiker wie Abhängige von illegalen Drogen vermeiden, wenn auch ungewollt oder im Sinne eines Selbstschutzes, die Wahrnehmung von belastenden und schwer aushaltbaren Gefühlen wie Angst oder Trauer. Da viele Abhängige zudem traumatisiert sind, würden sie sich hier erheblichen Belastungen aussetzen, die ohne therapeutische Hilfe kaum auszuhalten und zu bewältigen sind. Das Vermeidungsverhalten kann sich auch im Ausweichen vor sozialen Anforderungen zeigen. Da kann infolge knapper finanzieller Mittel die Miete nicht gezahlt werden, aber es wird kein Kontakt zum Vermieter aufgenommen, um so vielleicht einen Aufschub zu erreichen. Da werden Termine bei der Schuldnerberatung nicht wahrgenommen oder der Mitarbeiter beim Jobcenter wird trotz angedrohter oder vollzogener Kürzungen weiterhin versetzt. Aber auch wenn die Abhängigkeit zunächst zum Stillstand gebracht wurde, der Alkoholiker also trocken ist und der Abhängige von illegalen Drogen auf sein Cannabis oder Heroin verzichtet, scheint das Vermeidungsverhalten in vielen Fällen immer noch da zu sein. Daran ist abzulesen, wie tief es sich in die Persönlichkeit eingeprägt hat. Hierzu einige Beispiele:

Herr N., 46 Jahre alt, geschieden und alkoholabhängig, hatte sich Monate zuvor einer schweren Bauchoperation unterziehen müssen. Sein Krankengeld läuft aus, er wird ALG I beantragen müssen, weiß aber schon jetzt, dass er in ein paar Monaten eine Folgeoperation haben wird. Großen Raum in der Gruppenarbeit nimmt wiederholt seine Angst ein, dass die Agentur für Arbeit ihn als Maurer auf den Bau vermitteln werde, was er aber nicht mehr leisten könne. Ergebnis der Gruppenarbeit ist, dass Herr N. seine Situation, notfalls anonym, mit der Reha-Beraterin in der Gruppe erörtern könne, um mehr Klarheit zu bekommen. Entgegen der Erwartung des Gruppenleiters sagt Herr N. am Morgen des besagten Tages die Gruppenteilnahme wegen Krankheit ab.

Wie tiefsitzende Ängste blockieren können, zeigt auch das Beispiel von Herrn E.:

Herr E. ist 55 Jahre alt, alleinstehend und alkoholabhängig. Er leidet nach eigenen Angaben neben Depressionen auch an einer Angststörung, die sich in Panikattacken zeigt. Herr E. steht kurz davor, dass sein Krankengeldbezug ausläuft und er dann ALG I beantragen muss. Er ist unsicher, ob er sich eine Vollzeitstelle zutraut, weiß auch nicht genau in welchem Bereich und verfügt neben ein paar Semestern Jura über keine Berufsausbildung, auch wenn er später jahrelang freiberuflich und angestellt im kaufmännischen Bereich tätig war. Herrn E. ist durchaus bewusst, dass er erheblichen Beratungsbedarf hat und im geschützten Rahmen der Gruppe viele Fragen anschneiden und vielleicht auch klären könnte. Am Tag, als die Reha-Beraterin der Agentur für Arbeit kommt, entschuldigt Herr E. sich mit einem dringenden Zahnarzttermin.

Auch dringende finanzielle Fragen führen nicht unbedingt dazu, dass der Betroffene die notwendige Initiative zur Abklärung zeigt:

Herr F., 27 Jahre alt, arbeitsloser Facharbeiter, abhängig von Cannabis und Amphetaminen, plant ein Freiwilliges Soziales Jahr (FSJ), um danach Sozialarbeit zu studieren. Ihn plagt die Frage, in welcher Höhe sein beim FSJ erhaltenes Taschengeld auf das ALG II angerechnet wird. Als die Vertreterin des Jobcenters in der Gruppensitzung für die Klärung der Frage bereit steht, lässt Herr F. sich wegen Magen-Darm-Problemen entschuldigen. Die finanzielle Frage wird dann durch das Engagement bzw. die Internet-Recherche des Gruppenleiters geklärt.

Herr Z. und Frau A., die Interviewpartner in Teil 3, haben beide an dem indikativen Angebot für Arbeitssuchende teilgenommen. Ihre Ausführungen machen deutlich, welche Erfahrungen sie als Arbeitslose mit Institutionen der Suchthilfe und der Arbeitsverwaltung gemacht haben. Näheres dann im dritten Teil dieser Schrift.

Teil 3: Die Lebens- und Erfahrungswelt von ALG-II-BezieherInnen

Die nachfolgend dokumentierten drei Interviews mit aktuellen bzw. ehemaligen ALG-II-Empfängern wurden anhand eines Interviewleitfadens erhoben. Er ist im Anhang abgedruckt. Die Interviews bleiben unkommentiert, da sie einerseits aus sich heraus verständlich sind und andererseits im ersten Teil des Buches genügend allgemeine Informationen zur Lebenswelt von Langzeitarbeitslosen gegeben werden. Die jeweils besondere Lebenswelt eines Menschen lässt sich am besten mit einem qualitativen Interview erheben, da dieses den Interviewten ausführlich zu Wort kommen lässt und zudem die Möglichkeit zur Nachfrage und Präzisierung bietet. Narrative Interviews sind eine vielfach verwandte Methode qualitativer Sozialforschung. Oftmals werden in diesem Zusammenhang 20-30 Interviews geführt. Um der dadurch generierten Datenflut Herr zu werden, erfolgen üblicherweise mittels Operationalisierung Kategorienbildungen, die das Material strukturieren und im Idealfall dazu dienen typische Verläufe herauszuarbeiten. Auf diese akademische Turnübung konnte und musste angesichts von drei Interviews verzichtet werden. Die Auswahl der Interviewpartner sollte schon anhand von wenigen Interviews zeigen, wie vielfältig die Lebenslage der ALG-II-Empfänger ist und wie unterschiedlich sie damit umgehen. An dieser Stelle muss noch einmal darauf hingewiesen werden, dass die drei Interviewpartner sicher nicht typisch für Langzeitarbeitslose stehen. Sie verfügen alle drei über Berufsausbildungen, sind teilweise hochqualifiziert. Und dennoch fällt auf, dass die Erfahrungen mit dem Jobcenter sich gleichen, als wenig hilfreich, ja teilweise als demütigend empfunden wurden. Ausgewählt wurden die beiden Interviewpartner aber ausschließlich anhand ihrer sprachlichen Ausdrucksfähigkeit. Die im Interview offenbarten Erfahrungen waren dem Interviewer en Detail so nicht bekannt.

Die Interviews werden hier so dokumentiert, wie gesprochen wurde. Sie heben sich dadurch sehr deutlich von einer wissenschaftlichen Darstellung ab, die versucht, Sachverhalte präzise und unter Vermeidung von Redundanzen darzustellen. Sie sind somit authentisch und ungeschönt, aber auch assoziativ. Und sie halten sich nicht an geläufige Regeln des Satzbaus. Das hat wiederum unweigerlich zur Folge, dass die

Interviews damit manchmal etwas schwer zu lesen sind. Bei der 2. Auflage wurden teilweise statt Kommata …. eingefügt. Diese Punkte stehen nicht für dem Interviewer entgangene Aussagen, die nicht ordnungsgemäß aufgezeichnet und verschriftlicht wurden, sondern zeigen in der Regel eine Änderung des Gedankenganges an. Ihr Ziel ist es, die Lesbarkeit des Textes etwas zu erleichtern.

Der Autor dieser Zeilen möchte den Interviewten an dieser Stelle ausdrücklich für die Bereitschaft zum Interview und das entgegengebrachte Vertrauen danken.

Interview Nr. 1

Herr H. ist 58 Jahre alt, studierter Forstingenieur und seit langen Jahren arbeitslos. Er ist einer der Motoren der Lüneburger Erwerbsloseninitiative, die in verschiedenen Stadtteilzentren, dem Gewerkschaftshaus und in den Räumen der Linkspartei eine Beratung für Arbeitslose anbietet. Herr H. ist einerseits ein Beispiel dafür, dass Langzeitarbeitslosigkeit nicht in Resignation oder in der Suchterkrankung münden muss und andererseits zeigt seine Geschichte, dass politisches Engagement für mehr soziale Gerechtigkeit auch in vorgerücktem Alter beginnen kann. Sein Beispiel soll Mut machen und strahlt offenbar auf andere Arbeitslose aus, wie insbesondere dem Interview mit Frau A. zu entnehmen ist.

Seit wann bist Du arbeitslos?

Ich bin seit 2003 arbeitslos. Ich wurde nach einer befristeten Beschäftigung nicht weiter übernommen. Ich habe für jemanden Urlaubs- und Mutterschaftsvertretung gemacht und irgendwann endete diese Zeit. Das war ein bestimmter Beamter, der dann seinen Arbeitsplatz wieder zurückforderte, und aus dieser Situation musste ich dann gehen und wurde dann eben von der Forstverwaltung… damals, wo ich beschäftigt war, beim Fachplanungsamt nicht weiter übernommen.

Ja, okay. Und dann hast Du Dich entsprechend arbeitslos gemeldet?

Dann habe ich mich arbeitslos gemeldet. Ich hatte also Arbeitslosengeldanspruch, die erste Zeit. Das war also noch vor der Hartz-IV-Reform. Da ging es noch mit Arbeitslosengeldansprüchen, bis die ausgelaufen sind, und dann bin ich übergegangen in die Arbeitslosenhilfe Die war also auch noch aufgrund meiner Einkunftssituation höher als die Grundsicherung, im Vergleich zur jetzigen Situation.

Und gab es damals noch Möglichkeiten, eine Arbeitsbeschaffungsmaßnahme zu bekommen?

Auch das war stark reduziert. Das heißt, im Grunde habe ich die Erfahrung gemacht, dass ich als Hochqualifizierter sozusagen links liegen gelassen wurde. Das heißt, ich habe meine Beschäftigung teilweise über den Fachvermittlungsdienst in Hannover bekommen. Die haben das zentral geleitet für die Akademiker. Diese Stellen wurden eingestampft und man hat es den örtlichen Mitarbeitern dann zugeschoben, die schlicht und einfach unfähig waren und keine Lust hatten, Akademiker, sozusagen die besondere Unterstützung, die ja auch ein Akademiker braucht, zukommen zu lassen. Das heißt, bei der Arbeitsverwaltung fehlt eigentlich das Bewusstsein, dass auch Akademiker Unterstützungsbedarf haben und zwar nicht in Form von Förderung sprechen zu lernen, sondern wirklich auf höherem Niveau eine Förderung brauchen. Und diese Leistungen haben die Sachbearbeiter der Arbeitsverwaltung gar nicht leisten wollen. Sie haben gesagt, der Markt reguliert das und damals fing es eben auch an, an die Selbstregulierung des Marktes zu glauben.

Okay, was hat sich in Deinem Alltag durch die Arbeitslosigkeit verändert?

Also, in meinem Alltag hat sich eigentlich gar nichts verändert. Ich hatte den Vorteil, von einer sehr stabilen psychischen Situation ausgehen zu können. Ich hatte meine Berufsausbildung erfolgreich abgeschlossen. Ich habe meine beruflichen Zielsetzungen, die ich mir gesetzt habe, erreicht. Das einzige, woran es scheiterte, war eben die Integration in die Berufstätigkeit. Nach meinen Berufsausbildungen habe ich dann eben befristete Stellen bekommen. Die Arbeitgeber haben aber... Ich weiß es nicht, woran es liegt, es gibt keine Kommentation darüber, sie sind eben mit mir nicht klar gekommen und zwar... wenn man sich für den Forstbetrieb entschieden hat, das war für mich sozusagen die erste Wahl, dann ist man Förster, eben auch innerlich. Das heißt, man ist ein autonom denkender Mensch, trifft seine eigenen Entscheidungen, beurteilt Sachverhalte aus einer eigenen Perspektive und überlegt sich den eigenen Weg zu gehen. Das ist eigentlich Kennzeichen meines Lebens. Das hatte für mich den Vorteil, dass ich nach der Erwerbslosigkeit nicht instabil wurde und mit der veränderten Situation gut klar gekommen bin. Auf der anderen Seite hatte das den schweren Nachteil gehabt, dass ich auch dann wieder nicht den Druck hatte, mich ins Berufsleben integrieren zu müssen. Der Druck war nicht da, sondern ich wollte mein Lebensziel verwirklichen, und die Bundesagentur hatte dafür kein Verständnis. Das heißt, sie haben sich um nichts gekümmert, und weil man sich um nichts kümmerte, dann verlängerte sich automatisch die Arbeitslosigkeit. Ich hatte damit kein Problem, weil ich sehe, dass die Gesellschaft damit eben ein Problem hätte. Aber die hatte damit kein Problem, weil sie die Leistungen ihrer Mitarbeiter in der Arbeitsagentur nicht kontrollieren.

Wie verbringst du Deinen Tag?

Also, ich tue nichts. Das heißt, ich lebe mein Leben. Das heißt, ich leide nicht darunter, dass ich keine Arbeit mehr habe. Ich habe meine Ziele ja erreicht, ich stehe gesundheitlich dem Arbeitsmarkt zur Verfügung. Aber dann lebe ich mein Leben, verbringe meinen Tag und tue einfach nichts. Das war die Zeit bis ich eben angefangen habe, dass ich gesagt habe, »Ja gut, jetzt ist mit Nichtstun genug«. Und kurz vor dem Rentenalter sollte man vielleicht irgendwas Vernünftiges machen, und da bin ich eben auf die Idee gekommen, auch aus eigenem Anlass, ... habe ich dann angefangen und gesagt: »So geht das nicht.« Ich habe meinen Kontakt mit der Partei „Die Linke" aufgenommen, weil es ging um einen anderen Anlass und zwar hatten wir da Hartz IV gehabt, ich konnte auch mit Hartz IV sanktionsfrei, ich hatte da kein Problem, damit konnte ich leben. Da war nur ein Betrug, den nannte ich den „Warmwasserbetrug" und zwar ging es darum, dass damals von der Regelleistung ein Warmwasserabzug getätigt worden ist, was systemwidrig war, und ich habe wirklich Gott und der Welt erklären können, wie es ist. Aber man stößt nur auf taube Ohren, weil eigentlich unsere Gesellschaft an Hartz IV festhalten wollte, keine Kritik zugelassen hat und was eben noch viel schlimmer war, dass die Rechtsprechung sozusagen Systemfehler durch entsprechende Unrechtsprechungen noch sanktioniert. Wir haben das gesehen, vor 2010 gab es dann einen regulären Warmwasserabzug für 6,22€, der hochgerechnet wurde auf den jeweiligen Anteil. Und ab 2011 gab es den dann nicht mehr, weil der Gesetzgeber seinen Fehler korrigiert hat. Und niemals wurde darüber geredet, dass fünf Jahre vorher systematisch Recht gebrochen wird, und die Leute um Millionen und Milliarden betrogen wurden, und die Richter sich nicht mal die Mühe gemacht haben, sich zu entschuldigen oder so etwas. Und da hatte ich die Faxen dicke und dann bin zur Linken gegangen und habe gesagt: »Da tun wir etwas, auch als Erwerbslose«.

Wann war das?

Das war spät, 2013 möglicherweise, auf jeden Fall war das recht spät, weil ich gesagt habe, »Ich habe die Kompetenz, ich verfaule so vor mich hin, aber das stört aber niemanden« und dann habe ich gedacht, meine Kompetenz kann ich auch anderen anbieten, damit man sieht wie man damit klar kommt. Das war die Grundidee gewesen und dann bin ich zum Sozialstammtisch gekommen. Dann habe ich mit Karl-Heinz drüber gesprochen, der hat die Idee positiv aufgenommen, bzw. er hat mir freie Hand gelassen und da haben wir dann Kontakt mit ein bis zwei anderen Leuten gehabt, die auch auf diese Idee gekommen sind und jetzt haben wir ganz erfolgreich die Erwerbsloseninitiative in Lüneburg wieder belebt. Das heißt, wir bieten regelmäßig Sprechstunden an, wir nutzen Räumlichkeiten, die uns kostenfrei zur Verfügung gestellt worden sind, und ich sage mal so: Aus dem Nichts heraus ohne großen Kostenaufwand haben wir dann unser Ziel erreicht, dass es nichts kostet. Das war ja auch die Idee.

Und Du sagtest vorhin, dass Du nichts tust. Das kann ja so nicht sein bzw., Du schilderst das ja auch, was Du machst. Wie viel Zeit verbringst Du in der Woche mit diesem Engagement für die Erwerbsloseninitiative?

Also, ich habe mich natürlich jetzt durch diese Stunden festgelegt. Wir müssen ja präsent sein und es ufert immer mehr aus und das heißt, es kommt, je nach dem, wenn wir also Beratungsbedarf mit irgendwelchen Leuten haben, engagiert man sich über die Zeit hinaus. Also montags sind das zwei Stunden, jeden ersten und dritten Montag. Das sind diese Beratungstermine, die wir dann haben. Vorbereitung, Nachbereitung, aber was man dann selbst noch hat, ist die Eigenbürokratie, der eigene Ärger mit dem Jobcenter und ja, da geht dann so manche Zeit hin. Ich gebe aber selber zu, dass ich mehr so ein fauler Mensch bin und von daher hält sich das jetzt in einem Rahmen, wo ich sage: »Okay, das geht.«

Würdest Du sagen, so zehn Stunden pro Woche?

Zehn Stunden, ja, so ungefähr.

Okay, ja wie reagiert Dein soziales Umfeld auf Dein Engagement bzw. wie hat es auf Deine Arbeitslosigkeit reagiert? Also Verwandte, Freund, Bekannte?

Also, das Problem ist, die haben keine Ahnung von Arbeitslosigkeit, das ist das Grundprinzip unserer Gesellschaft. Man versucht gar nicht erst, zu verstehen, sondern jeder lebt in einer anderen Welt. Das heißt, ich als Förster lebe in meiner Welt und die anderen sehen, ich bin arbeitslos und stehen also eben fassungslos davor, dass ich daran nicht leide. Das ist eigentlich das größte Problem, dass… wenn man mit anderen Leuten zu tun hat, haben sie ein Bild von einem Arbeitslosen, der als erstes unter seiner Arbeitslosigkeit leiden muss, um die Arbeitslosigkeit zu beenden. Das ist die Grundhaltung, die einem eigentlich auch beim Jobcenter gegenübertritt und dann fällt es einem schwer zu erklären: »Nein, ich fühle mich wohl, mir geht es gut und ich bin zufrieden.« Und das ist schon da, wo man sagt, man hat kaum Kontakte mehr. Das ist eine andere Welt. Aber ich habe in meinem Leben damit gelernt, alleine klar zu kommen. Wie gesagt, als Förster ist man sozusagen zu selbstständig, als dass man darunter leiden müsste, wenn man ausgegrenzt wird, also nicht auf das Verständnis trifft, was man sich wünscht usw.

Also, da kann ich mir vorstellen… nach meinen Kenntnisstand, bist Du da sicher auch eine Ausnahme, weil Du ja damit gut zurechtkommst.

Das ist mein beruflicher Entwicklungsweg, der mir jetzt zum Glück diese Stabilität mitgegeben hat. Er hat mir also auch die Kompetenz mitgegeben, und ich habe jahrelang eben gesagt: »Okay, ich lebe damit, ist in Ordnung. Das Leben geht weiter, wie auch immer.« Bis ich eben zu dem Punkt gekommen bin: »Naja ein bisschen kannst du auch davon abgeben.« Das heißt, Leuten helfen, die dann an diesen einfachen Dingen scheitern, wie eine Anhörung, wie diese Bürokratie usw. Und das haben wir jetzt eben auch gut entwickelt.

Lebest Du alleine oder mit jemandem zusammen?

Nein, ich lebe alleine, das heißt, ich bin ledig, lebe aber noch mit meiner Mutter zusammen. Das hat sich ebenso ergeben, im Jahre 1985/86 sind wir nach Lüneburg gezogen, da hatte ich meinen Vorbereitungsdienst bei der Landwirtschaftskammer, hier. In dem Zuge hat meine Mutter ihre Scheidung gehabt, und da haben wir eine gemeinsame Wohnung genommen mit der Zielsetzung, dass ich später, wenn ich meinen Beruf ganz abgeschlossen habe, ihr die Wohnung überlasse und dann ja meine eigenen beruflichen Entwicklungen weiter verfolge und das ist bei einem Förster zwangsläufig mit einem entsprechenden Wohnsitz nahe am Arbeitsort verbunden. Das war ein Selbstverständnis. Und das hat sich eben alles anders entwickelt, und so wohne ich eben heute noch in der Wohnung zusammen mit meiner Mutter.

Wie reagiert Deine Mutter auf den Zustand, dass Du arbeitslos bist? Versteht sie das?

Ja, das ist gerade das, was ich also als Vorteil hatte. Meine Mutter hatte also, sozusagen, meine Entwicklung immer unterstützt und auch immer akzeptiert und geholfen. Also, von daher gibt es keine Probleme. Es ist ihr auch erkennbar, dass es eben unerklärlich ist, warum ein hochqualifizierter Mensch keine Integration findet, weil er schlicht und einfach in seiner Persönlichkeitsstruktur so nicht akzeptiert wird, wie er ist, ohne, dass er eben verkehrt ist.

Ja, und für Deine Mutter – ich vermute, dass sie in den Achtzigern sein wird – ist das natürlich auch ein Vorteil, wenn sie da nicht alleine lebt und ein Stück von Dir mitversorgt wird.

Ja, sie ist 82. Die Schwierigkeit war eben... So lange ich berufstätig war, konnte ich sie finanziell versorgen. Sie hatte nichts bekommen und seit Renteneintritt bekommt sie dann auch eine Rente, die auf der Ebene der Grundsicherung ist und mein Geld also auch auf der Ebene der Grundsicherung... und unsere gemeinsame Wohnung (eine Zwei-Zimmer-Wohnung) eben in diesem finanziellen Rahmen liegt, dass man damit eben auskommen kann. Wir waren in unserem Leben quasi immer unter der Bedingung, sparsam zu haushalten... also waren wir sozusagen an diesen Zustand gewöhnt. Keine besondere psychische Belastung. Das heißt, es gab für mich keinen wirklichen finanziellen Absturz. Während ich also beschäftigt war, auch gut verdient hatte, war ich also, sozusagen, in Wochenendbeschäftigung. Ich war auf Reisen, hatte einen zweiten Wohnsitz gehabt. Es war nie was Stabiles, so dass es für mich finanziell keinen großen Unterschied machte. Ich gab das Geld nicht aus. Ich hatte keine, sagen wir mal so, Stabilität, dass es einen Absturz bedeutet, wie, sage ich mal, für andere Leute, die Teile ihres Hauses oder sowas... ihre Berufsziele verlieren sie. Diesen Absturz hatte ich nie, weil ich eben nie diese Sicherheit hatte. Ich hatte immer meinen Hauptwohnsitz in Lüneburg gehabt und soweit ich eben befristete Beschäftigungen hatte, hatte ich dann einen Zweitwohnsitz. Aber das war immer eine unsichere Lebenssituation. Aus dieser Unsicherheit bin ich eben auch ledig geblieben. Sagen wir mal so, es änderte sich in diesem Sinne nicht und meine Mutter war eben genau so sparsam in dieser Hinsicht, so dass es problemlos war, so lange die Zeit verging.

Bist Du mal auf die Idee gekommen – zu Anfang deiner Arbeitslosigkeit – über eine Umschulung nachzudenken oder hast Du die beantragt gehabt?

Ja, das habe ich ja gemacht. Das Problem war ja schon damals gewesen, dass die Forstausbildung stufenweise ist. Das heißt, man macht erstmal sein Studium zu Ende, dann macht man einen Vorbereitungsdienst für die zweiten Staatsprüfung und dann ist man noch in jungen Jahren, etwa 25. Und da habe ich gesagt: »Okay, wenn man mich als Festübernahme nicht will, dann nutze ich meine Gelegenheit.« Dann habe ich also eine Fachkraft für Umwelttechnik dran gehängt, um, sozusagen, meine Kompetenzen zu erweitern. Damals sagte ich mir: »Ich bin noch jung und wenn ich dem Arbeitgeber höhere Qualifikationen anbiete, dann komme ich eben weit.« Für mich war die Zielgruppe immer der öffentliche Dienst und der hat aber im Gegenzug, dass wusste ich eben nicht, bzw. man spürte es, radikal Stellen gekürzt, das heißt, immer über den Bedarf ausgebildet, und es blieben immer welche übrig. Ich habe dann die Fachkraft für Umweltschutz nachgezogen, dann gab es wieder einige ABMs bei der Forstverwaltung. Da habe ich dann bei der Forstverwaltung unterschiedliche Abteilungen kennen gelernt. Ich war also bei der forstlichen Versuchsanstalt. Hochinteressant, zwar befristet, aber man lernt eine Menge dazu. Ich war in Arbeitsgelegenheiten. Ich war dann nach einer Unterbrechungszeit der Arbeitslosigkeit bei meinem Arbeitsvermittler, hier in Lüneburg. Das war damals noch Arbeitsamt und ich habe Arbeitslosengeldanspruch gehabt und dem habe ich gesagt: »Ich will eine Umschulung haben.« »Kein Interesse!« Ich habe gesagt: »Ich mache einen technischen Assistenten für Informatik« und er sagte: »Ja gut, wenn Sie die Stelle kriegen, dann bewillige ich das.« Dann sagte ich: »Das ist für mich kein Problem.« Ich habe mich dann an Schulen beworben, eine Stelle gekriegt. Ich war der älteste Teilnehmer.

Das war in den 90er Jahren?

Das war in den 90er Jahren. 91, 92 so ungefähr. Ein zweijährige Berufsfachschulausbildung zum technischen Assistenten für Informatik habe ich auch noch ran gehängt und habe gesagt, wenn ich also ein Forstingenieur bin, mit technischem Assistenten für Fachinformatik… da eben die EDV im Kommen ist… dann kann man nur »ja« sagen. Und das Problem ist, das Arbeitsamt hat eher gesehen… die Umschulung für mich eine Abwertung, weil die dann gesagt haben: »Ja, Sie sind ja hoch qualifiziert, aber Sie können dann also abgewertet werden, durch die Umschulung.« Und solchen Scheiß mache ich nicht. Ich lass mir meinen Wert nicht nehmen. Gut, okay, vermittlungstechnisch ist nie etwas gelaufen.

Du hast die Umschulung gemacht, aber es hat keine Stellenangebote gegeben?

Nein, vor allem ich habe die Umschulung in dem Sinne gesehen, mich also… sozusagen… höherwertig und insgesamt entsprechend als Zusatzausbildung zum Diplomingenieur. Ich wollte nicht den Diplomingenieur verlieren und den Informatikassistenten ersetzen. Ich habe gesagt: »Ich ergänze den Diplomingenieur mit einer EDV-Fachausbildung.« Und mit dieser Zielsetzung bin ich später dann zum Forstplanungsamt gegangen und habe gesagt: »Hier Forstplanungsamt – das ist die Abteilung für EDV – Ihr braucht Leute mit Informatikkenntnissen.« Ich habe dort aber nicht angefangen, sondern bin dann über eine Arbeitsgelegenheit eingestiegen, das war ein Waldschutzprogramm. Ich habe gesagt: »Wenn sie meine Unterlagen haben, haben sie meine Unterlagen und können mit mir reden, sie wissen das.« Aber das dortige Forstplanungsamt… der Leiter war auch von der Sorte… er wollte nur befristete Leute haben, weil er die Illusion hat, die strengen sich an, die reißen sich den Arsch auf und hinterher kriegen sie ein feuchtwarmes Dankeschön bei ihrer Verabschiedung, wenn die Zeit rum ist. Und dann nimmt man sich einen Neuen. Von dem Kaliber also war der Forstamtsleiter. Das war eben für mich keine Perspektive und das endete dann also auch, sozusagen, im Jahr 2001. Da sind dann diese Verträge ausgelaufen, mit der Mutterschaft, und da ist eben die Zeit mit dem Forstplanungsamt ausgelaufen. Und dann habe ich gesagt: »Okay, mit der Forstgeschichte werde ich nichts weiter, ich habe eine gute Ausbildung. Ich biete es hier der Arbeitsverwaltung an und sage: ‚Entweder suchen Sie weiter oder bei meiner Qualifikation unterstützen Sie mich beim Einstieg. Meine Ausbildung sollte ausreichend sein und sie reicht auch aus, hier, bei der Arbeitsverwaltung einzusteigen.‘« Und in beiden Punkten hat sich die Arbeitsverwaltung böswillig quer gestellt. Sie hat gesagt: »Erstens: Hier in die Arbeitsverwaltung, hier passen Sie nicht rein und zweitens unterstützen wir Sie einen Scheißdreck.« Das war eine Integration, ersatzweise zu der Forstlaufbahn.

Das heißt, wenn ich Dich richtig verstehe, Du wolltest selbst Arbeitsvermittler werden?

Ja, oder in die Arbeitsvermittlung. Ich zwinge die Leute nicht. Ich bewerbe mich als Sachbearbeiter der Arbeitsverwaltung und die Arbeitsverwaltung hat ja nicht nur Arbeitsvermittler. Nur die habe ich kennen gelernt und das ist die arroganteste und rücksichtsloseste Sorte von Mensch und gerade die, die ich kennen gelernt habe, die bilden sich alle, wer weiß, was, ein... was sie sind und über dem Menschen stehend. Naja und deswegen ist es halt eine Situation gewesen... dass die Arbeitsverwaltung dafür sorgt, dass ich keine Integration kriege, weil sie sich sagt: »Ja, den wollen wir nicht haben.« Das heißt, es geht darum... ich weiß es nicht... es geht um Machtkampf oder sowas. Das heißt, diese Leute sitzen also mit ihren Positionen und hohen Besitzständen im Trockenen und freuen sich darüber, dass andere Akademiker eben runter gemacht werden, ihren Wert verlieren und daran kaputt gehen. Das habe in meinem Berufsleben eben meistens erlebt und das hat mich geformt. Wir waren vielleicht stufenweise immer ausselektiert worden. Verlustquote bis zu 50%, d. h., bei einer Selektionsstufe. Das ging bei der Fachoberschule los, dann kam eben das Studium – Verlustquote hoch. Dann kamen eben die weiteren Ausbildungen und das prägt einen, ... dass man dieses Selektionssystem ziemlich ablehnt, weil es die Masse der jungen Menschen kaputt gemacht hat. Ich hatte eben den Vorteil gehabt... ich habe es durchgezogen, aber im Grunde hat mich das System angewidert.

Und hast Du dann nach 2002 noch vorübergehende Jobs aufgenommen, also noch Tätigkeiten, die man Dir angeboten hat, die jetzt mit Deiner ursprünglichen Qualifikation überhaupt nichts zu tun hatten?

Nein. Ich habe erstens gar keine Angebote bekommen. Zweitens: Je länger ich arbeitslos wurde, haben auch Arbeitgeber mir keine Angebote mehr gemacht. Die Vermittlungsvorschläge, die ich bekommen habe, waren meistens auch realitätsfremd. So waren die Linien, die das Jobcenter oder Arbeitsamt hatte. Sie wollten unterwertig beschäftigen.

Hast Du ein Beispiel dafür?

Das Absurdeste, was ich denen nie erklären kann, ist, wenn also eine Stellenausschreibung für einen Forstwirt, also Waldarbeiter, angeboten wird, dann nehmen sie keinen über 40jährigen Forstingenieur für den Job. Das heißt, einer, der Förster werden will, der wird als Waldarbeiter genommen, um Erfahrungen zu sammeln, aber nicht umgekehrt, ein hochqualifiziert abgeschlossener Forstingenieur. Und deswegen war eigentlich nicht klar, warum die Stellenangebote, die sie einem da unterbreiten, ernst zu nehmen... oder war das einfach nur Böswilligkeit, um einem zu zeigen, »Dich lassen wir arbeitslos werden, wenn du dir selbst was suchst« und ich hatte nicht den Druck dazu, dass ich mir auf »Teufel, komm raus« eine Beschäftigung suchen müsste, die zu mir nicht passt.

Ich habe 1997 auch mal eine Phase gehabt, wo ich arbeitslos war und das deckt sich so ein bisschen mit Deiner Erfahrung. Da war ich bei der Agentur, da hieß es noch Arbeitsamt, da haben sie gesagt: »Wir werden für Sie nichts tun. Sie haben studiert, Sie können sich selber Ihre Stellen suchen.« So, das hat dann auch nicht lange gedauert, meine Arbeitslosigkeit. Und das klingt so ein bisschen wie bei Dir.

Die Linie war eben die gewesen: Arbeitsgelegenheiten oder ABM-Maßnahmen habe ich noch über den Fachvermittlungsdienst in Hannover bekommen. Da war eben einer in der Arbeitsverwaltung, der war ausgebildeter Diplom-Landwirt. Also, Landbauingenieur nennt sich das ja auch und der hat noch dafür gesorgt, dass ich noch Arbeitsmaßnahmen hatte. Das wurde eingestrichen. Die örtlichen Sachbearbeiter, die haben sich tatsächlich auf die Linie gestellt: Akademiker sollen sich selbst etwas besorgen, nach dem marktwirtschaftlichen Prinzip. Und wenn er eben auf seinem hohen Niveau nichts findet, dann kann er eben Zeitungen austragen. Und ich habe eben diesen Niveauabstieg, selbstgemacht, nicht akzeptiert für mich und Stellen habe ich eben nicht bekommen, was dazu führte, dass sich die Arbeitslosigkeit verlängerte. Auf der anderen Seite habe ich meinem Sachbearbeiter klar gemacht, für mich kommt nur eine Integration, beruflich, in den öffentlichen Dienst in Frage. Das reicht von Gewerbeaufsicht bis sonst was... und auch eben integriert in die Arbeitsverwaltung oder Kommunalverwaltung, wie auch immer. Wenn man dann also davon ausgeht, mit einer gewissen Einstiegsunterstützung in diesen Bereich... Das Problem war aber eben nur die restriktive Stellenpolitik des öffentlichen Dienstes, die eben in den 80er

Jahren eingesetzt hat und bis heute, also quasi... durchgeht. Jede Lohnerhöhung wird refinanziert durch Stellenabbau.

Okay. Wir waren bei Deinen Erfahrungen mit der Arbeitsverwaltung. Das ist ja dann 2005 ans Jobcenter übergegangen.

Ja, das ist 2005 ans Jobcenter übergegangen und da ist eben dieses Konzept, was man den Leuten eben auch nicht erklärt, nur eine Linie... Nach außen wird über Fördern gesprochen und nach innen hin sind die Mitarbeiter schon darauf festgelegt: »Wieso? Langzeitarbeitsloser ist eben langzeitarbeitslos. Vermittlungshemmnis kann man sich auslutschen.« Das heißt, das Grundprinzip ist beim Jobcenter auch Zumutbarkeitsregelung. Wozu brauche ich auf Stärken, Potenziale überhaupt Rücksicht nehmen? Die erste Zielgruppe ist... also jeder Erwerbslose wird unabhängig von Beruf und Qualifikation und Stärken schlicht und einfach zu den Zeitarbeitsfirmen geschickt, die sich, nach dem System, die Rosinen rauspicken, die sie wollen. Je nachdem, was für Stellen sie zu besetzen haben, pflücken sie sich da ein paar Rosinen raus. Das sind dann, sozusagen, die armen Hunde, die getreten werden und den Rest lässt man also in Ruhe.

Hat das Jobcenter Dir mal einen deinen Qualifikationen entsprechenden Job anbieten können, in all den Jahren?

Sie haben es, also, jeweils abhängig vom Sachbearbeiter, nicht gewollt. Das heißt, die Unterstützungsleistung der Jobcentermitarbeiter geht also wirklich in Entwertung hin. Das heißt, wer also das Pech hatte – aus welchen Gründen auch immer – länger als ein Jahr arbeitslos zu sein, kommt schon in die Schiene: Vermittlungshemmnisse müssen erfunden werden, damit man ihn entweder noch zu den Zeitarbeitsfirmen drücken kann... aber die brauchen eben bestimmte Qualifikationen eben auch nicht, wie meine. Da gibt es keinen Bedarf bei Zeitarbeitsfirmen.

Du sagst, sie haben das nicht gewollt... Dir was Qualifiziertes anzubieten. Haben sie das ausdrücklich auch gesagt oder war das eher ein Eindruck von Dir?

Nein, das dürfen sie nicht. Das ist einfach vieles. Man erlebt zum Beispiel, dass man seine Eingliederungsvereinbarung unterschreibt und dann ist man verpflichtet, seine Bewerbungsbemühungen vorzulegen und... ansonsten bekommt man jahrelang von dem Jobcentern keine Vermittlungsvorschläge. Das war so ab 2005 und ging bis 2012 so. Das heißt, man hat seine Dinger unterschrieben. Man versuchte damals… Arbeitseingliederungsvereinbarungen sind ein Terrorinstrument, das heißt… da wird nichts verhandelt, da wird von Seiten des Jobcentermitarbeiters diktiert, insbesondere die Zahl der Bewerbungen und das kann also ziemlich heftig werden. Dann bewirbt man sich. Ich hatte den Vorteil… bei meiner Qualifikation habe ich es also in hohem Maße abgewendet, dass ich mich bei Dienststellen der Arbeitsagentur beworben habe. Und dann hatte ich also meine Bewerbungsbemühungen erfüllt gehabt. Der Sachbearbeiter, den hat es auch nicht aufgeregt und ich habe also auch für diese Bewerbungen auch keine Kosten beantragt. Also gab es da auch keine Handhabe gegen mich. Zu dem Zeitpunkt wollten sie es auf einen Prozess nicht drauf ankommen lassen. 2014 habe ich also einen neuen Sachbearbeiter bekommen. Der wollte mir dann eben diese Methode, dass ich mich bei den Jobcentern bewerbe, als Bewerbungsbemühungsnachweis… um dann zu sagen, »Sie können mich nehmen.« »Sie sagen, Sie wollen mich nicht.« Ihr Problem, ich komme meiner Bewerbungsbemühungen nach. Ich fing dann auch an, fünf Euro pro Bewerbung zu beantragen und da wollten sie mir dann mein Geld nicht für geben. Ich habe dann gesagt: »Ich kann selber einschätzen, zu welcher beruflichen Tätigkeit ich qualifiziert bin und das, was ihr…« Also der jeweilig mir gegenüber sitzende Jobcenter-Mitarbeiter, war also ein abgebrochener Lehrer, wie man sagt. Das heißt, er hatte wohl seine Staatsprüfung als Lehrer nicht, aber sein Studium als Lehrer und wurde dann als Seiteneinsteiger… bzw. wurde er vom Jobcenter bzw. der Arbeitsverwaltung integriert und wenn also Leute, die Landwirtschaft studieren und Leute, die Lehrberuf studieren… dann können die nicht behaupten, ein Förster mit abgeschlossener Berufsausbildung, mit zweiter Staatsprüfung usw. und vielen zusätzlichen Qualifikationen, also Fachkraft für Umweltschutz, technischer Assistent für Informatik usw., würde nicht geeignet sein. Da ist mir einfach die Hutschnur gerissen.

Hatten die Stellen ausgeschrieben, beim Jobcenter, auf die du Dich beworben hast?

Nein, ich mache das als Initiativbewerbung. Sie haben sich eben stur gestellt und ich habe gesagt, ich bleibe bei der Linie. Mich können sie also nicht abwerten und ich lasse mich nicht abwerten. Dieser Zustand hat eben auf beiden Seiten dazu geführt, dass ich mich nicht entwerten lasse und auf der anderen Seite verweigerten die mir dann die Integration, ersatzweise. Natürlich sind sie auch nicht auf die Idee gekommen, mit mir zu reden: »Hören Sie zu, wir bieten Ihnen etwas anderes an.« Das wäre ja eigentlich, im Grund intelligenzmäßig, der richtige Ansatz, wenn man dann sagt: »Wir möchten Sie loswerden, nicht bei uns haben, weil Sie zu gut sind oder wie auch immer... bieten wir ihnen also eine bessere Integration, also eine Unterstützung, die mal einem Akademikers würdig ist.« Genau das hat man auch verweigert.

Hat das Sanktionen zur Folge gehabt, weil sie diese Bewerbungen nicht anerkannt haben?

Nein, das hatte keine Sanktionen zur Folge, weil ich eben zu clever bin. Das heißt, der Sachbearbeiter kam auf die Idee: »Laut Eingliederungsvereinbarung erkenne ich die Bewerbungen an Arbeitsagenturen oder Dienststellen der Arbeitsagenturen nicht mehr an als zielführend.« In meiner Eingliederungsvereinbarung steht ja, ich muss ja mindestens zwei Bewerbungsbemühungen nachweisen. Und dann musste ich es also so machen, dass ich eine Bewerbungsbemühung beim einem Landkreis erledige und eine zweite erledige ich bei einer Gemeinde und eine dritte Bewerbung kriegt dann regelmäßig das Jobcenter. Und ich beantrage dann regelmäßig für drei Bewerbungen die Bewerbungskosten. Für die Bewerbung beim Landkreis und bei der Kommune wird mir die Bewerbung anerkannt. Die Bewerbungskosten für Jobcenterbewerbungen werden mir verweigert. Und das ist im Moment eine total absurde Situation, aber vom Jobcenter eben so gewollt, weil sie schlicht und einfach, ohne jede Kontrolle, Minderleistungen erbringen können. Das ist eigentlich im Grund die Entlarvung dabei.

Das heißt konkret gesprochen, Du bewirbst Dich in Kommunen hier im Landkreis Lüneburg und in den umliegenden Landkreisen? Regelmäßige Initiativbewerbungen?

So ist es, ja, jeden Monat. Zwei Bewerbungen muss ich nachweisen und eine dritte schiebe ich nach, weil ich meinen Sachbearbeiter im Jobcenter deutlich mache, »Hier, da kann ich am besten anfangen.«

Hast Du den Eindruck, dass sich durch diesen Kontakt, den Du hast mit dem Jobcenter… das sich das negativ auf Dich ausgewirkt hat, also… dass sie anders mit Dir umgehen, dass sie Dich härter rannehmen als andere Arbeitslose? Oder ist das genau umgekehrt? Dass sie vorsichtiger mit Dir sind?

Nein, sie wissen, dass ich ihnen nichts tun kann und sie wissen, dass ich ihnen auf Augenhöhe begegne und sie mir auch nichts können. Diese Pattsituation wird eben von deren Seite nicht benutzt, mal drüber nachzudenken, wie vielleicht das System ist, mit mir umzugehen. Sondern sie stehen eben auf der Position »Ist mir doch egal.« Und das ist eben das, was erstaunlich ist: Dass man diese Leute nicht zum Nachdenken, also zum kritischen Denken, bringen kann. Also, da ist also Frau Hannemann ein Sonderfall, die das nicht akzeptieren kann, während die Masse der Jobcentermitarbeiter, sozusagen, die völlige Absurdität dieses Systems verinnerlichen. Sie haben diesen Job und es ist ihnen also egal, wie viel Mist sie bauen, in den Eingliederungsvereinbarungen. Und wie absurd dieses ganze System ist, wird nicht hinterfragt, und die Zielsetzung, Integration zu leisten, zum Nutzen, zum Vorteil des Kunden, ist sowieso nicht gegeben. Da muss irgendwo ein Hass drin sein, der selbst genährt ist, aus der eigenen beruflichen Situation. Ich habe das mit meinem Sachbearbeiter durchgespielt und ja, ich konnte ihm nachweisen, dass ich höher qualifiziert bin in meinem Job als er. Das interessiert die nicht. Das heißt, die haben Besitzstand und ich stehe draußen.

Hast Du seit 2014 den gleichen Sachbearbeiter?

Jetzt habe ich einen Neuen bekommen. Man hat mir also, weil ich den Spaß mir gemacht habe… ich habe gesagt: »Hört mal zu. Mich, einen intelligenten Menschen, könnt ihr mit so einem dummen System nicht einschüchtern.« Da gehen Leute dran kaputt, die, sozusagen, mit dieser Perfidität nicht rechnen und mit dieser Perfidität nicht umgehen können. Und das ist auch die Zeit gewesen, wo ich mich engagiere und gesagt habe: »Leute, ihr seid Opfer eines ziemlichen perfiden Systems und ihr könnt damit nicht umgehen.« Ich konnte damit umgehen. Das ist eigentlich das, wo ich dann gesagt habe: »Leute, ich kann nachweisen und andere auch… das ist einfach nur Böswilligkeit, jemandem eine Eingliederungsvereinbarung reinzudrücken, in der

Erwartung, ‚man macht irgendwo eine Pflichtverletzung und dann kriege ich ihn schikaniert.'« Damit bekommt man niemanden in Arbeit, sondern macht den Leuten eine schwere Lebenssituation nur noch schwerer und bedauerlicher Weise gibt es eben zu viele Leute, die sich in dieser Hinsicht, sozusagen, reinreißen lassen. Sie machen dann, also, der Bürokratie gegenüber, einen Fehler und schon hängt dieser im System.

Du bist ja nun in der Erwerbsloseninitiative sehr aktiv. Ich vermute mal, dass das Jobcenter das weiß.

Die wissen das. Die haben das sehr schnell rausgekriegt und es beeindruckt die nicht. Das hat mich sehr erstaunt. Diese Leute sind nicht bereit zu einer Kommunikation, wo man dann einfach sagt: »Hier, darauf verständigen wir uns.« Ich habe jetzt einen Sachbearbeiterwechsel. Ich bekomme eine neue, jüngere Mitarbeiterin, aber sie hat diese absurden Eingliederungsvereinbarungen ihres Vorgängers schlicht und einfach übernommen. Ich musste also ein 16 Seiten langes Schreiben denen verfassen, was eigentlich an diesen Eingliederungsvereinbarungen verfehlt, absurd oder dummes Zeug ist. Keine Einsicht. Die sind sich durch die Teamleitung oder so zurzeit auf völlig sicher.

Ich könnte mir auch vorstellen, dass die sich sagen, »Du bist 58,«, dass die möglicherweise sagen »Das lassen wir so lange laufen, bis Renteneintritt.«

Ich bin 58. Ja genau, bis Renteneintritt und so, meint er. Das ist denen egal. Das ist eigentlich im Grund das Verfehlte am System. Nach meiner Erfahrung und Überzeugung ist diese Reform kaputt gegangen – durch die Art der Mitarbeiter selbst.

Kannst Du das noch einmal näher erläutern, wie Du das meinst?

Also, die Zielsetzung, wie sie im Gesetz stand... diese Potenzialanalyse hätte alles nur mit Mehrarbeit verbunden, also auch qualitativer Mehrarbeit und man hätte dem Gesetz genüge getan, was da bedeutet: Unterwertige Beschäftigung soll vermieden werden. Die Jobcentermitarbeiter sind aber – ich weiß nicht, woher das kommt – ... es muss aber intern kommen. Das heißt, es müssen im Grund... entgegen dem politischen Willen oder der Zielsetzung, eine Reform des Förderns und des darauf aufgebauten Forderns... ist daraus schlicht und einfach das bisherige marode System der BA fortgesetzt worden... durch die Mitarbeiter sogar die Minderleistung verstetigt.

Und dieses eben durch maßgebliche Kräfte. Das sind in erster Linie auch Menschen mit hohen Besitzständen. Wie ich zum Beispiel meinen ersten Sachbearbeiter hatte, einen Herrn Droppler, der eben als Lehrer, als Seiteneinsteiger, auch Akademiker… und der trotzdem – und das hat mich eben angewidert, am meisten –, dass dieser Mensch nicht einmal einen Akademiker als Kollegen, der nun mal nicht in beruflicher Integration steht, ja, sowas antut. Also, keine vernünftige Kommunikation, keine Bereitschaft zu einer Verständigung, aber noch viel weniger eine Bereitschaft, eine Integration zu fördern, die alternativ zum eigenen ausgebildeten Beruf. Aber wenigstens Stärken und Potenziale entsprechend realisieren… Und genau das wollten sie eben nicht, sondern sie haben gesagt: »Ich habe das gesetzliche Instrument der Eingliederungsvereinbarung. Da kann ich willkürlich jeden Scheiß diktieren, in der Erwartung, ‚Irgendwann setze ich dem eine Sanktion rein.'« Und zweitens können sie dann also Maßnahmen anordnen, wo sie dann sagen: »Ich habe die größtmögliche Macht über dich.« Und genau das haben sie bei mir gemacht. Deswegen gibt es einen ganz großen Widerspruch. Ich bin dem Stabilisierungsprofil zugeordnet.

Was heißt das?

Stabilisierungsprofile sind entsprechende Profillagen. Es gibt also integrationsnahes Profil und es gibt integrationsferne Profile und dieses System der Profilierung sucht im Grunde eigentlich die Vermittlungshemmnisse bei dem Erwerbslosen. Das heißt, Arbeitsmarkt und so spielt keine Rolle. Die Profillage… da gibt es dann also die Profillage, Unterstützungsprofil und Stabilisierungsprofil… und das sind dann die Profillagen, wo eben personenbezogene Vermittlungshemmnisse… das sind also Leute, die eben Suchtprobleme haben oder ähnliches. In diese Kategorie wurde ich einsortiert und diese willkürliche Einsortierung ist schon eine entsprechende Entwertung, vor allem angesichts einer entsprechenden Qualifikation. Aber es geht eben darum: Das Jobcenter kriegt auf diese Weise, dass sie entsprechende Profillagen generiert, die ein hohen Förderungsbedarf hat… kriegt sie also Bundesmittel, Haushaltsmittel zugewiesen und kann dann also den entsprechenden Maßnahmenträgern diese Leute zuweisen, mit den entsprechenden Profillagen… wobei es natürlich so ist, dass ich natürlich eine größere Anzahl von den Profillagen vorhalten muss, um dann aus denen immer einen entsprechenden Anteil den Maßnahmenträgern zuschanzen zu können. So funktionieren eben diese Produktverkäufe nicht. Der Maßnahmenträger muss ja die entsprechenden Leute bezahlen, und wenn er sagt: »Okay. Für den Kurs ‚so und so' brauche ich 20 Leute entsprechender Profillage.«, dann braucht der Sachbearbeiter nur zu sagen: »Der, der, der und der.« Das ist wie KZ-Auflistung: Dann steht man nun auf der Liste und wird dann abgeschoben und kann sich nicht mehr wehren. Dieses System ist völlig pervers geworden. Es hat mit Fördern nichts mehr zu tun. Es ist nur noch Geldmittel reinziehen, in dem man die Profillage schlechter redet, als sie ist, den Leuten aber nicht helfen, sondern eigentlich… im Grunde dem Maßnahmenträger dafür sorgen, dass er die jeweiligen Kunden kriegt… mit den entsprechenden Sanktionen. Das würde natürlich keinen verwundern, aber auch keinen Sachbearbeiter interessieren. Das ist das Fatale.

Ich habe noch einmal eine Nachfrage zu den Fördermaßnahmen. Jahrelang waren ja Ein-Euro-Jobs sehr gängig und da ist die Frage: Hat man Dir das auch mal angeboten, einen Ein-Euro-Job?

Ja, das hat man.

Warst Du interessiert und Du hast darum nachgesucht?

Nein, aus Frechheit nicht. Es ist natürlich so: Ich habe es drauf angelegt. Ich habe natürlich meinen Sachbearbeiter also auch ein bisschen damit provoziert. Und je mehr er mich entwertet hat… ich bin einfach zu clever… und dann hat er es natürlich auch versucht… mir einen Ein-Euro-Job reinzudrücken.

Was solltest Du machen?

Ja, es bot sich eben an, hier, Stadtforst. Die haben dann also… irgendwie so eine Abteilung für diese Wege, sauber machen und so. Und dafür suchten sie Leute. Das Witzige an dieser Geschichte war natürlich… ich musste mich dann vorstellen und die hatten dann einen Forstbediensteten gehabt, der war ein Revierleiter und die kannten dann meine Qualifikation und das ist Platzhirsch-Verhalten. Und wenn sie dann einen vor sich kriegen, der ihnen deutlich macht: »Also, du Platzhirsch und ich mehr Platzhirsch«, dann ist das Ergebnis vorherzusehen. Der Forstleiter hat dann meine Ablehnung unterschrieben… dass ich also ins Team nicht reinpasse. Worauf mein Sachbearbeiter dann gleich konstruieren konnte: Ich bin also auch noch, zusätzlich, dass ich sowieso ganz unten bin… ich also auch noch teamunfähig. Nur hatte er es nicht geschafft, was er ausdrückte… zu seinem Bedauern ist es eben nicht zu dieser Arbeitsgelegenheit gekommen. Zudem hat man es auch nicht versucht. Auf der anderen Seite steht bei mir drin, in der Eingliederungsvereinbarung: Integration in den ersten Arbeitsmarkt. Was sich mit dem Stabilisierungsprofil gar nicht verträgt. Auf der anderen Seite habe ich meinem Sachbearbeiter auch klar gemacht: »ABM ist gar nicht.« Denn eine Integration in den ersten Arbeitsmarkt ist bei mir auch gerechtfertigt. Das Stabilisierungsprofil, das eine ABM rechtfertigen würde, ist bei mir aber nicht gerechtfertigt.

Gibt es denn noch Arbeitsbeschaffungsmaßnahmen?

Eigentlich seltener. Es gibt immer das Gerücht, dass es keine mehr gibt und das keine mehr neu geschaffen werden, aber es gibt wohl noch einige. Ich glaube, hier in Lüneburg kann und will man nicht ganz drauf verzichten. Wie sie dann finanziert werden… das ist ja dann hier, bei der »Neuen Arbeit«… die kommen da ohne dem nicht aus. Auch wohl im Sozialkaufhaus oder so. Da geistern immer noch solche Leute rum. Und einige sind mit diesen Arbeitsbeschaffungsgelegenheiten ja auch sehr zufrieden.

Also, Arbeitsgelegenheiten sind ja traditionell diese Ein-Euro-Jobs oder meinst Du jetzt ABM, wie es sie früher mal gab?

Nein, ich spreche von Arbeitsgelegenheiten. Diese Ein-Euro-Jobs… und einige Leute kommen eben damit ganz gut klar und wollen auch dann eben nur ein paar Stunden Sozialkontakte pflegen, um nicht ganz an einer Isolation kaputt zu gehen oder so. Was ja auch nicht verkehrt ist. Aber ansonsten befürworte ich das System für Menschen in Integration oder so, nicht. Gleichzeitig ist ja auch das Instrument der Arbeitsgelegenheiten nur gedacht, um Leute wieder an die regelmäßigen Verhältnisse heranzuführen. Und von daher war eben für mich eine Arbeitsgelegenheit in dieser Hinsicht nicht das sinnvolle Instrument. Wobei es eben auch rechtliche Rechtfertigungsschwierigkeiten gegeben hätte, für einen, der arbeitsfähig ist. Der darf eigentlich haushaltsrechtlich gar nicht. Aber das interessiert den Sachbearbeiter so wenig, das heißt im Grunde, dieses Instrument, jemand wirklich positiv mit den Mitteln fördern zu wollen, das ist gar nicht da, sondern es ist eher da, … nun, jedenfalls bei mir… vielleicht auch so, weil sie eigentlich, im Grunde, meine Berufsziele nicht unterstützen wollen… nämlich die Integration eines kritisch denkenden Menschen in die BA-Verwaltung.

Wir haben ja jetzt die ganze Zeit über die negativen Erfahrungen gesprochen, die Du mit der Agentur für Arbeit gemacht hast und auch mit dem Jobcenter. Gibt es auch positive Erfahrungen?

Also, sagen wir mal so, die positive Erfahrung wäre die Erfahrung gewesen, wenn sie die Leute in Ruhe lassen… was aber insgesamt nicht deren Job und deren Aufgabe ist. Es gibt natürlich Leute, die hingehen, als Sachbearbeiter: »Wenn das System mich zwingt, dem Menschen Schaden zuzufügen und füge ihm keinen Schaden zu, habe ich ihm das beste getan, was ich tun konnte.« Und auf der anderen Seite ist eben zu bemängeln, dass es durchaus gute Leute gibt, die auch meine Anerkennung, meine Achtung kriegen. Nur, allerdings sitzen diese Leute leider nicht in den entsprechende Stellen, wo sie sagen können: »Hier die Reform von innen zu verwirklichen führt auch zu einer positiven Situation.«

Verstehe ich das richtig, dass Du die Erfahrung gemacht hast: Es gibt durchaus einzelne Sachbearbeiter, die freundlich im Umgang sind, die nicht kränkend sind, die sich bemühen, aber, die eben nur sehr, sehr eingeschränkt etwas zu sagen haben?

Die sehr eingeschränkt etwas zu sagen haben. Das ist eben teilweise, wenn solche Leute auf befristeten Stellen sind, die oft Dauerstellen sind. Sie setzen nicht die Reform durch, in einem Sinne, dass sie sagen müssen: »Hier lassen wir die Leute in Ruhe oder reden wir mit Ihnen, dass wir sie in Ruhe lassen, von Ihnen nichts verlangen.« Aber dieses kann sich bei der Teamleitung nicht durchsetzen. Also, ich habe eben gesehen… ich habe es mit meinem Droppler… habe ich es wirklich ausprobiert, wie das System funktioniert und da ist das System rein besitzständig und die Teamleitungen interessieren sich auch nicht für die Defizite an Arbeitsleistung, die gebracht werden. Das heißt, sie interessieren sich weder im Positiven, einer Förderung zu Gunsten eines oder auch im Negativen. Außerdem ist es natürlich so: Die Situation eines Arbeitsvermittlers ist nicht leistungsmäßig kontrollierbar, weil er eigentlich, im Grunde, auf die Marktrealitäten keinen Einfluss hat. Er kann ja nur unterstützen und er kann nur fördern. Von ihm wird aber eine Integration verlangt und alleine das wäre schon

Aufgabe der Teamleitung, zu sagen: »Hier, hört mal zu, eure Vorstellungen von Zielen sind überhaupt nicht realitätsnah.« Das heißt, wenn ich also einen Arbeitsvermittler danach messe, wieviel Integration er leistet, ist das, was Frau Hannemann sagt… geht das eben nicht in die Qualität. Kann es gar nicht gehen. Und dieses Rückgrat ist das, was der Agentur, der BA fehlt. Und solche Leute will man wahrscheinlich auch gar nicht. Und selbst die guten Leute würden dann in diesem System scheitern.

Das eine ist der Arbeitsmarkt, der bestimmte Sachen auch nicht hergibt, für die Integration. Und dann ist es ja auch so, meiner Kenntnis nach, dass natürlich viele Langzeitarbeitslose auch bestimmte Hemmnisse haben. Also gesundheitliche Einschränkungen, wie Rückenbeschwerden oder – wir sind ja hier in der Suchtberatung – eine Suchterkrankung oder eine fehlende Ausbildung haben, oder, dass sie für Angehörige noch sorgen müssen und von daher sowieso nur in sehr engem Zeitfenster dann tätig sein können. Das erschwert natürlich auch die Integration.

Das erschwert sie. Aber ich gehe eben davon aus, dass gerade die Arbeitsvermittlertätigkeit gefordert hätte – auch in meinem Fall – hier einen Ausgleich zu schaffen. Das heißt, den Arbeitgebern darauf klar zu machen, wenn sie Arbeitskräfte wollen, kriegen sie Menschen. Wenn sie also zu hohe Forderungen stellen, führt das also bei den Menschen zu einer negativen Rückkopplung. Das heißt, ich verstärke gerade die negativen Merkmale und ich sehe das eben dann so: Vermittlungshemmnisse werden also eher verstärkt, als dass sie abgebaut werden. Und gleichzeitig suchen sich die Arbeitgeber, die überzogene Forderungen stellen, natürlich gerade an den Vermittlungshemmnissen… äh… halten sie sich fest. Und das ist etwas, wo ich eben sehe… weshalb auch die Zeiten der Langzeitarbeitslosigkeit verlängert wird. Weil es nämlich ein Rückkopplungsprozess ist: Statt es zu einer Integration kommt, kommt es zu einer Verfestigung mit Zweierlei: Die Arbeitgeber sehen also immer nur, ja, die Vermittlungshemmnisse, die sich verlängern. Ich habe das mit meinem Arbeitsvermittler durchgekaspert. Ich habe nur zwei Vermittlungshemmnisse, die sich also verfestigen. Das eine ist das Alter, das ist unveränderbar und das zweite ist die Langzeitarbeitslosigkeit. Ansonsten habe ich kein besonderes Vermittlungshemmnis. Alleine das aber reicht schon, dass der Arbeitgeber sagt: »Es muss ja Vermittlungshemmnisse geben, also entsprechend die Leute.« Außerdem werden die Leute krank, weil… eigentlich, im Grunde, in unserer Gesellschaft nur das Kranksein eine Entschuldigung ist. Aber gleichzeitig ist dieses Kranksein wieder das Argument des Arbeitgebers: »Dich will ich nicht.« Die Leute werden krank, weil sie nicht gewollt werden und müssen krank werden. Sie können nicht sagen: »Ich bin gesund. Prima, mir geht es gut.« Das lässt die Gesellschaft so in der Kommunikation gar nicht zu. Auf der anderen Seite ist das… wenn sie eben den Vorstellungen, Vorurteilen sich eben anpassen und krank werden… ist das ein Vermittlungshemmnis, sie wieder nicht zu nehmen. Und deswegen ist dieses System eben schlecht. Es produziert sozusagen die Vermittlungshemmnisse einmal, wie ich dir das erzählt habe, und dann, weil man eben mehr Fördermittel kriegt. Also braucht man entsprechende Leute mit entsprechenden Vermittlungshemmnissen. Also werden sie bewertet, ja, man kann das so sehen: Noch sind es so und so viele und zum Schluss hat er eine ganze Liste… Wenn er sich selbst überlegt: »Mein Gott, ich wusste gar nicht, wie krank ich bin. Aber jetzt glaube ich es.« Und wenn er anfängt, etwa zu glauben, wie krank er ist, ja, dann gerät er in diesen absurden Absturz, wo dann wieder bestätigt wird, »Ja, den will ich nicht, der hat so viele Vermittlungshemmnisse« und so etwas. Und das ist nach meiner Überzeugung das, was das Jobcenter nicht kapiert: Dass man die Leute nicht schlecht reden muss, um sie zu integrieren, sondern… dieses Schlechtermachen führt zu eben diesen Vermittlungshemmnissen, die eine Integration stärker im Wege stehen.

Kommen wir noch einmal auf Dein politisches Engagement zu sprechen. Meinem Kenntnisstand nach ist es ja sehr selten, dass sich Langzeitarbeitslose politisch organisieren und sich für ihre eigenen Belange einsetzen. Ist das auch Deine Erfahrung bzw. hast Du die Erfahrung gemacht, dass, mit den Menschen, die Du berätst… dass sich daraus Folgerungen ergeben, in dem Sinne, dass die sich dann auch engagieren?

Ja. Das ist ja gerade meine Erfahrung, von der ich ausgehe. Mich hat das System nicht krank gemacht. Das heißt, ich helfe Leuten eben in dem Sinne in der Begreifung, dass sie erkennen, dass sie nicht krank sind, nicht Vermittlungshemmnisse haben oder sonst was. Dass ihnen nur in einer bestimmten Situation bestimmtes Wissen, bestimmte Kenntnisse, wie man damit souverän umgeht, fehlt. Und dass es kein Problem ist: Was man nicht gelernt hat, weiß man eben nicht und dadurch versuchen wir eine Situation zu entwickeln, wie ich sie selbst erfahren habe, dass ich mir sage: »Ich weiß noch nicht alles und wenn ich weiß, wie es geht, ist es einfach. Und wenn ich dann weiß, wie es geht und ich es dann richtig machen kann, dann komme ich aus der Situation heraus. Und ich brauche mich auch gar nicht entwerten zu lassen, sondern es ist einfach an mir, eben hinzugehen und zu sagen ‚»Ich ändere die Sache.'« Arbeitslose und Erwerbslose interessieren sich nicht. Sie sind passiv gemacht worden. Das heißt, was ich dir also auch gesagt habe, ist, so in vielen Fällen, ... ist es eine Reaktion auf, sozusagen, Abweisung. Man zieht sich zurück. Das Sichzurückziehen führt allerdings dazu, dass man auch abgeschottet ist von gewissen Lernprozessen.

Arbeitslosigkeit führt ja auch zur Isolation, zur sozialen Isolation.

Ja, weil unsere Gesellschaft eigentlich, im Grund, schizophren ist und den Zustand, »Du bist erwerbslos« nicht duldet. Sie kann ihn nicht dulden, es ist kein Idealzustand. Aber auf der anderen Seite kann der Erwerbslose nicht eben sagen: »Ich bin arbeitslos, ach ja, das ist ja nicht mein Problem. Ich kann jederzeit wieder anfangen. Geben Sie mir einen Job, eine Arbeit und wir sind zufrieden.« Diese Position darf er nicht haben, weil schon in den Vorstellungsgesprächen... man schon in eine Rolle gedrückt wird: »Ja, warum sind Sie denn die letzten drei, vier Jahre arbeitslos gewesen?« Man kann nicht hingehen und sagen: »Wissen Sie was? Die Arbeitgeber sind einfach scheiße und haben meine Kompetenz nicht erkannt.« Das kann man so nicht sagen. Und da merkt man eben, dass die Erwerbslosen, sozusagen, ihre eigene Realität haben, die sie begreifen müssen. Sie können sich nur sprachlich damit auseinander setzen. Dann müssen sie aber auch die Möglichkeiten haben, eine Sprache zu haben, in der sie sagen: »Ich bin nicht schlecht, ich bin nicht scheiße.« Oder wie unsere Gesellschaft sagt: »Ich kann nur krank sein, wenn ich nicht so bin, wie es ein anderer will... bin ich krank.« Und mein Ansatz... und das war eben der, den ich in meiner Lebensentwicklung habe: »Ich bin anders, aber ich bin nicht krank. Und wenn ich den Vorstellungen und Wünschen und Erwartungen anderer nicht entspreche, heißt es noch lange nicht, dass ich also verkehrt bin, dass ich verkehrt handele oder dass ich dumm bin. Die Realität ist eben die, dass ich manche Dinge einfach nicht weiß.«

Das ist natürlich eine Wahnsinnsleistung, denke ich, trotz langjähriger Arbeitslosigkeit die psychische Stabilität aufrechterhalten zu können. Weil einem natürlich permanent Abwertung und Kritik entgegen schallt.

Ja, es ist vor allem das gesellschaftliche Selbstverständnis… man ist ja ein Teil und es wäre für mich auch der Idealzustand, damit umzugehen. Für mich ist es eben kein Schock gewesen, weil ich bei meiner Berufsausbildung diese Autonomie brauchte, so dass eben dann, als der Bruch kam, meine Lebensplanung kaputt ging… konnte ich also in der eigenen Souveränität, die ich entwickelt habe, also auch diese Situation dann lernen. Das heißt, diese Souveränität hätte ich auch gehabt, wenn man mir gesagt hätte: »Okay, als Förster nicht. Arbeiten Sie bitte als Mitarbeiter einer Arbeitsverwaltung.« Ich hätte ja diese Flexibilität mitgebracht und auf diese Flexibilität bin ich ausgebildet worden. Und so ist es für mich kein Unterschied gewesen, ob ich als Förster, als Rechtsanwalt… oder ob ich irgendetwas anderes gemacht hätte, was meinen Fähigkeiten und Potenzialen entspricht. Damit wäre ich klar gekommen, weil ich darauf vorbereitet war… und genauso eben die Situation als Arbeitsloser. Für mich war es eben kein Absturz und das ist für mich Grund gewesen, zu sagen: »Vielleicht wäre es für einen anderen auch nicht schlecht, diese innere Stabilität zu haben.« Dass man sagt: »Ich bin arbeitslos, ich kann damit leben.«

Das ist natürlich eine ganz schwierige Situation, denn wir haben ja eine Leistungsgesellschaft, die ein hohes Arbeitsethos hat. Meiner Einschätzung nach wollen eigentlich alle Menschen diesem Leistungsideal gerecht werden. Wenn sie das aber nicht können, weil es keine Arbeitsstellen gibt oder weil sie ein Handicap haben, dann führt das letztlich zu einer psychischen Destabilisierung und dann wird natürlich gerade von diesen Menschen ganz viel verlangt, … dass sie ihre innere Stabilität aufrecht erhalten sollen unter so schwierigen Lebensbedingungen.

Ja und vor allem, weil es im Grunde eine Situation ist, die die Gesellschaft nicht akzeptiert. Aber sie transformiert es in die Person hinein, dass sie es ja selbst nicht akzeptieren soll und damit gerät jemand mit sich selbst in Disharmonie, in Widerspruch. Und diesen Konflikt, den kann man nicht innerlich austragen und deswegen sage ich mir: »Man muss sich entscheiden, zugunsten der eigenen Stabilität.« Das bedeutet eben auch, dass man sich von den gesellschaftlichen Überforderungsansprüchen, die man natürlich selbst auch als berufliche Ideale oder Ziele verinnerlich hat, löst.

Das ist natürlich dann, wenn man langzeitarbeitslos ist, und man ist psychisch nicht stabil… dann ist es natürlich äußerst schwierig, dass solche Menschen sich auch noch politisch engagieren sollen.

Ja, sie wagen es nicht. Sie versuchen sich zu integrieren. Ihnen wird der Auftrag gegeben: »Du sollst Dich integrieren!« Also müssen sie sagen: »Ich bin derzeit verkehrt.« Auf der anderen Seite entscheidet aber, und das ist eben das, was in der Kommunikation nicht so klar ist: Das bin nicht ich, der über mich bestimmt, sondern meine Gesellschaft. Es geht um Fremdbestimmung, Fremdbewertung und Fremdkontrolle. Und da man als Mensch Individuum ist, kann man eigentlich diese Perspektive sich so nicht aneignen. Das ist schon eine Situation, die man erstmal nur sprachlich begleiten muss… dass man sagt: »Unmögliches kann ich nicht leisten, also brauche ich es nicht von mir zu fordern und auch brauche ich es nicht als Forderung heranzulassen.«

Kannst Du diese Dynamik in Deinen Beratungsprozessen den Menschen nahe bringen oder geht es da eher um ganz konkrete Hilfestellung?

Also ich denke, dass ich das mitschwingend nahe bringe, weil es für mich, sozusagen, zu selbstverständlich wird. Und aus dieser Selbstverständlichkeit heraus – das hast du ja in diesen Gesprächssituationen miterlebt – gibt es Leute, die schwingen dann auf dieser Linie mit und können es plötzlich verstehen. Und plötzlich entwickelt sich auch für sie selbst aus diesem Mitschwingen und aus diesem Mitgehen heraus dann das Verständnis, dass sie sich aus dieser Situation lösen. Ich habe zum Beispiel einen interessanten Fall, den Namen möchte ich jetzt nicht nennen,aber auch beim Sozialstammtisch kennen gelernt. Und schwieriger Fall – Angstsituation eigentlich, Angst vor Veränderung. Du kennst also dieses angehauchte Autismus-Problem. Autisten sind da sehr empfindlich gegen Veränderungen in ihrem Leben, gegen Veränderungen in ihrer Umgebung. Das ist bei jedem mehr oder weniger stark ausgeprägt, du weißt ja, eben, wie gesagt: Natur. Katzen sind autistische Lebewesen, während Hunde eben das Gegenteil sind, hochsozial, leiden natürlich, wenn sie alleine sind, während Katzen damit klar kommen. Für Katzen ist das Alleinsein kein Problem und von daher denke ich eben, dass es in der Natur eben diese unterschiedlichen Lebensformen gibt. Die Natur hat es eben ausprobiert… der Mensch hat das eben als Erbe mit und nun kommt es nur darauf an: Wie lernt man damit umgehen, seine eigene Person zu entwickeln, und so habe ich eben mit diesem Kollegen auch... zu dem habe ich auch gesagt: »Lass dich nicht krank machen, lass dich nicht bewerten.« Seine Angst war eben: »Wie schrecklich, was kann alles passieren? Wie kann mich der Arbeitsvermittler schikanieren?« Und böswillige Arbeitsvermittler können das. Das Instrument ist klar, und ich habe ihm die Angst genommen, in dem ich gesagt habe: »Ich helfe dir dabei. Wir helfen dir dabei, mit dieser, sage ich mal, unberechenbaren Situation klar zu kommen.« Und nun hat er bei der Reha einen Test gemacht... also der Rentenversicherungsträger wollte ihn in eine Maßnahme reinstecken, die ihn also aus seinem Zuhause ein bisschen rausgelöst hat... ein halbes Jahr und entsprechend wollten sie ihm seine Leistungen prüfen. Und wir haben ihn also unterstützt... vom Sozialstammtisch, also auch von der Erwerbsloseninitiative aus. Wir haben gesagt: »Lass dich nicht kranker machen, als du bist. Bring deine Leistung und ansonsten vertrete die Position, dass du diese Maßnahme nicht brauchst. Du willst also eine andere Integration.« Interessanterweise hat er... also das war das zweite Mal, dass er den gleichen Test gemacht hat und der ist besser ausgefallen als vormals. Ich habe mir den Test angeguckt und... also das ist ein extrem niedriges Leistungsniveau. Das heißt, wenn er sein Leistungsniveau schon durch dieses Selbstbewusstsein, allein durch Verlust der Angst, verbessert hatte, dann war es also schon davor noch schlechter und dieses fördert ihn selbst. Das ist allein nur, ...das braucht man gar nicht erklären, sondern... das ist einfach Mitschwingen und das gelingt auch durch meine Autonomie heraus, die ich habe. Das hilft den Leuten, sozusagen, sich selbst in ihrem Selbstbewusstsein auch zu stärken.

Ein schönes Beispiel. Das heißt vermutlich auch, dass Du den über einen längeren Zeitraum siehst... den Mann... also, dass Du da regelmäßigen Kontakt hast?

Ja, das ist immer so. Man muss sich da im Klaren sein, dass man sozusagen nicht eine Beratung macht und man sagt: »Beratungstermin, fünf Minuten. Ja, ja, das, das und das hast du zu machen. Bitte machen Sie.« Nein, es ist also eine Begleitung. Es wird also immer wieder der Einsatz des Menschen gefordert. Da muss man sich drüber im Klaren sein... dass man sagt, man geht einen gemeinsamen Weg... es entwickelt sich sowas wie auch eine innere Beziehung, wo man dann sagt: »Hör mal zu! Ich zeige dir, wie es geht und du gehst deinen eigenen Weg weiter und kannst dann, sozusagen, … dich irgendwann in deinen eigenen Entscheidungen ablösen.«

Das heißt, er kommt dann über Monate zu Dir in die Beratung?

Ja, es ist nicht in dem Sinne Beratung, sondern es ist… wir machen das ja vielfältig, das ist es ja. Wir bieten die Beratung an, aber gleichzeitig sind wir auch Erwerbsloseninitiative. Das heißt, er fühlt sich nicht als jemand, der nur Defizite hat und für Beratung kommt. Auch das leisten wir, wir bieten ja, sozusagen, dann auch das soziale Umfeld von Kollegialität und einfach eben miteinander soziale Kontakte haben an.

Und im besten Fall auch politische Aktionen oder politische Gespräche?

Ja, deshalb habe ich ja mit Karl-Heinz auch gesprochen. Die Erwerbsloseninitiative ist eigentlich facettenreicher. Wir versuchen den Sozialstammtisch, sozusagen, zur Bühne der Vernetzung in dem kommunalpolitischen Bereich zu machen, während da die Erwerbsloseninitiative hier ein bisschen Ansprechpunkt für die Erwerbslosen sein soll, die eben sehr große Hemmnisse haben. Das wissen wir. Aber es ist eben gut, dieses Angebot einfach nur darzustellen und dass es öffentlich bekannt ist. Das ist fast wie Potemkinsches Dorf. Was aber schon seine Wirkung hat. Und dann ist es die dritte Situation, dass natürlich auch jemand mitmachen kann und dann vielleicht eben auch eine Rolle, einen Platz, eine Idee oder sich selbst findet.

Und passiert das in der Praxis? Dass Menschen, die sich mit einem Ratersuchen an Euch gewandt haben, dann auch politisch mitmachen?

Ja, also, die beste politische Aktivität, die wir haben, ist, dass die Leute zur Wahl strömen und uns gewählt haben. Wir machen keinen Hehl daraus, dass auf diesem Wege also auch diese Leute dann… sozusagen… die Hemmnisse… sich politisch durch Wahl zu artikulieren, auch überwunden werden. Das ist schon ein Effekt. Und ich sehe diesen Effekt schon auch bestätigt, was mich gewundert hat. Zum Beispiel hatte ich in meinem Wahlkreis sehr hohe Wahlergebnisse. Und außerdem wird dann unsere Tätigkeit anerkannt. Das heißt, diese Hemmschwelle… die Linke oder so… was sehr durch Vorurteile geprägt ist, wird überwunden. Das führt dann eben auch dazu, dass die Leute nicht resignieren, sondern hingehen und sagen: »Wir versuchen es«. Obwohl man den Leuten tatsächlich sagen muss, was politisch läuft, ist ja tatsächlich auch so ein Hauen und Stechen, wie bei den Arbeitsämtern. Man weiß, dass es verkehrt ist, aber es wird trotzdem durch Mehrheit durchgesetzt oder durch entsprechende Schlüsselstellungen. Du siehst es ja an der tragischen Situation mit der PKW-Maut. Die Bevölkerung kann es nicht fassen, keiner will sie, außer der CSU und trotzdem wird es durchgesetzt. Interessant. Und das ist natürlich, was die Leute, wenn sie es nicht verstehen, auch von diesem ganzen System abhält: »Was soll ich mich da engagieren, es funktioniert eben nicht.« Das heißt, der Mensch fühlt, dass er getäuscht wird. Und bisherige Politik war eben so: Wir brauchen Leute, die dann Mehrheiten bilden und das ist es nicht, sondern… wir brauchen politische Aktivität, so dass die Leute sagen: »Hier, das sind meine Interessen. Ich muss einen Weg finden, sie zu vertreten und ich muss auch ein Ergebnis haben.« Gerade gestern hatte ich einen ganz interessanten Fall. Er kam eben auch aus der Beratung. Kommt dann wieder mit seiner Betriebskostenerhöhung von sechs Euro. Und Geld ist natürlich knapp. Und dann haben wir gesagt: »Betriebskostenerhöhungen kann man nicht abwenden, aber die Wohnung hat Schimmelbildung. Das ist in dem Fall auch anerkannt.« Und da haben wir gestern dann den Versuch gestartet… zur Kompensation der Betriebskostenerhöhung haben wir die wegen einer Mietminderung angeschrieben. Ich bin neugierig, was die Lüwobau macht. Aber mit solchen, sagen wir mal, gewagten Dingen, kriegt man die Leute ran und bringt sie wieder in Bewegung und sagt: »Mann, versuch doch was. Schaden kann es dir nicht.« Aber erstmal hat man Sprache dann… man kommt aus der Lethargie raus und versucht es einfach. Sodass wir jetzt der Lüwobau über die betreffende Person ein Schreiben… haben wir zukommen lassen. Als Betriebskostenerhöhung war monatlich sechs Euro gefordert und wegen bestehender Mietmängel, die auch von der Lüwobau anerkannt wurden, allerdings nicht abgestellt wurden… dann müsste der Mieter die Wohnung verlassen, für zwei bis drei Monate und das müsste die Lüwobau dann als Hotel bezahlen und das wollen sie nicht. Und dann haben wir gesagt, wir nutzen die Gelegenheit und mindern die Miete – sechs Euro war die Erhöhung monatlich – und… wir haben um 6,81€ gemindert. Nicht… also, das ist immer noch in dem Rahmen, wo man sagt… da gehen die nicht unbedingt gleich zu Gericht. Aber wir probieren aus, wie wir der Lüwobau dann sagen können: »Ihr mit eurer Kostentreiberei!« Und das hat natürlich politische Wirkung.

Das heißt, wenn solche Sachen passieren, dann haben die Leute Spaß dran. Sie machen mit und wir haben letztlich auch über den Sozialstammtisch dann die Möglichkeit, an unsere Mandatsträger heranzutreten und zu sagen: »Den Spaß könnt Ihr doch auch mitmachen.«

Ja, und man merkt bei der Sache auch, dass Du auch Spaß dran hast, an solchen Aktionen.

Ja, das ist eigentlich das Wichtigste... dass man also versucht, diesen Frust der Leute zu überwinden, indem man mit so einer kniffeligen Idee, die einfach nur dreist oder frech ist, sagt, man probiert es einfach mal aus und das motiviert schon die Leute. Das holt sie manchmal auch aus ihrer sehr verzweifelten Lage, wo man sie drin hat, auch nicht immer insgesamt helfen kann, ein bisschen raus und sie haben dann die Hoffnung: »Ja, ich versuche so ein Schreiben.« Und die Erhöhung von sechs Euro Betriebskostenerhöhung... ich bin neugierig, was die Lüwobau sagt, wenn im Gegenzug zur Kompensation die Miete um 6,81€ gesenkt wird. Da bin ich mal gespannt. Denn wir wissen den Hintergrund. Den Leuten kann man das nicht erklären, sondern... man kann sagen: »Hier kann nicht viel passieren, es geht um 6,81€.« Aber es geht darum, ein Signal zu setzen, dass der Mieter sich nicht alles gefallen lässt. Ist das schon mal eine gute Idee, den Leuten klar zu machen: »Ihr könnt eure eigene Mietgrenze sein. Guckt genauer hin und setzt ein Schreiben auf und probiert es aus.«

Vielleicht zum Abschluss noch die Frage: Wie finden die Langzeitarbeitslosen den Weg zur Erwerbsloseninitiative? Ihr macht ja meines Wissens relativ wenig Werbung.

Ja, wir machen wenig Werbung. Karl-Heinz ist einer, der mehr Werbung initiieren möchte. Ich bin da eigentlich im Moment ruhig, weil ich sage: »Ich habe eine gewisse Kapazität, man muss sich als Mensch einsetzen. Das geht also nicht um bestimmte... man ist heutzutage in dieser Sache drin und sozusagen, wenn man die paar Leute hat, dann ist man auch zufrieden. Das heißt, den großen Andrang wünsche ich mir auch nicht, weil ich auch die Kapazität, Zeit nicht habe. Ich muss mir die Zeit nehmen, mit dem Menschen und das kann ich nicht, wenn ich eine Schlange von 20-30 Leuten habe.« Und von daher ist die große Werbung gar nicht notwendig, sondern nur die Schlüsselwerbung, die wir machen. Das heißt, wir kriegen die Unterstützung von den

Stadtteilhäusern. Die Leitungen der Stadtteilhäuser wissen von unserer Initiative und wenn da Leute sie ansprechen, dann werden wir angesprochen. Das ist eigentlich die beste Werbung. Die zweitbeste Werbung ist, wenn also Sozialarbeiter der Stadt usw. bekannt sind... dass sie sagen, das sind Leute, die arbeiten mit diesen Fällen und die unterstützen im sogenannten niederschwelligen Bereich. Nicht nur, dass wir eben »Beratung und gut ist« anbieten, sondern... wenn wir können, geben wir Tipps, Hinweise usw. Aber wir bieten eben auch die Möglichkeit, der Person... sich aus diesem ganzen Gefangensein herauszuhelfen.

Das hat ja etwas Ganzheitliches.

Ja, das kann man eben nicht, weil der Mensch eben in dieser Hinsicht ist... wir müssen also sehen... der Mensch muss in dieser Hinsicht seine Probleme selbst lösen und er muss einen eigenen Weg finden, sie zu lösen. Wir können nur Anregungen geben und die werden angenommen und dann geht es über die Mundpropaganda, bei den Tafeln zum Beispiel. Unser Kollege Andreas Bock, der geht auch regelmäßig zur Tafel und unterhält sich dann dort mit den Leuten. Es spricht sich schon rum. Das heißt, die Leute, die Probleme haben, rennen uns noch nicht die Türen ein, aber wir drängeln uns auch nicht danach, sondern... wir geben nur denen das Gefühl, es funktioniert. Es funktioniert natürlich nicht bei jedem. Aber in manchen Fällen kriegt man dann positive Werbung und dann entwickelt sich das. Und wir hoffen dann eben auch, dass sich die Leute finden, die sich engagieren möchten, damit wir dann also auch dieses ausbauen können.

Vielen Dank für das Interview.

Interview Nr. 2

Herr Z. ist 50 Jahre alt und alleinstehend. Von Beruf ist er gelernter Landwirt und Erzieher. Er ist alkohol- und cannabisabhängig. Zum Zeitpunkt des Interviews hat er eine dreimonatige stationäre Entwöhnungsbehandlung und fast eineinhalb Jahre ambulante Weiterbehandlung hinter sich.

Wir führen dieses Interview, weil Sie eine Zeit lang langzeitarbeitslos waren. Jetzt sind Sie es im Moment nicht mehr. Bitte erzählen Sie, wie es dazu gekommen ist, dass Sie arbeitslos wurden.

Ja, ich hatte ziemlich viele Konflikte auf der Arbeit. Ich war in der Mitarbeitervertretung und habe mich dort eben meiner Position gemäß für die Mitarbeiter eingesetzt und habe mir deswegen viele Konflikte mit meinem Chef zugezogen, dem das gar nicht gefallen hat. Das ist immer schlimmer geworden, hat mich immer nervlicher belastet und irgendwann hatte mich das auch in den Burnout getrieben... und am Ende habe ich dann eben halt die Rettungsleine gezogen und habe sofort gekündigt, aus Gesundheitsgründen, dann auch in Absprache mit dem Arzt. Ja, und dann hatte ich ein halbes Jahr Kündigungsfrist, in dem ich mich auch habe krankschreiben lassen, um diesen Konflikten eben aus dem Weg zu gehen oder mir Erleichterung zu verschaffen. Und dann ging die Arbeitslosigkeit los. Ich hatte vorher schon Alkoholprobleme gehabt… auf alle Fälle. Ich bin ja auch Alkoholiker und habe dann aber mit der Arbeitslosigkeit, wo auf einmal Zukunftsängste hoch kamen, eine riesen Panik gekriegt und bin rückfällig geworden… mich wieder in den Alkohol gestürzt, und ja, habe im Grund genommen also einen richtig heftigen Rückfall hingelegt, obwohl ich zu der Zeit schon 3 ½ Jahre aus eigener Kraft abstinent war…und bin dann eben in dieser Zeit aufgrund meines Alkoholismus zu nichts in der Lage gewesen,… also, ich habe mich einfach zuhause eingeschlossen und habe mich um gar nichts mehr gekümmert. Bis ich dann am Ende ebenso verzweifelt war, dass ich dann eben auch den Weg gewählt habe, noch einmal eine Entgiftung zu machen, was für mich am Anfang sehr mit Scham verbunden war. Wo ich dann aber merkte: »Nein, jetzt wird es immer schlimmer«, diesen Schritt gegangen bin und habe dann eine Entgiftung gemacht und bin dann eben den Weg gegangen. Dann war ich hier bei der drobs und hatte dann aber auch Rückfälle gehabt und habe dann eine Therapie gemacht, eine Drogen- und

Alkoholtherapie, drei Monate genau, und kam dann zurück, war frisch gestärkt und habe mich auf dem Arbeitsmarkt dann beworben für eine Stelle als Erzieher. Das klappte aber nicht gleich, weil… ich hatte auch sehr speziell gesucht. Ich wollte nicht mehr im Heimbereich arbeiten, wo ich vorher tätig war, um mir eben den Stress zu ersparen, weil ich auch in der Therapie gelernt habe, ich muss auf mich achten, und ich auch der Meinung war, diesen Belastungen nicht mehr gewachsen zu sein und hatte eigentlich auch genug von den Konflikten mit dem Chef, die ich zum Schluss hatte, … sondern auch von dieser schwierigen Arbeit mit den verhaltensauffälligen Jugendlichen.

Ich darf Sie einmal unterbrechen. Habe ich das richtig verstanden, dass durch die Arbeitslosigkeit Angst in Ihnen aufstieg und dass diese Angst quasi zum Rückfall geführt hat?

Ja, doch, das war auf alle Fälle so. Ich war vorher nervlich schon, wie man so schön sagt, auf dem Zahnfleisch, durch die Konflikte mit meinem Chef. Da hing ja auch vieles dran. Dann waren Schuldunterstellungen gegen mich oder sogar eine Gerichtsverhandlung wegen einer Abmahnung. Eine nichtige Sache, aber für mich war das ein ganz nerviger Stress, der mich ziemlich aufgerieben hat. Ich bin dann zwar freigesprochen worden, aber ich wusste immer noch nicht, was passiert. Kriege ich jetzt eins auf den Deckel? Und da war ich nervlich schon ein ziemliches Wrack, sage ich mal. Und dann habe ich mich arbeitslos gemeldet und dann brachen so meine ganzen tragenden Säulen zusammen. Heute kann ich sagen… ich habe gemerkt, dass ich mich einfach sehr über die Arbeit identifiziert habe, dass ich mir sehr viel Selbstbewusstsein aus der Arbeit, aus meiner Position dort heraus gezogen habe. Und dann war ich auf einmal arbeitslos und war auch sehr lange an diesem Arbeitsplatz und spürte auf einmal nur Unsicherheit. Mein Selbstbewusstsein brach weg und dann dachte ich: »Um Gottes Willen, im Kindergarten habe ich noch nie gearbeitet.« Das war aber zum Beispiel ein Bereich, in dem ich mich dann beworben habe. Und da kamen dann eben diese Ängste: »Das kriege ich jetzt nicht mehr hin.« Und hatte dann eben auch wieder angefangen zu trinken und merkte auch: »Um Gottes Willen, wie soll ich mich jetzt in dieser desolaten Situation bewerben?« Weil… ich war wieder richtig dem Alkohol verfallen und habe es damals auch nicht hinbekommen, nicht zu trinken. Das hätte bedeutet, morgens verkatert zu einem Bewerbungsgespräch zu gehen und das verschärfte die Situation natürlich nochmal enorm, irgendwie aber, Gott sei Dank, auch den Leidensdruck, so dass ich endlich den Mut gefunden hatte, meine Schamgrenze zu überwinden und mir einzugestehen: »Ich bin Alkoholiker, ich schaffe es nicht allein, ich brauche jetzt Hilfe« und mir die entsprechende Hilfe eben hier bei der drobs und dann mit Therapie und dann eben über die Weiterbetreuung geholt habe.

Das heißt, bei Ihrer Arbeitslosigkeit sind ja eigentlich zwei Phasen zu unterscheiden: Einmal die Phase, wo Sie arbeitslos waren und getrunken haben und einmal die Phase, wo Sie arbeitslos, aber schon trocken waren.

Ja, genau.

Gibt es da Unterschiede? Ich habe bisher verstanden, dass durch die Arbeitslosigkeit auch Ihre Tagesstruktur zusammengebrochen ist.

Ja, ja, die war vorher schon schwierig, sage ich mal, weil ich im Schichtdienst gearbeitet habe. Das hieß, ich habe manchmal abends angefangen, manchmal habe ich mittags angefangen, manchmal habe ich vormittags angefangen. Dadurch gab es bei mir keine regelmäßige Tagesstruktur. In dem Sinne gab es sie bei mir nicht, aber der Rückhalt,... genau die Zeit, die ich eben auf der Arbeit verbracht hatte… das hat mir früher immer sehr viel Selbstbewusstsein gegeben. Ich glaube, meine Arbeit gut zu machen… Bestätigung, Dazugehörigkeitsgefühl auch in der Gesellschaft. Das war ganz extrem, als ich dann eben arbeitslos war und merkte: »Mensch, jetzt muss ich zum Arbeitsamt. Und ich nehme insofern nicht mehr als vollwertiges Mitglied der Gesellschaft am Arbeitsleben usw. teil.« Da brach schon einiges zusammen für mich.

In der Phase der Arbeitslosigkeit habe ich das eben auch nicht hinbekommen… mich dann zu bewerben. Bis ich dann ja endlich die Therapie gemacht hatte und dann kam ich, würde ich mal sagen, mit neuer Kraft, aber eben… naja… psychisch auch noch ziemlich angeschlagen, wieder. Die Therapie hat mir sehr geholfen, aber mit dem Eingeständnis: »Ich bin Alkoholiker, ich muss jetzt sehr auf mich achten.« Das war schon eine sehr anstrengende Zeit für mich. Auch die Therapie. Ich habe es dann endlich wieder hinbekommen, mich zu bewerben und auch Bewerbungsmappen abzuschicken, Bewerbungsgespräche zu führen. Das war alles schon sehr gut, nur leider war anfangs eben kein Job, den ich mir hätte vorstellen können, dabei und Heimbereich und andere Bereiche, wo ich merkte, da will ich eben nicht arbeiten, das ist mir jetzt zu schwierig oder da sehe ich eben einfach die Gefahr, dass mich das nervlich so belastet, dass ich da wieder rückfällig werde... Hatte da auch eine ganz neue Sensibilität für mich selbst gelernt ...dass ich halt einfach auch gemerkt habe, ich bin nicht der super Harte, der immer nur mit den schwierigsten Kindern und jeder Menge Arbeit klar kommt, sondern hatte auch viel über mein eigenes Arbeitsverhalten gelernt. Dass ich es auch da immer schon übertrieben hatte, dass ich eben eher einen Gang runter schalten muss, um längerfristig gesünder, eben auch... arbeiten zu können und für mich zu sorgen.

Ich möchte noch einmal zurückkommen auf die Situation von Arbeitslosen, die ja häufig unter ihrer Arbeitslosigkeit und insbesondere unter ihrer Langzeitarbeitslosigkeit leiden. Wie haben Sie das erlebt? Hatte die Arbeitslosigkeit für Sie überwiegend Nachteile oder gab es auch Vorteile? Also, wie ist Ihre Erfahrung gewesen?

Ja, da kann ich etwas zu sagen. Ich hatte mich letztens erst mit einem Freund unterhalten, der jetzt in meiner Situation steckt. Da hatte ich so ein bisschen idealisierend rückblickend auf diese Zeit gesagt: »Ich hatte aber auch viel Zeit.« Das stimmt tatsächlich, aber wenn ich da jetzt zurückblicke und einmal ernsthaft gucke... es ging mir die ganze Zeit über sehr schlecht. Ich hatte spätestens als ich dann Hartz IV'ler wurde sehr große Probleme mit der ganzen Antragsstellung... wo ich Probleme mit hatte, dass die Gelder erst nicht gezahlt wurden, ... dass ich dann noch eine Lebensversicherung hatte, die ich kündigen musste, ... dass ich Schulden hatte, wo ich auch eine Klage beim Sozialgericht eingereicht hatte, der aber nicht genügend nachgegangen bin, und die ich dann verloren hatte, ... einfach, weil mir die Kraft fehlte, weil ich fertig war, weil ich eigentlich darum gekämpft habe, nüchtern zu bleiben in dieser Zeit... und aber so, aus meinem Empfinden heraus, nur Ablehnung bekommen hatte. Einmal war es da ganz schlimm, da bin ich da sogar angebrüllt worden, ich sei schuld... von einer Mitarbeiterin, die mir gar nicht zuhörte, weil ich einen Antrag gestellt hatte, der schon auch fristgerecht gestellt war, der nicht bewilligt war, und ich schon seit über vier Monaten kein Geld bekommen hatte. Dann hatte ich privat eine Freundin gebeten, mir Geld zu leihen, die das, Gott sei Dank, auch gemacht hatte und hatte sogar einen Job damals in Aussicht. ...hätte mir einen Kredit für ein Auto, weil es eine Bedingung war, dass ich eben ein Auto brauche für die Arbeit, stellen können. Den bekam ich aber nicht bewilligt, weil mein Antrag auf Hartz IV noch nicht bewilligt war und all solche Sachen. Das war für mich mega belastend, und ich bin wirklich froh, dass ich die drobs hatte, an dieser Stelle, weil ... das war der Punkt, der mich stabilisiert hat, der mich aufrecht gehalten hat, wo ich wusste, da kann ich einmal die Woche hin, es wird schon irgendwie wieder weiter gehen und, ja, ich kenne Ihre Frage: Ich habe in der Zeit eben viel gemacht, sehr viel Sport gemacht, ich bin Hobbymusiker. Ich habe viel Musik gemacht, viel geübt, viele Sachen, die ich immer tun wollte, aber ich würde jetzt nicht sagen, dass es luxuriös gewesen ist. Das Gegenteil war der Fall. Ich habe die Zeit totgeschlagen, damit ich irgendetwas zu tun hatte und nicht wieder zur Flasche greife oder dem Trübsinn verfalle. Ja genau, ich habe in dieser Zeit auch Bewerbungen geschrieben, ohne Ende.

Wir kommen später noch einmal zurück zu der Situation, welche Erfahrungen Sie mit dem Jobcenter gemacht haben. Ich möchte noch einmal auf den Punkt hinweisen, ob ich Sie da richtig verstanden habe, dass es eigentlich auch eine Überforderung war, beides bewältigen zu müssen. Also, die Suchterkrankung bewältigen zu müssen, was eigentlich schon eine Herausforderung ist und dann gleichzeitig noch arbeitslos zu sein und Anstrengungen zu unternehmen, sich zu bewerben etc. Es geht also aus meiner Sicht um eine Doppelbelastung.

Ja, also, sehr massiv, das war eine Doppelbelastung. Ich habe mich zwar beworben und mich um all diese Dinge gekümmert, aber das habe ich fast alles nur mit Hilfe von Freunden hingekriegt, weil ich teilweise sehr niedergeschlagen war, weil ich sehr depressiv war, mir die einfachsten Sachen schwer fielen. Also, für das Jobcenter die Bewerbungen zu schreiben... da habe ich eine Freundin angerufen, die mir dann geholfen hat, das mit mir am Computer zu erstellen und die mir auch geholfen hat, dass sie einfach vorbei kam. Dass ich aus der Lethargie rauskam, einfach morgens aufstand. Und die Welt war dunkelgrau und eben... dass ich einfach die Kraft habe, das einfach zu schreiben. Das war jedes Mal der Fall. Bei fast jeder Bewerbung, die ich gemacht habe, und genau auch an anderen Stellen, wo ich wieder, ich hatte ja ein paar Jahre vorher einen Burnout gehabt und war in einer Klinik, und merkte, ich fall wieder in dieselbe Verhaltensweise zurück. Also, dass ich meine Post nicht öffne, weil teilweise auch noch kein Geld da war, und ich nicht wusste, kommt da jetzt Strom, Gas? Ich kann das nicht bezahlen, was soll ich machen? So dass ich all diese Sachen, die ich dann eben getan habe, um einen neuen Job zu kriegen, eigentlich nur mit Hilfe bewerkstelligen konnte. Aus heutiger Sicht würde ich sagen, ich habe mich auch da wieder selbst überfordert. Ich hätte frisch nach der Krankheit einfach sagen sollen, ich bin noch nicht in der Lage, jetzt wieder eine Vollzeitstelle antreten. Also, ich brauche noch Hilfe und Unterstützung und mache jetzt erstmal nur 15 Stunden und dann… das langsam zu steigern, zu gucken, wenn ich da wieder ein bisschen stabilisiert bin… wenn das mit meinen Finanzen geklärt ist… wenn auch die Unsicherheiten, die ich auf einmal mir selbst gegenüber hatte, also im Bezug darauf, wie verhalte ich mich auf der Arbeit, wie werde ich da angenommen, akzeptiert, kann ich meinen Job, bin ich den Anforderungen dort gewachsen... Das wäre sicherlich einfacher gewesen. Irgendwie war es aber so: Ich hatte mich eh schon geschämt, war Alkoholiker, ich konnte jetzt auch nicht beim Arbeitsamt zeigen: »Ich bin ja gewillt, ich will es ja machen, aber ich kann jetzt noch nicht.«

Wie hat die Agentur für Arbeit auf Ihre Suchterkrankung reagiert?

Naja, unterschiedlich. Also, ich hatte das Gefühl, bei einigen bin ich dort auf Verständnis gestoßen, bei anderen Mitarbeitern aber auch nicht. Das wechselt ja auch ständig. Also insofern, dass, wenn ich dort gesagt habe, dass ich Schwierigkeiten hab oder dass es mir nicht gut geht, dass eben auch dieser Druck kein Geld zu bekommen, ja, auch emotionalen Druck macht und denen eben die Situation geschildert habe.

Denken Sie jetzt an das Jobcenter?

Ja, an das Jobcenter denke ich gerade. Die Agentur für Arbeit, das habe ich als Zusammenarbeit erlebt. Die sind wirklich auf mich eingegangen. Die haben auch sofort… im Grund genommen, hätte ich das sagen können... Dort hätte ich sagen können, da bin ich mir ziemlich sicher, »Ich sehe mich noch nicht in der Lage, eine volle Stelle anzunehmen. Ich würde lieber eine halbe Stelle annehmen, um auf meine Suchterkrankung eben Rücksicht zu nehmen, auf meine Erkrankung.«

Das hatten Sie da angesprochen, dass Sie eine Suchterkrankung haben?

Ja, genau, das hatte ich da angesprochen. Und das war schon bei dem Thema, als ich sagte, ich möchte mich nicht auf Stellen im Heimbereich bewerben und auf Stellen, die einen sehr hohen Stressfaktor haben. Da möchte ich mich aufgrund dieser Suchterkrankung nicht bewerben. Das haben die auch sofort akzeptiert. Das war sehr gut.

Sind Ihnen in der Zeit, als Sie Arbeitslosengeld I bekommen haben, Unterstützungsmaßnahmen der Agentur für Arbeit zuteil geworden?

Nein. Aber ich hatte dort auch keine beantragt. Ich hatte einmal das Problem, dass die auch zu spät gezahlt haben. Das hatte sich dann aber um sechs Wochen gehandelt. Das konnte ich überbrücken und genau da hatte ich mir dann auch Geld von einer Freundin geliehen, da war das noch nicht so schlimm. Richtig schlimm wurde es dann, als ich Hartz IV'ler wurde, und das Geld deutlich weniger wurde und dann eben auch nicht gezahlt wurde.

Ich weiß, Sie haben ja mal ein Coaching gemacht, ich glaube bei der DAA. War das über die Agentur für Arbeit finanziert?

Nein, das war schon vom Jobcenter. Das war aus meiner Sicht besonders deprimierend, frustrierend. Das Jobcenter war gerade frisch für mich zuständig und die hatten mir dann diese Maßnahme angeboten, und naja, was heißt angeboten? Es war klar, dass ich das machen muss, aber ich war auch gewillt, da ich gerade so am Computer nicht der Allerfitteste bin, und ich mir da eben auch einige Coachings erhofft habe, und gerade noch einmal im Bezug darauf. Ich hatte meinen Job fast 20 Jahre lang ausgeführt, bei demselben Arbeitgeber... Wie führt man Bewerbungsgespräche? ...und mich da auf den neuesten Stand bringen wollen. Dort hatte ich dann angefangen, obwohl ich ja noch keine Zusage hatte und war da 1 ½ Wochen gewesen und dann hatte ich eine Ablehnung bekommen vom Jobcenter... Meiner Zahlung, da ich eine Lebensversicherung hatte, die angeblich den Wert des privaten Vermögens, das ich haben dürfte... überstieg.

Ihr ALG-II-Antrag wurde abgelehnt?

Ja, genau und dann… da war ich völlig fertig, ich bin heute noch froh, dass ich nicht rückfällig geworden bin. Ich glaube, da war ich auch hier.

Ja.

Da habe ich mir erstmal ein Notfalleinzel geholt, weil ich völlig verzweifelt war und bin dann am nächsten Tag zu der Maßnahme von der Deutschen Angestellten Akademie, die dieses Jobcoaching machen. Und dann baten die mich eben völlig betroffen ins Hinterzimmer und teilten mir mit, dass sie mich leider entlassen müssen, da das Jobcenter für mich nicht mehr zahlt, weil ich offiziell keinen Anspruch habe. Und das fand ich auch wirklich nicht okay. Die haben mir fast leidgetan, ich war sowieso schon so verzweifelt, dass ich kaum noch etwas gespürt habe. Das war so frustrierend… und die mir dann gesagt habe, dass ich ja nun wirklich jemand bin, der bemüht ist, und wo sie das Gefühl hätten, dass ich die Maßnahme annehmen würde, dass ich das lernen würde. Und so war das ja auch. Ich habe da wirklich einen Schub gekriegt, wo ich sonst mit Hilfe mühselig zwei Bewerbungen die Woche abgeschickt habe, da habe ich dann in einer Woche gleich zehn Stück abgeschickt und daran merkte ich: Ich komme wieder auf die Beine. Genauso wie die Hilfe und Unterstützung durch die Runden, die dort gemacht wurden… Wie soll ich es nennen? Auch die emotionale Betreuung… das hat mir wieder Mut gemacht.

Sie sagten, Sie haben in der Situation, als Ihnen das mitgeteilt worden ist, dass es abgelehnt wird, gar nichts gefühlt. Haben Sie das so wie in Watte gepackt erlebt, dass Sie ein Stück von der Welt abgeschnitten waren?

Ja, wie so in einer Tauchkugel. Das Leben spielt sich an der Oberfläche ab, und ich sitze hier 1.000 Meter unter dem Meer. Da sind kaum Geräusche da, da ist es dunkel, da ist es kalt und… keine Ahnung, als wenn ich ausscheiden würde, weil… das tut schon enorm weh und soll nicht noch schlimmer werden.

Ich frage deswegen nach, weil… bei mir kommt die Idee auf, ob es sich um eine Art Mikrotraumatisierung gehandelt haben könnte? Dann erleben Menschen sich vielfach wie in Watte gepackt, wie abgeschnitten, wie blockiert.

Ja, genau, es war für mich sowieso schon eine schwierige Situation, arbeitslos zu sein und eben frisch aus der Therapie mich jetzt wieder für den Arbeitsmarkt fit zu machen. Weil Therapie heißt: Drei Monate über mich selbst nachdenken. Und da sind eben viele Sachen hoch gekommen, mit denen es mir auch nicht gut ging. Selbst Dinge aus der Kindheit und… das alles zu verarbeiten. Ich fühlte mich wie… ja, es gibt diese Schüttelkugeln, da steht ein Weihnachtsmann drin und dann schüttelt man die und dann fällt Schnee so langsam runter, bis er dann so langsam sedimentiert. Und diese Schneeflocken waren dann meine verdrängten Gefühle. Und meine ganzen Gefühle sind dann so aufgeschüttelt worden und die waren so im Umbruch, im Wirbel und sie waren noch nicht dabei, dass sie sich wieder gesetzt hatten, so dass ich mich in mir ruhend fühlte, wie ich das heute immer mehr werde. Und ich hatte keinen sicheren Halt und da kam eben der letzte Halt, wo ich dachte, na irgendwann muss Geld ja kommen… der wurde dann auch noch zerschlagen. Es war ja schon so, dass ich schon längerfristig kein Geld bekommen hatte, der Antrag noch nicht bewilligt war, und ich dann aber dachte, naja, irgendwann kriege ich die Rückzahlung, und dann kann ich die Schulden bezahlen, die ich jetzt bei Freunden gemacht habe, was mir auch unangenehm war. Und dann kam eben die Ablehnung, wo ich eben gar nicht mit gerechnet habe. Ich hatte nichts und dann… naja, ich will da gar nicht ins Detail gehen, aber das war halt ein sehr langer Weg, immer nur von Ablehnungen… oder dass die Schulden, die ich hatte, nicht anerkannt wurden. Ich hatte zu dem Zeitpunkt ein paar tausend Euro Schulden und hatte 8.000€ Lebensversicherung. Das wurde irgendwie nicht gegengerechnet, so dass es hieß, es muss sogar noch oben drauf gerechnet werden, dass ich offiziell viel mehr Geld hatte, als ich wirklich hatte. Dann musste ich die Lebensversicherung kündigen. Und dann war ich auch wieder richtig depressiv und habe mich nicht drum gekümmert, rechtzeitig eben einen Antrag zu stellen, so dass das ganze Geld, das ich von der Lebensversicherung hatte, drauf gegangen ist… in dieser Zeit, obwohl ich einen Anspruch auf 8.300€ Privatvermögen hatte, aufgrund der Zeit, die ich gearbeitet hatte. Dieses Geld, das ich nicht hätte antasten müssen, das ist komplett drauf gegangen.

Weil Sie zu spät einen erneuten ALG-II-Antrag gestellt haben? Habe ich Sie da richtig verstanden?

Ich habe die Anträge eigentlich nicht zu spät gestellt. Wenn, dann habe ich den einmal zwei oder drei Wochen zu spät gestellt. Ich habe da nicht gegen geklagt. Ich hätte dann Widerspruch dagegen einreichen können. Einmal habe ich das getan... dass mir diese Schulden nicht gegengerechnet wurden, aber dann hat das, ich weiß gar nicht so genau, fünf oder sechs Monate gedauert, bis ich dann überhaupt vom Sozialgericht eine Antwort bekam. Da habe ich dann nicht weiter reagiert, ich habe dann nicht weiter nachgehakt, das habe ich gelassen. Als da die Briefe kamen, ich sollte eine genauere Begründung schreiben, habe ich das nicht getan.

Das heißt, Sie haben schon Widerspruch eingereicht, gegen den Bescheid vom Jobcenter. Und haben Sie auch noch Klage eingereicht gehabt?

Ja, ich habe einen Widerspruch eingereicht, beim Jobcenter und ich habe eine Klage beim Sozialgericht eingereicht. Nur, das beim Sozialgericht dauerte eben ewig lange. Das waren fünf oder sechs Monate und, genau, den Fehler, den ich gemacht habe: Ich hätte Übergangsgeld beantragen müssen für diesen Zeitraum. So habe ich dann irgendwann die Lebensversicherung gekündigt, habe die Schulden zurückgezahlt und habe dann gesagt, so, ich habe jetzt meine Lebensversicherung gekündigt. Ich habe aber in der Zeit aber eben eine Menge Geld ausgegeben. Die sagen, ja ich hätte drei Monate auf eigene Kosten leben müssen, bis ich dann unter dieser Menge von 8.300€ bin. Und dann hätte ich wieder Anspruch auf Leistungen. Ich habe das Geld jetzt ausgegeben. Was ist mit dem Geld, was mir zugestanden hätte? Das müsste ich ja jetzt wieder bekommen. Dann haben die mir relativ blauäugig gesagt, da habe ich mich veräppelt gefühlt: »Oh ja, das hätten Sie vorher mal sagen müssen.« Das wusste ich aber nicht und da hatte mich auch niemand drüber informiert. Da war ich sehr frustriert.

Das heißt, die Beratungspflicht des Jobcenters haben Sie nicht als hilfreich empfunden?

Überhaupt nicht, überhaupt nicht. Es gab einen Mitarbeiter. Deswegen sage ich, ich will auch nicht alle über einen Kamm scheren. Ich habe das ja auch mitbekommen. Manchmal kamen die mir alle durch die Bank weg überarbeitet vor. Die flitzen da nur über die Gänge, und es war... keine Ahnung, ich sehe es ja auch in den Medien. Die haben eben halt viel zu tun. Ich bin auch ein netter Kerl, ich habe dafür auch

Verständnis gehabt, aber es war nur ein einziger, der mir sagen konnte: »Legen Sie einen Widerspruch ein.« Und da hatte ich schon das Gefühl, dass er mir das so hinter vorgehaltener Hand sagt. Wir waren zwar alleine im Büro, aber ich hatte schon das Gefühl, weil ich fragte: »Wie mache ich das und so?« Und dann hat er mir nur kurz ein paar Sätze gesagt, also über die Formsätze, die da drin stehen müssen und gesagt: »Ich will Ihnen hier aber nicht so viel erzählen, nicht, dass ich nachher Ärger kriege.« Da hatte ich wirklich das Gefühl, der klärt mich so ein bisschen flüsternd über meine Rechte auf, damit er selber keinen Ärger kriegt. Das war wirklich frustrierend. Am schlimmsten war diese Situation mit der Mitarbeiterin, wo ich hin war und sagte, ich brauche jetzt endlich, Geld sowieso, aber ich brauche jetzt endlich die Anerkennung, dass ich Hartz IV′ ler bin, damit ich einen PKW-Antrag stellen kann. Ich habe einen Job in Aussicht und einen guten Job in Aussicht. Da bin ich gar nicht zum Ausreden gekommen und habe immer wieder versucht anzusetzen. Ich habe versucht, ihr meine Situation zu erklären und dass jetzt endlich Hoffnung, dass ich schon eine Jobzusage habe, dass ich aber auch zugesagt habe, dass ich mir ein Auto hole, weil es eine Bedingung war, um diesen Job zu bekommen… und die mich dann anbrüllte. Ich habe der doch nichts getan. Ich war doch wirklich höflich als eher schüchterner Mensch, und dann werde ich da angebrüllt. Sie sagte dann immer: »Ich kann dafür nichts, das ist alles Ihre Schuld, Ihre Schuld, Ihre Schuld…« So eine Tonfolge kam dann. So dass ich dann eben auch wieder in das Gefühl abgesackt bin, wie in der Tauchkugel und bin einfach aufgestanden und aus diesem Büro rausgegangen. Und ich weiß gar nicht, ob ich dann mir einen Notfalltermin hier bei der drobs geholt hatte, oder ob ich zu einer guten Freundin gegangen bin und mich da ausgeweint hab. Ich war aber völlig fertig. Gott sei Dank…

Sie haben es auf jeden Fall gut bewältigt.

Das habe ich im Grunde genommen komplett ohne die Hilfe des Jobcenters, weil… die Hilfe, die sie mir angeblich geben wollten, war eben dieses Coaching, das Bewerbungscoaching. Und andere Unterstützung, die habe ich komplett nicht gekriegt. Ich habe mir aus eigener Kraft geholfen bzw… da war ich schon wieder hoch depressiv, aber das war aufgrund einer Bewerbung, die ich geschrieben hatte für einen Kindergarten, wo ich abgelehnt wurde. Aber bei einer größeren Organisation, sage ich mal, die mich dann später angerufen haben, sie hätten in einem anderen Bereich noch einen Job frei… und das ist der Job dann geworden, den ich jetzt habe. Gott sein Dank.

Das heißt, Sie hatten Erfahrungen mit dem Jobcenter, die durchaus widersprüchlich oder durchwachsen gewesen sind?

Ja, sehr enttäuschend. Genau, ein Detail fällt mir noch ein. Ich war dann irgendwann so runter, dass ich, also den Strom hatten Sie mir dann abgestellt und Gasabstellung drohte auch schon und das im Winter, und ich hatte nichts mehr zu Essen. Ich hatte nicht mehr einen Pfennig auf der Hand gehabt, bin dahin und habe gesagt: »Ich hörte, es gibt Essensgutscheine.« Und da wurde ich dann abgelehnt, dass ich diese nicht bekomme, weil ich offiziell noch nicht als Hartz IV Empfänger bin, weil meine Bewilligung noch nicht durch ist… dass ich offiziell noch kein Empfänger bin. Wo ich dachte, das gibt es doch nicht… also, ich habe nicht einen Cent. Ich bin in der Not und jetzt gibt es noch nicht einmal diese Essensgutscheine, weil mein Antrag nicht bewilligt wird. Da war ich dann echt wieder mal frustriert. Und so ging mir das dort häufig.

Sie haben sich ja dann aus eigener Initiative eine, wenn auch befristete, Anstellung gesucht.

Ja, und dann hörte dieses ganze Elend auf. Die ganze zusätzliche Belastung, die ich eben durch die Arbeitslosigkeit, die finanziellen Probleme, und ich nenne jetzt auch mal meinen Ärger, den ich mit dem Jobcenter hatte… das hat mich extrem frustriert. Und ich kann auch, ehrlich gesagt, zu mir sagen, ich bin auch gehörig stolz auf mich. Jetzt, als Alkoholsüchtiger… wie viele von meinen Leuten, die ich da kennen gelernt habe, sind rückfällig geworden… Ich habe es geschafft, eine ehrlich extrem frustrierende Situation sehr lange auszuhalten. Ich habe… und deswegen sage ich das auch, weil Sie mich auf die Freizeit ansprachen, ich habe wie ein Blöder Sport gemacht. Nicht, weil ich das Leben genossen habe, in vollen Zügen, sondern, um diese ganzen Frustrationserlebnisse und die ganzen negativen Gedanken und Gefühle, die ich im Kopf hatte, irgendwie raus zu lassen und die Zeit tot zu schlagen. Ich bin 50 Jahre, ich habe mein Leben lang gearbeitet, also schon von frühester Kindheit an bin ich dazu erzogen worden und habe mich eben viel dadurch definiert, und ich habe das auch irgendwie gebraucht… also, 40 Stunden die Arbeit, eben irgendwas zu tun. Mir fiel die Decke auf den Kopf und das war… da spielte ich drauf an, als ich mich mit einem Freund unterhalten habe, der jetzt auch nichts zu tun hat, der jetzt eben auch angefangen hat, Sport zu machen, wo er von vielen hört: »Mensch, das ist doch toll, dass du so viel Zeit hast Sport zu machen.« So war es bei mir… nein, nein! Das war meine therapeutische Maßnahme, die ich ergriffen habe, um nicht wieder rückfällig zu werden… um mich auch körperlich völlig zu erschöpfen, dass ich abends so müde bin, noch was essen und vor den Fernseher… und dass endlich die Gedanken wieder ausgehen – die negativen Gedanken, die ich damals permanent hatte.

Das ist ja eine ganz wichtige Differenzierung, dass Sie oder auch Ihr Freund diesen Sport jetzt nicht getrieben haben nach dem Motto: »Jetzt komme ich endlich zu Dingen, zu denen ich sonst keine Zeit hatte.« Sondern, dass das eine Bewältigungsstrategie ist, mit Gefühlen von Ärger, von Frust und vielleicht auch Traurigkeit besser zu recht zu kommen und um nicht auf das altbekannte Mittel des Alkohols zurückzugreifen, um diese Gefühle zu regulieren.

Genau, um eben diese für mich riesigen Sorgen aushalten zu können… ich denke, das sind auch riesige, das sind existentielle Sorgen, wenn ich nicht weiß… Heute habe ich noch ein paar Nudeln im Schrank, aber was soll ich mir morgen kochen? So war es nicht die ganze Zeit. Zum Glück hatte ich ja auch noch Freunde, die mir Geld geliehen haben. Aber ich wusste auch: »Die Sorge, was ist, wenn jetzt die Lebensversicherung ausbezahlt wird? Ich zahle die zurück, dann ist alles Geld wieder weg, was ist dann?« Das wäre dann der nächste Schritt gewesen. Genau an dieser Stelle bin ich, Gott sei Dank, ja dann wieder in Arbeit gekommen, aber das war schlimm.

Nun ist es ja so, dass Ihre Arbeit befristet ist. Sie läuft ja Ende Oktober aus, das heißt, Sie sind jetzt in der Situation, dass Sie wieder einen neuen Job brauchen, ansonsten werden Sie in entsprechender Frist wieder auf das Jobcenter treffen.

Genau. Ich gehe da jetzt somit um, dass ich jetzt schon suche. Ich gucke jetzt schon nach Stellenausschreibungen. Ich schlage natürlich nicht bei der ersten besten zu, das hat auch ein bisschen lange gedauert, bis ich mir gesagt habe: »Nein. Moment, ich muss jetzt an mich denken.« Weil… ursprünglich, wenn ich nicht an mich gedacht hätte, dann hätte ich so diese Treueverpflichtung, die ich empfinde, wenn ich da zusage, ich mache den Job hier, den hätte ich jetzt durchgezogen. Ich hätte dann vielleicht drei Monate vorher geguckt und schlimmstenfalls vor der Arbeitslosigkeit gestanden. Aber meine Unterschrift, ich mache jetzt hier einen Arbeitsvertrag für ein Jahr, die hätte ich gehalten. Jetzt ist es so, zwar mit einem schlechten Gewissen, aber ich gucke jetzt. Und wenn es so ist, dass ich jetzt eine unbefristete Stelle bekomme, dann würde ich es jetzt auch jederzeit kündigen, weil diese Stelle eben befristet ist und ich mir dann mehrfach gesagt habe, ich bin jetzt aber nicht verpflichtet, mich selbst zu vergessen für den Arbeitgeber, sondern… auch wenn das für die vielleicht ungünstig ist, weil die dann nochmal für zwei bis drei Monate oder so sich eine andere Vertretung suchen müssen. Aber ich muss auch für mich sorgen, und ich will – um Gottes Willen – nicht wieder in diese Situation geraten. Und jetzt ist es aber auch, Gott sein Dank, so: Ich habe mich finanziell ein bisschen sanieren können. Ich habe mir ja auch wieder viel Selbstbewusstsein und viel Sicherheit darin geholt, dass ich ja gut in meinem Beruf bin. Ich hatte in dieser schlimmen Zeit an allen Dingen gezweifelt. Da dachte ich, ich bin eine völlige Niete in meinem Beruf, warum klappt das denn jetzt nicht und so? Und dann konnte ich endlich wieder Zugriff haben auf das, was ich eigentlich früher ganz oft als Feedback auch von Jugendlichen, von Eltern, von Kollegen bekommen habe, nämlich: Ich bin gut in meinem Beruf. Das merke ich jetzt wieder. Mit dem Bewusstsein und der Kraft, die mir das gibt, bin ich jetzt auch wieder auf der Suche.

Arbeit stabilisiert den Selbstwert.

Genau, ja.

Okay, wir haben jetzt über Ihre Erfahrungen gesprochen, mit der Agentur für Arbeit und auch mit dem Jobcenter und jetzt noch mal meine Frage: Hatten Sie noch einmal, nachdem Sie arbeitslos wurden, Kontakt zur Deutschen Rentenversicherung?

Nein. In welchem Bezug jetzt, wie meinen Sie das?

Ja, da gibt es mehrere Möglichkeiten: Man kann natürlich selber Kontakt aufnehmen, hier, zur Deutschen Rentenversicherung und abklären, ob es da Unter-

stützungsmöglichkeiten für die berufliche Rehabilitation gibt und dann ist es eigentlich so, dass die Deutsche Rentenversicherung ihre Reha-Berater in stationäre Einrichtungen schickt. Und darauf zielt eigentlich meine Frage: Sie waren ja in Bassum.

Oh, ja, doch. Da hatte ich Kontakt gehabt. Das war aber offen gesagt ein sehr negatives Erlebnis für mich. Das war ein negatives Erlebnis. Ich hatte… naja, ich war sehr aufgeweicht, ich war in Therapie. Ich wusste noch gar nicht, ob ich Fleisch oder Fisch bin und dann kam da irgendeine Frau, die das sehr rational und zügig durchziehen wollte und ich hatte das Gefühl, ich darf da gar nicht offen sprechen… also dass ich… um offen zu sagen, dass ich mich jetzt derzeit, als ich mich da in der Therapie befand, noch gar nicht in der Lage gesehen habe, jetzt zu überlegen, wo soll die Reise hingehen.

War das am Anfang Ihrer Therapie in der Klinik?

Ja, das war relativ früh. Das war nach ein paar Wochen. Da war die da. Vielleicht war die Atmosphäre auch so ein bisschen negativ vorgeprägt, weil viele meiner Mitpatienten eben halt auch sagten: »Um Gottes willen, das ist eine ganz Scharfe, da musst du vorsichtig sein, da darfst du nur sagen, was sie hören will.« Und, naja, ich hatte nicht das Gefühl, dass sie auf meine Situation eingehen wollte. Ich habe versucht, zu erklären, dass ich ja mein Leben lang gearbeitet habe und rüber zu bringen, dass ich eigentlich ein Motivierter bin, nur derzeit eben wirklich am Boden liege und nicht weiß, wo soll die Reise hingehen und mir eigentlich eher die Therapie hilft, um wieder auf die Beine zu kommen. Um mit klarem Kopf wieder gucken zu können, wo die Reise eben hingeht.

War das ein Einzelgespräch oder war das eine Gruppenberatung, wo man Fragen stellen konnte?

Das war ein Einzelgespräch. Das war ein Einzelgespräch… ich kann mich leider nicht mehr an Details erinnern. Außer daran, dass ich da am Ende dann einfach umgeschwenkt bin und dann nur Floskeln, fast schon Provokationen geäußert habe. »Natürlich, ich werde mir wieder Arbeit suchen, jawohl.« Und sie das auch merkte und…

ja, mich dann rausschickte und ich merkte auch, egal, was mir die anderen erzählt haben, was sie da jetzt in ihrer Akte notiert, ich will nur raus aus der Situation.

Das eine ist ja, was Sie gesagt haben, dass Sie quasi mit Vorannahmen oder Vorurteilen in das Beratungsgespräch reingegangen sind, nach dem Motto: Die anderen haben mir erzählt, ich muss vorsichtig sein...
(Unterbrechung durch den Interviewpartner)

Ja, das war noch ein bisschen anders. Es war so, dass ich in Therapie... ich komme ja selbst aus dem sozialen Bereich, beruflich... dass ich dachte, das sind alles Schwarzmaler. Die ist dafür da, um mir zu helfen. Das war so, was ich erzählt hatte und ich dachte, ich gehe da einfach offen rein und sage einfach ehrlich, wie es mir geht und was meine Belange sind. Und habe dann aber eben die negativen Erfahrungen gemacht, dass... naja, dass ich doch hätte einen Standard sagen müssen, damit ich keinen negativen Vermerk kriege. Ich stecke in der Frau auch nicht drin. Im Nachhinein war ich sehr frustriert, ich habe dann einfach nur noch Floskeln gesagt: »Natürlich werde ich wieder arbeiten, natürlich werde ich mich bemühen. Ich mache meine Bewerbung und ich werde auch einen Kindergarten finden.«

Hat das etwas damit zu tun, dass Sie eigentlich auf unterschiedlichen Ebenen kommuniziert haben? Also, Sie haben von ihrer Befindlichkeit gesprochen und die Frau wollte eine Rechtsberatung machen. Und das sind ja zwei unterschiedliche paar Schuhe. Hat das dazu beigetragen, dass die Kommunikation da entgleist ist oder gar nicht richtig angedockt ist?

Das kann in jedem Fall sein. Ich räume auch gern ein, dass kann auch an mir gelegen haben. Mein Zustand war sehr desolat. Ich war da selbst natürlich auch sehr schwarzmalerisch. Das kann sein. Aber das hat mir jedenfalls... ob es an mir lag oder an der Frau... ich bin da ohne Perspektive raus gegangen. Ich war da eher froh, da raus zu sein.

Aber das ist insofern eigentlich ein wichtiger Gesichtspunkt. Man müsste das quasi so organisieren, dass diese Beratungsgespräche am Ende einer Therapie stattfinden, wo Menschen schon wieder stabiler sind und sich schon mehr mit dem, was auf die zukommt, beschäftigen, als mit dem, was zurückliegt. Das wäre sicher so das eine und das andere ist... *(Unterbrechung durch den Interviewten)*

Ich hätte noch eine Idee: Ich hätte im Grunde genommen… meine Bezugstherapeutin, zu der hatte ich einen ganz guten Draht… da hatte ich zumindest das Gefühl, dass sie meine Situation ganz gut verstanden hat, dass sie das auch sehr gut auf dem Schirm hatte, wenn ich mich in Sachen reingesteigert habe… wo ich dachte… genau, am Ende der Therapie, weil… da ging es mir ja zunehmend besser, im letzten Drittel. Da kriegte ich dann auch wieder Aufwind, und dann vielleicht eben auch in Begleitung meiner Therapeutin. Ich hätte mir das gewünscht, als Unterstützung. Ich bin zwar ein erwachsener Mann, aber gerade ich bin ja auch relativ therapieerfahren und gerade auch in dieser Therapie habe ich auch wieder, gegen Ende hin, bemerkt… das kann schon ganz gut sein, gerade, wenn ich noch in gewissem Zustand bin, wenn einer dabei ist, der mich dann eben kennt oder schon kennengelernt hat, eben… und zur Unterstützung oder eben auch zur Klarheit wieder einen roten Faden rein zu kriegen. Wenn ich jetzt so sagen würde, was hätte ich mir damals gewünscht? Ja, eben am Ende und dann eben in Begleitung meiner Bezugstherapeutin. Weil es ja schon so… dass ich da ein Vertrauensverhältnis aufgebaut habe, in der Zeit. Genau und dann eben auch jemanden dabei habe, der eben auch für den emotionalen Teil Sorge trägt, wenn der dann bei mir eben gerade im Vordergrund ist und das ist auch eine Erfahrung, die habe ich ja nicht nur bei mir selbst gemacht, sondern in der Arbeit mit Eltern, Kindern… wenn es auf einmal um emotionale Belage geht, dann ist die Ratio sehr klein. Und dann kann das ganz gut sein, wenn man jemanden hat, der eben auch auf die emotionale Lage eingehen kann und da ein bisschen Verständnis hat und die Spitzen dann wegnehmen kann.

Genau, das wäre dann im Grunde eine therapeutische Aufgabe, auch in der Klinik zu schauen, ist derjenige jetzt soweit wieder auf der Erwachsenenebene, dass er so ein Beratungsgespräch führen kann oder ist er aufgrund dieser therapeutischen Prozesse noch so in seinen Erlebnissen, in seiner Emotionalität und dann vielleicht auch in seinem kindlichen Ich gefangen, dass er das gar nicht verdauen kann. Und das ist zum Beispiel letztlich auch eine Begründung für die Erwerbsloseninitiative, wo die sagen: »Naja, wenn ich mit etwas nicht zurechtkomme, was das Jobcenter oder die Agentur für Arbeit angeht, dann kommt möglicherweise Angst auf und dann bin ich gar nicht in der Lage, vernünftig Gespräche zu

führen.« Und wo die Initiative sagt: »Okay, dann begleiten wir Dich und unterstützen Dich.« Also, therapeutisch würde man sagen, so ein Hilfs-Ich anzubieten.

Das in jedem Fall, genau. Das habe ich in diesem ganzen Werdegang bei der Agentur für Arbeit... nee, quatsch... bei der Deutschen Angestellten Akademie, wo ich kurz hingeschickt wurde, dann aber doch wieder weggehen musste... was ich sehr schade fand, weil... da war ich 1 ½ Wochen oder so und das war wirklich ein Coaching und die haben auch sehr darauf geachtet, was ich kann oder wie. Die haben mich da sehr aufgebaut und ich empfand diesen ganzen Rahmen auch als sehr hilfreich. Ich hatte das Gefühl, hier kannste, hier ist auch Platz für meine Emotionalität und ich kriege hier Hilfe. Ich habe in diesen Rahmen... ich glaube, die meisten Bewerbungen, die ich geschrieben habe, habe ich in dieser Zeit geschrieben.

Das heißt, es wäre eigentlich zielführend, wenn die Jobcenter alle ALG-II-Empfänger in so Coachings reinschicken würden, damit sie da selbstbewusster werden und mehr Antrieb und Ideen bekommen?

Genau, aber jetzt nicht nur Coachings im technischen Sinne, »so, wie schreibe ich eine Bewerbung?«, das ja sicherlich auch. Die Hilfen habe ich auch gebraucht, oder: »Wie komme ich mit dem Computer zurecht?« So, das waren meine Schwachstellen, aber eben auch ein emotionales Coaching, das die Menschen eben auch da mitnehmen, wo sie sind. Weil ich so dachte, an vielen Stellen hatte ich so das Gefühl, es werden nur Leistungen abgefragt: »Wie viele Bewerbungen haben Sie geschrieben?« Die habe ich ja nun auch gemacht, die Hausaufgaben habe ich erfüllt, aber sehr wenig Raum für mich, wo ich manchmal eben auch sehr niedergeschlagen war, schwer depressiv war... wo ich am überlegen war, Mensch eigentlich überfordert mich das... in die Klinik oder ich würde mir wünschen, noch mal in die Klinik zugehen, weil... ich schlage mich mit schwersten Depressionen rum oder ich hatte teilweise Suizidgedanken und dann habe ich da den Mitarbeiter vor der Nase, der eigentlich nur seine Listen abarbeiten will und kontrollieren will, habe ich meine Hausaufgaben gemacht?

Okay, wir sind jetzt wieder ein bisschen abgewichen auf den Bereich des Jobcenters. Wir waren ja bei Ihren Erfahrungen mit der Deutschen Rentenversicherung. Das heißt, diese Form der Unterstützung in der Klinik, die war eher suboptimal?

Die war suboptimal, ja.

Okay, aber Sie haben ja auch noch eine andere Unterstützung bekommen, in dem Sinne, dass Sie erst hier im Hause eine ambulante Therapie gemacht haben, die die Rentenversicherung einige Monate gezahlt hat und dann den stationären Aufenthalt und jetzt seit knapp 1½ Jahren die Weiterbehandlung.

Ja, also, ich kann das sehr gut trennen, ich sage… nicht, dass das in den falschen Hals kommt… die haben im Grunde genommen das alles möglich gemacht. Durch die Finanzierung. Das ist mir sehr wohl bewusst. Sonst wäre ich wahrscheinlich aus dem Loch nicht raus gekommen oder immer tiefer in den Alkoholismus abgesackt. Wer weiß, vielleicht hätte ich mir auch das Leben genommen? So frustriert, wie ich damals war… das habe ich hier durchaus als Hilfe gesehen. Das war ja Glück, dass die das getragen haben. Es waren ja nicht nur die Therapeuten, die mich da unterstützt haben, es war ja auch die Rentenversicherung, die das möglich gemacht hat und das finanziert hat.

Wobei es ja kein Geschenk ist, was Ihnen quasi unverdient zu Teil wird, sondern Sie haben sich das erarbeitet, es sind Ihre Beiträge, die Sie über Jahrzehnte gezahlt haben. Die bekommen Sie jetzt als Leistung ein Stück weit zurück.

Ich bin da nicht in unterwürfiger Dankbarkeit, aber ich bin da dankbar. Ich habe es eben auch anders erlebt, weil… genau dieselbe Argumentation trifft ja eigentlich auf das Jobcenter zu. Und da habe ich aber eher das Gefühl gehabt, ich habe mir das nicht erarbeitet, sondern ich bin Schmarotzer und Bittsteller. Nicht bei allen Mitarbeitern, aber teilweise bin ich da eben mit so einem Gefühl nach Hause geschickt worden. Ich habe ja die Leistungen, die ich mir erarbeitet habe, in dem Umfang, wie sie mir zugestanden hätten, nicht bekommen. Also, das muss nicht immer so laufen. Da habe ich die Deutsche Rentenversicherung oder auch die Krankenkasse sehr positiv im Blick.

Inwiefern Krankenkasse?

Ich war ja diese ganze Zeit auch nicht krankenversichert, als ich kein Hartz IV Geld bekommen habe. Und die schrieben mich dann an, dass ich jetzt das selber zahlen müsste und das war eine hohe Summe, ein paar hundert Euro monatlich, die ich natürlich nicht hatte und dann bin ich da hin und… da ging es mir gerade sehr schlecht, da war ich eben mal in so einem desolaten Zustand, da habe ich gesagt: »Ich bin völlig fertig, ich weiß nicht, wie es mir geht, bin den Tränen nahe und komme gerade aus einer Alkoholtherapie und ich bin völlig im Stress, weil… das Jobcenter zahlt nicht usw.« Und das war eine sehr freundliche Mitarbeiterin, die sagte: »Ja, kein Problem, dann müssen Sie dies machen und dann müssen Sie das unterschreiben und dann geht das schon alles seinen Weg.«

Bei welcher Krankenkasse sind Sie?

Bei der AOK. Und so geht das denn auch. Natürlich musste ich das dann später zurückzahlen, aber ja… aber sie sagte halt, sie kennt mich, kein Problem. »Gut, dass Sie kommen«, wo ich sagte, »Prima, ja toll. So geht es also auch.«

Gut. Gucken wir noch einmal auf die Situation hier in der Suchtambulanz. Sie haben ja an dieser Gruppe teilgenommen, an dem indikativen Angebot für Arbeitssuchende. Wie beurteilen Sie das so im Nachhinein, das Angebot?

Lassen Sie mich mal kurz überlegen, wie das war.

Ja, das war die Gruppe donnerstags morgens, wo wir uns ausgetauscht haben, was die Funktion von Arbeit im Leben ist, was sich durch Arbeitslosigkeit verändert hat.

Ja, auf alle Fälle, das fand ich sehr gut. Das fand ich sehr gut.

Was war für Sie daran gut?

Na, einfach… auch mir ist da bewusst geworden, ja, gut… Arbeit hat in meinem Leben einfach auch eine sehr positive Rolle gespielt. Dadurch, dass ich mir da Selbstwertgefühl und viel Bestätigung auch rausgeholt habe, etwas getan habe, was ich gut kann. Und ich kann mich da jetzt gar nicht mehr an einzelne Dinge erinnern, aber das hat einfach meine Motivation erhöht. Ich bin da mit einem guten Gefühl raus gegangen und eher mit dem Gefühl, das wird schon. Ich werde schon wieder was finden. Ich komme raus aus der Situation. Genau… auch wieder Kontakt zu meinen Ressourcen hatte… dass ich auch gemerkt habe, ich habe ja schon ganz andere Sachen schon geschafft.

Ja. Es ging in der Gruppe ja unter anderem auch um die eigenen Stärken, sich dieser Stärken noch mal bewusst zu werden und... es ist, glaube ich, auch gut, dass ist jedenfalls meine Erfahrung mit mehreren Durchläufen dieser Gruppe, wenn es die Möglichkeit gibt, über das, was mit Arbeitslosigkeit an Erfahrung verbunden ist, reden zu können. Dass man Erfahrungen macht von Abwertung, von Ausgeschlossenheit, dass Arbeitslosigkeit vielleicht im ersten Moment eine Entlastung darstellen kann, das kippt dann aber sehr schnell in negative Erfahrungen und darüber reden zu können, schafft Entlastung.

Genau. Das ist auch sowieso immer ein Punkt... stimmt, das wird bei mir auf alle Fälle auch dazu beigetragen haben, dass es mir hinterher dann besser ging. Während ich in meinen Selbstabwertungsgefühlen oder Phantasien bin, dann tut es mir sehr gut zu sehen, dass es anderen Menschen ähnlich geht, dafür... dass ich denke, »Okay, dann bin es ja nicht nur ich, sondern es ist auch ein bisschen die Situation.« Und dann machen mich diese Gefühle nicht handlungsunfähig. Dann kann ich das alles ein bisschen relativieren und dann bekomme ich natürlich eben auch wieder Kontakt dazu... gut, aber es war ja eben auch mal anders, ich habe gewisse Kompetenzen, habe gewisse Fähigkeiten und auf die habe ich immer auch noch Zugriff. Wenn ich das Emotionale sortieren kann und auch sagen kann: »Okay, das liegt nicht an mir. Ich bin jetzt nicht der absolute Underdog, sondern andere machen auch ähnliche Erfahrungen.«

Geteiltes Leid ist halbes Leid.

Naja, und es ist eben auch eine emotionale Situation. Dann weiß ich auch, dass ich daran etwas ändern kann, dass ich mit Hilfe eben auch aus dieser lähmenden Situation rauskommen kann und wieder ins Handeln kommen kann und wieder Herr meines eigenen Schicksals werden kann, anstatt eben dieses Gefühl der Ausgeliefertheit zu haben.

Das heißt, diese Gruppe hat Ihre Motivation oder Ihren Antrieb auch gefördert, wieder etwas anzupacken?

Ja, genau, genau. In beiden Bereichen... so ein bisschen, wie ich das vorhin sagte, über die Gesprächstherapie und teilweise habe ich da auch andere, die dann sehr schwarzmalerisch unterwegs waren: »Ja, was soll das denn bringen? Das nützt doch nichts und da wird man doch nur veräppelt«, wo ich merkte, das stört mich dann ein bisschen bei anderen. Aber ich bemerkte, in solche Phasen kann ich auch kommen, wenn es mir schlecht geht. Dann kann ich auch sehr schwarzmalerisch sein und das ist ja vielleicht so… ich kann meine Emotionalität wieder so ein bisschen steuern und dachte: »Okay, die Anteile habe ich auch, aber da will ich nicht hin. Ich will dahin, dass ich am Ende wieder eine Arbeit habe, dass es klappt und dass es mir besser geht oder dass es mir wieder besser geht und dass ich wieder eine Arbeit habe, in der Reihenfolge.«

Das ist ja gerade, sowohl, was Ihre Erfahrung mit der Deutschen Rentenversicherung angeht in der Klinik, als auch das mit dem Jobcenter… dass das ein ungeheuer vielschichtiger Prozess ist. Also zum einen, dass sicher die Mitarbeiter nicht immer optimal auf ihre Kunden reagieren, von ihren Umgangsformen, von ihrer Beratungsleistung. Aber das es natürlich umgekehrt auch, von der, wenn man so will, Kundenseite her gesehen, natürlich diese Dynamik gibt, dass, aus einer depressiven Stimmung heraus, man an diese Institutionen mit negativen Sichtweisen herantritt, die möglicherweise nur sehr bedingt etwas mit der Realität und deren Arbeitsleistung zu tun hat. Und es ist natürlich, wenn man in so einer Klinik ist oder in einer Gruppe ist, eine unheimliche Anforderung, das zu sortieren: Was ist jetzt welches Moment? Wo gehört das hin und wo positioniere ich mich, ohne mich in so einen Sog in die ein oder andere Richtung zu begeben? Das stelle ich mir nicht ganz einfach vor.

Ja, für beide Seiten. Aber mal ganz offen: Aus meiner beruflichen Erfahrung heraus kenne ich solche Gespräche mit Eltern, wo die Entscheidung getroffen ist, dass das Kind jetzt von zuhause weggegeben wird. Da geht es erst mal um andere Sachen als um die Punkteliste oder die Anamneseliste, die ich für meinen Arbeitgeber abhaken muss. Für die Eltern, oder… wo ich weiß oder aus Erfahrung heraus auch einfach gelernt habe… dann kann ich jetzt nicht einfach losbrechen und mit denen meine Strichliste abhaken, irgendwie. Die brauchen auch ein bisschen Vertrauen erstmal. Wer bin ich? Ich bin ja erst mal der, dem sie ihr Kind dann geben oder der die Institution vertritt, in die das Kind kommt.

Das heißt im Grunde ja, es muss erst die Beziehungsebene geklärt oder stabilisiert oder positiv gezeichnet werden, um Inhalte transportieren zu können. Denn wenn die Beziehungsebene gestört ist, dann werden auch die Inhalte nicht ankommen.

Genau, das Gefühl hatte ich ja wirklich beim Arbeitsamt so. Ich hatte zwei Sachbearbeiterinnen. Die ein wurde schwanger und dann wechselte es zur zweiten, da hatte ich ein positives Gefühl. Da war ich ja dann auch schon so weit, dass ich merkte: Ich will in meinem Bereich nicht mehr arbeiten. Ich will nicht mehr ganz so harte Arbeit haben. Ich darf es jetzt auch leichter haben und das mir jetzt halt auch bewusst wurde, dass es eine große Rückfallgefahr bedeuten würde. Das habe ich dort mitgeteilt und bin da auf offene Ohren gestoßen. Die hatte da volles Verständnis, dass ich eben speziell in andere Bereiche… aber eben ein Teil, wo ich einen Arbeitsplatz finden könnte, eben ausspare, aus Gesundheitsgründen und da war bei mir irgendwie das Eis gebrochen. Da merkte ich: Wunderbar, das ist eben für eine vernünftige Zusammenarbeit, für meine weitere berufliche Lebensgeschichte.

Ja, das entspricht ja eigentlich auch dem, was Frau Gach von der Agentur für Arbeit, die Reha-Beraterin, die ja auch in der Gruppe war… was die gesagt hat. Die gucken halt, dass es individuell passt. Das ist das Entscheidende.

Ja, genau.

Das hat ja Frau Schliephake vom Jobcenter auch hier vertreten. Das, denke ich, ist auch ihre Sicht. Nur im Kontakt mit dem Jobcenter, also mit den einzelnen Sachbearbeitern, findet sich das so, eins zu eins umgesetzt, dann doch nicht wieder.

Nein, definitiv nicht. Also, das habe ich ja gesagt: Da waren ja einige, wo ich das Gefühl hatte, ja, die hatten auch Verständnis für meine Situation und einer, der mir überhaupt sagt: »Ja, da müssen Sie eine Klage einreichen beim Sozialgericht.« Das war der einzige und ich war ja mehrfach in der Situation, dass ich das hätte machen können und andere haben das nun mal nicht gemacht. Naja, ich sehe es ja auch, wenn mir jemand gegenübersitzt, der völlig fertig und überarbeitet ist, das scheinen dort viele zu sein.

Okay, das ist ja noch einmal ein ganz wichtiger Gesichtspunkt: Dass die Arbeitsbedingungen und die institutionellen Zwänge, denen diese Mitarbeiter unterliegen, natürlich Einfluss haben auf ihre Arbeitsleistung. Es geht ja letztlich uns, in unserem Bereich, ähnlich. Wenn wir völlig überarbeitet sind, dann kann es gar nicht anders sein, als dass unsere Arbeitsleistung darunter leidet.

Genau, ich würde ebenso einen Job nicht machen wollen. Ich könnte es eben auch nicht, wegen der ganzen Büroarbeit schon, aber wegen dem ganzen Menschlichen eben nicht. Den Menschen da zum Teil zu erklären, dass sie ihr Geld so jetzt nicht kriegen und in was für Situationen sie stecken... das ist hart und auf der anderen Seite auch Leute, die da völlig unangemessen oder vielleicht aus gewissen Gründen frustriert sind, aber das dann bei mir abladen. Da gehen ja auch schon viele auf Kampf gebürstet hin.

Was hat Ihnen in der Gruppe für Arbeitsuchende gefehlt?

Ich kann da bei meinen Erfahrungen mit dem Coaching anknüpfen. Wir hatten vorher mal eine Bewerbungssituation gespielt, im Rollenspiel, und es gab durchweg ein positives Feedback, wo es dann darum ging, was habe ich gut gemacht oder wo sehen die anderen Kompetenzen von mir. Das wäre toll, wenn man so was gemeinsam erarbeiten könnte. Dass man das so aus dieser Situation, »du musst jetzt dies und das machen, du musst jetzt das und das vorbereiten«, irgendwie, die Gruppe damit ja auch als Hilfe nehmen kann, um zu gucken, wo habe ich meine eigenen Stärken? Und wenn das mal wieder aktiviert wurde... also ich bin mir ja meiner Stärken durchaus bewusst, aber in Niedergeschlagenheit oder in depressiven Phasen eben nicht und das ich erstmal wieder in den Zustand gebracht werde, dass ich mir meiner Stärken bewusst bin und dann gestärkt so ein Gespräch, ja, als Übung im Rollenspiel, erstmal spielen kann. Die positive Erfahrung zu machen, ich kann auch positiv drauf sein und mich positiv verkaufen.

Da sind wir leider in der Gruppe nicht mehr hingekommen. Vorgesehen im Programm war es bei Bedarf schon. Das ist natürlich schon die halbe Miete, wenn man sich vorbereiten kann auf Bewerbungsgespräche und bekommt seine Stärken und Schwächen gespiegelt, kann das entsprechend verändern. Das ist erfahrungsgemäß sehr hilfreich. Aber man muss natürlich dann auch so ein Gespräch

im Grunde zeitnah haben, um das einigermaßen realistisch vorbereiten zu können.

Sie meinen, jetzt in der Realität? Bei einem konkreten Bewerbungsgespräch?

Ja. Ich kann mich zum Beispiel an eine Situation mit einem Mann erinnern, der hier in einer Fabrik für Lebensmittel gearbeitet hat, über Jahre und dann dort eine Ausbildung machen wollte und wo der Chef gesagt hat: »Okay, wenn Du deine Alkohol- und Drogenabhängigkeit in den Griff bekommst, dann können wir darüber reden.« So und dann war er hier in der Endphase der Männertherapiegruppe und dann war der Punkt, wo er sagen konnte: »Okay, ich will jetzt mit meinem Vorgesetzten über die mögliche Ausbildung sprechen.« Und dann eben die Frage: »Wie mache ich das? Wie eröffne ich das Gespräch, wie spreche ich mit ihm über die Bezahlung?« Da war dann ganz konkret das Problem, dass er als Lehrling weniger Geld bekommt, als wenn er als ungelernter Arbeiter arbeitet. Da musste auch eine Regelung gefunden werden, und das haben wir dann in der Gruppe durchgespielt. Und das, glaube ich, war schon sehr hilfreich für ihn, weil er erstens Rückmeldungen bekam, wie er wirkt und zweitens, dass es ganz entscheidend ist, wie eröffne ich das Gespräch und wie klar formuliere ich meine Anliegen und was mache ich, wenn der Vorgesetzte mich zu vertrösten versucht oder nicht klar antwortet. Und solche Sachen, glaube ich, können leichter zu simulieren und vorzubereiten sein bei einem konkreten Ereignis. Das ist einfach auch gefühlsnäher, als wenn man sich hinsetzen würde in so einer Gruppe und sagt: »Okay, wir spielen es jetzt mal völlig losgelöst von konkreten Dingen.« Das kann man sicher auch machen, aber das andere bekommt noch ein bisschen mehr Gewicht und geht mehr ins Gefühl rein.

Das stimmt schon, nur ist es aber auch so, dass man in der Arbeitslosigkeit natürlich ständig Bewerbungen schreibt, im Grunde genommen also auch alleine für dieses Bewerbungsschreiben so. Da hat mir dies Coaching sehr geholfen, weil dieses Rollenspiel, was ich mal hatte… ich hab jetzt konkret in den Bewerbungsgesprächen… das waren dann immer andere Arbeitsstellen… das war immer irgendwie ein bisschen anders, aber es war eine grobe Schablone, mich positiv zu präsentieren. Die habe ich da wieder erlernt. Das konnte ich früher mal, das war verloren gegangen, aber da habe ich wieder Zugriff drauf bekommen. Also nicht einfach nur Floskeln reinzuschreiben, warum ich der einzige bin, der für diesen Job geeignet ist, sondern tatsächlich auch ein tatsächliches Gefühl dafür bekommen. Das hat mir dann schon sehr geholfen. Ich glaube generell, in dieser Situation muss man sich sowieso ständig bewerben und wenn gerade kein konkretes Gespräch anliegt, wird es ja doch Punkte geben, die sich wahrscheinlich immer wiederholen. Meist die Frage nach der Bezahlung. Ist ja in vielen Berufen... wo man die eben stellen kann und wo das verhandelbar ist. Das gehört ja auch zum Selbstbewusstsein, sich selbstbewusst zu präsentieren, also auch Fragen zu stellen, dem Arbeitgeber. Ich denke so ein paar Sachen, die kommen schon schablonenmäßig immer wieder.

Ich hatte ja eingangs gefragt, was noch verbesserungswürdig an der Gruppe ist und vielleicht ist das ein guter Hinweis. Also: »Wie verfasse ich Bewerbungsschreiben?« Also, jetzt nicht die technische Seite, sondern eher inhaltlich in dem Sinne, dass ich nicht Phrasen von mir gebe,

Sondern, dass ich das glaube, was ich da schreibe.

Dass rüber kommt, dass es eine gefühlsgetragene, sehr persönliche Sichtweise ist.

Die heutigen Bewerbungen sind ja sehr... das habe ich eben schon sehr rausgekriegt... warum ich eben der einzige bin, der für diese Job geeignet ist. So ein bisschen sind die heutigen Bewerbungen geeicht. Die sind anders als die, die ich vor 30 Jahren geschrieben habe. Ich habe von einem Freund eine Schablone, wo ich sage: »Mensch, das hört sich aber sehr angeberisch an.« Und er sagt aber: »So schreibt man das heute.« Und tatsächlich, aber ein Gefühl dazu, dass ich das in der Richtung schreiben kann und dass ich das mit einem Selbstbewusstsein schreibe, dass ich wirklich auch glaube, was ich da schreibe, das habe ich eben bei diesem Coaching bekommen. Und das ist, glaube ich, ganz wichtig für das tatsächliche Gespräch, weil ich glaube, mein Gegenüber oder ein Arbeitgeber, der merkt natürlich, ob er da Floskeln hört, die man heute so sagt, die sich heute so gehören oder ob man da wirklich auch dran glaubt. Das Selbstbewusstsein wieder zu reaktivieren... Bei einigen ist das ja vorhanden, aber gerade ich bin so ein Kandidat gewesen,... das hätte ich mir ein bisschen mehr gewünscht. Das habe ich dort bekommen, aber dann wurde es abgebrochen.

Es ist ja letztlich ein verbreitetes Phänomen, das durch die Arbeitslosigkeit auch das Selbstbewusstsein leidet.

Und auf ihre Frage, was hätte man besser machen können: Nee. Da würde ich sagen, da muss man von Helferseite vielleicht gar nicht immer alles besser machen. Wenn man das wieder reaktiviert, dann kann der Mensch den Rest alleine. Das eben einfach..., naja, gut... das kommt sicherlich auch durch meinen Beruf, diese Sichtweise, dass ich denke, wenn man den Menschen emotional wieder auf die Beine stellt... die haben alle Fähigkeiten. Also gerade Leute, die viele Jahre auch gearbeitet haben, wie haben die das geschafft? Die können doch was. So einer war ich, mit Arbeitslosigkeit und Alkoholismus, der Krankheit und all dem hatte ich diese positive Fähigkeit, an meine Ressourcen zu glauben, an meine Kompetenzen zu glauben und das auch bewusster und glaubwürdiger nach außen vertreten zu können, dass hatte ich ein bisschen verloren. Da musste ich wieder Kontakt zu kriegen, dass ich aus der Selbstabwertung raus komme und einen positiven Blick zu entwickeln.

Das ist ein wichtiger Hinweis, weil... es geht nicht nur darum, letztlich juristische Informationen noch mal zu vermitteln oder technische Informationen, sondern wichtig scheint es, dass Menschen wieder Zugang zu den Ressourcen, zum Selbstbewusstsein finden.

Ja, genau.

Und die andere Seite der Medaille ist ja auch, dass, meiner Erfahrung nach, ein großes Bedürfnis darin besteht, über die Erfahrung als Arbeitsloser oder gar Langzeitarbeitsloser zu reden. Also:»Was habe ich alles einstecken müssen durch die Erfahrung der Langzeitarbeitslosigkeit?« Es verändern sich die Sozialkontakte, es verändert sich das Selbstbewusstsein, es hat negativen Einfluss auf die Suchterkrankung in der Regel und all das zeigt sich in einem erhöhten Gesprächsbedürfnis auch. Und es ist ja so, dass viele Menschen gar nicht die Möglichkeit haben, das, was sie als Langzeitarbeitslose erfahren, auch zu besprechen. Oder sie trauen sich gar nicht mehr, darüber zu sprechen, weil sie die Erfahrung gemacht haben, ich werde nicht verstanden oder mir werden gar Vorurteile entgegen gebracht: »Du willst doch gar nicht arbeiten« oder »Du bist faul«.

Ja, genau. Das kann ich auf alle Fälle unterschreiben. So ging mir das in der Zeit und das ist ja umfassend. Es ging mir nicht so nur, wenn ich zum Gespräch zum Hartz-IV-Amt gegangen bin, zum Jobcenter gegangen bin, sondern das war auch, wenn ich abends privat unterwegs war und die Leute erzählen... ja, dann kommt das Thema auf Arbeit und dann kann ich nichts erzählen. Was soll ich denn erzählen, die negativen Erfahrungen? Da schäme ich mich dann eher für. Das ist ja auch gleich mit dem Bewusstsein, wo ich merkte, so, Mensch, viel meines Selbstbewusstseins, was ich früher hatte, das kam einfach aus der Situation heraus, dass ich arbeitete. Wobei ich heute noch wieder etwas anders denke. Die Arbeit muss auch sinngebend sein. Nicht einfach nur, damit ich anderen erzählen kann, ich habe Arbeit, um dann gesellschaftlich akzeptiert zu werden. Das reicht bei mir nicht. Dann ist die Gefahr, dass ich wieder in die Sucht abgleite, zu groß. Es muss schon einen Sinn haben. Aber, wenn das eben diesen positiven Weg geht, dass ich eben erst mal wieder Zugriff zu meinen Fähigkeiten, zu einer positiven Sichtweise auch von mir selbst auch bekomme und dann eben mit diesen technischen Hilfsmitteln, sei es juristisch, oder »wie wird so ein Gespräch heute geführt, wie schreibe ich eine Bewerbung?«, dann kann das losgehen. So war es ja bei mir auch mit der Arbeit. Als ich wieder anfing, fiel mir das unheimlich schwer... diese Leichtigkeit von früher, »ich reiße mal eben so acht Stunden am Tag ab«, die hatte ich nicht mehr und auch sehr viele Hintergedanken immer. »Oh, ich will nichts falsch machen, ich will das richtig machen.« So, naja... diese Minderwertigkeitsgefühle angesiedelt sehe, die ich da ebenso hatte. Aber je mehr ich das dann einfach so machte und mich diesen Prozess dann eben stellte, aber auch mich achtete, sehr eben drauf achtete, was mache dann abends nach Feierabend und auf meine Erholungszeiten. Oder, wo muss ich auch nein sagen, um nicht überfordert zu werden und die Arbeit, die ich dann mache, gut machen zu können. Je mehr ich das wieder machte, je mehr kam ich da rein und desto mehr Zug, Kraft kriegte ich auch.

Von daher ist es natürlich auch eigentlich sehr bedeutsam in so einer Phase, wenn man einen neuen Job angetreten hat, mit all den Unsicherheiten, die Sie ja auch beschrieben haben... dass man da eine therapeutische Begleitung im Grunde hat, wo man diese Arbeitsprozesse reflektieren kann.

Ich habe und erlebe das auch heute noch so. Ich freue mich eben, dass ich die drobs-Gruppe habe, wo ich eben die Möglichkeit habe, eben das zu erzählen. Das sind so

Gefühle, wo ich eben nicht weiß, inwieweit sind die real. Was denken meine Kollegen von mir… so ein Gefühl, die denken, ich bin nicht gut genug. Dafür einfach Raum zu haben, für diese Unsicherheiten… Das ist ja nicht so, dass ich eine Arbeit habe und dann lege ich einen Schalter um und alles klappt. Also die alten Selbstzweifel sind immer noch da, die gehen langsam zurück. Ich glaube, das ist schon gut, da einfach auch noch eine Begleitung zu haben.

Also ist es gut, dass diese Reintegration in Arbeit während der ambulanten Weiterbehandlung stattfindet. Denn dann wird es ja im Grunde erst spannend, wenn ich eine Arbeitsstelle habe und mich da quasi festsetzen muss. Wie gehe ich mit Unsicherheiten an dem Arbeitsplatz in der Einarbeitungsphase eben um? Aber arbeitslose oder kranke Menschen, die vorher arbeitslos waren, die haben natürlich ein höheres Maß an Unsicherheit oder Empfindlichkeit.

Genau, das war bei mir ja auch viel so, dass ich dann auch wieder dazu neigte, mich selbst aufzugeben. »Mein Gott, ich schaffe das nicht.« Dann eben auch von anderen zu hören. Sie oder auch andere Gruppenmitglieder sagten es dann mal, das ist dann aber normal. So geht es jedem doch erst mal auch, wenn man eine neue Arbeit anfängt… ist alles neu. Das hat mich sehr entspannt, mir einfach zu sagen, dann ist es nicht nur meine Situation und es liegt nicht wieder nur an mir, dass ich das nicht kann oder mache, sondern ich kann meinen Job eigentlich ganz gut und es ist normal, dass ich Unsicherheiten haben oder dass ich solche Sachen dann einfach auch den Kollegen mal rückmelde… dass ich direkt gefragt habe: „Sag mal, ich bin da jetzt nicht so schnell am Computer, ist das schlimm?" und die dann sagten: »Nein, das ist alles kein Problem.« Das hat mich sehr entspannt. Aber die Hürde zu nehmen und die Frage überhaupt zu stellen, die Angst davor, eine totale Abwertung zu kriegen und dann aber doch quasi die Erlaubnis »nein das ist normal« auch von außen zu bekommen, dass ich das nicht sofort können muss, das hat mich sehr entspannt… und das würde ich für mich auch als kritische Phase eben ansehen, in der auch immer die Gefahr groß ist, wenn ich solche Sachen dann eben nicht kläre und eben nicht gut für mich sorge, dass ich dann wieder zum Alkohol greife. Und ich habe es nicht getan, ich bin nüchtern geblieben. Ich habe mich meinen Anforderungen gestellt. Und ich denke, das habe ich eben auch viel der Hilfe zu verdanken, die ich mir eben auch geholt habe.

Das ist insofern noch einmal ein interessanter Hinweis, weil... es spricht für die Differenzierung von Gruppen... also hier. Sie haben einen Job und bekommen durch die normale Therapiegruppe, wo viele andere auch einen Job haben, Feedback, Rückmeldung. Und ich denke, es ist für Menschen, die arbeitslos sind, eben schwierig, wenn sie in einer Gruppe sind, mit Menschen, die arbeiten und die über Konflikte am Arbeitsplatz reden, wo sie sich dann gleichzeitig sagen: »Ja, aber ich habe keinen Arbeitsplatz.« Wo man dann natürlich in so Zustände reinkommt, wie Sie es beschrieben haben. Da kann man sich leicht schämen. Und da ist es natürlich dann möglicherweise eine Erleichterung, wenn man ein spezielles Angebot für Arbeitslose gibt, wo die quasi unter sich sind, weil sich dann bestimmte Dinge so nicht stellen.

Ja. Oder eben es ist eine therapeutisch geleitete Gruppe, wo ganz klar ist, hier geht es eben nicht darum. So eine Gruppe ist ja etwas völlig anderes, als wenn ich abends in die Kneipe gehe ... jetzt also nicht in die Kneipe gehen und Alkohol trinken. Man kann ja auch in die Kneipe gehen und Milchkaffee trinken, heutzutage. Die Cafés werden ja auch immer größer, aber es gibt ja ein anderes Klima. Da ist die Gefahr eben groß, dass die Leute zumachen oder abwerten oder dann sogar auch mal Sprüche kommen wie: „Da musst Du Dich mehr bewerben, das musst Du mehr tun" und so. Aber diese Gruppe hier... da geht es ja darum, dass eben jeder offen mit seinen Befindlichkeiten auch umgeht und dass man sich gegenseitig hilft und dann kommen auch von denen, die arbeiten, Rückmeldungen: »Du, Mensch, ich musste mich auch irgendwie auf eine neue Stelle bewerben oder ich war auch mal drei Monate arbeitslos und hatte auch Panik.« Und dass Leute auch aus der Erfahrung erzählen: »Das ist ja auch nicht vom Himmel gefallen, sondern ich habe da auch mal angefangen. Je nachdem... und ich kenne diese Unsicherheiten auch, das ist normal.« Das kam ja von Leuten, die in Arbeit sind, die sagten ja: »Du, als ich da angefangen habe, war ich auch erst mal ganz unsicher.« Und... aber eben für mich ist das wichtig, dass eben nicht so eine Kneipenatmosphäre ist, sondern eine Atmosphäre des Vertrauens. Dass ich weiß, da sind zwar andere Leute, die in Arbeit sind, aber hier gelten Regeln. Jeder guckt bei sich.

Okay. Da haben Sie Recht, das ist natürlich ein sehr großer Unterschied zwischen einer Gruppe in einer Kneipe und einer hochstrukturierten therapeutischen Gruppe. Und da ist es ja auch Aufgabe des Gruppenleiters, wenn etwas aus dem Ruder laufen sollte, da jemanden zu schützen oder jemand anderen in die Schranken zu weisen. Aber trotzdem kann natürlich unterschwellig so ein Prozess mitlaufen, in dem ich vergleiche. Das tue ich ja ständig. Ich vergleiche mich mit anderen, wie geht's mir und da kann natürlich jemand, der arbeitslos ist, natürlich in so eine für sich subjektiv empfundene Außenseiterposition reinrutschen: »Ich habe etwas nicht, was hier 2/3 der Gruppe haben.« Um ein Beispiel zu nennen.

Ja natürlich, die Gefahr kenne ich ja bei mir auch, mich ständig mit denen zu vergleichen, die mehr haben, um mich dann hinterher immer schön abwerten zu können. Klar, da ist es sehr hilfreich, genau wie in dieser Arbeitslosengruppe hier eben auch, andere Leute zu haben, die auch ähnliche Erfahrungen haben, die ähnliche Schwierigkeiten haben. Das macht es mir natürlich viel leichter, über meine Schwierigkeiten zu sprechen. Da muss ich nicht erst Hürden überwinden, da kann ich das gleich tun.

Ich denke, dann sind wir hier am Ende, vielen Dank!

Interview Nr. 3

Frau A. ist 55 Jahre alt. Von Beruf ist sie Erzieherin und Altenpflegerin. Zum Zeitpunkt des Interviews absolvierte sie seit knapp einem Jahr eine ambulante Rehabilitation in der Suchtambulanz Nordostniedersachsen (SANON) in Lüneburg.

Sie haben den theoretischen Teil des Buches gelesen?

Ja. Teilweise war es schwer zu lesen, aber ansonsten finde ich das sehr gut. Das ist sehr gut beschrieben. Es ist sehr informativ und ich habe einige Sachen gehabt, wo ich dachte: »Upps, das wusste ich auch noch nicht.« Also das finde ich sehr gut, es gefällt mir.

Das ist schön, das freut mich. Dann fangen wir einfach mal an. Beginnen Sie doch einfach damit, mal zu erzählen, wann Sie arbeitslos geworden sind und wie das gekommen ist.

Ich bin 2006 arbeitslos geworden. Ich habe davor zwölf Jahre in der Pflege gearbeitet, in Hamburg, in einem Pflegeheim. Und dort war der Umbruch zwischen Behörde und der Hansestadt Hamburg. Die normalen Heime in Hamburg waren alle der Stadt zugehörig und dann hat „Pflegen und Wohnen" das übernommen. Die haben das privatisiert. Und da fing das auch an, dass die Leute bei jeglicher Kleinigkeit gekickt wurden und ich habe dann noch gute vier bis fünf Jahre unter denen gearbeitet und das wurde aber immer massiver, so dass ich auch immer mehr Druck bekam. Und dann fing es auch schon an, dass ich mehr und mehr Alkohol getrunken habe und dadurch meine Zeiten der Krankheiten auch sich ausgedehnt haben und irgendwann haben wir im beiderseitigen Einverständnis… habe ich dann gesagt, dass ich den Druck nicht mehr aushalte und dann habe ich nicht gekündigt, aber wir haben halt in beiderseitigem Einverständnis das gelöst.

Wo entstand der Arbeitsdruck?

Sie haben mich auf Stationen gesetzt, die ich… also ich kannte das ganze Heim halt sehr, sehr gut und habe auf bestimmten Stationen auch lange gearbeitet, unter anderem viel auf der geschlossenen Station gearbeitet und habe dann zwischendurch ja meine kleine Tochter bekommen und dadurch bin ich ja 1 ½ Jahre nicht da gewesen, in Erziehungsurlaub. Und dann haben sie mich danach immer auf Stationen geschickt, die mir überhaupt nicht gelegen waren. Wo ich mit den Kollegen auch nicht so gut klar gekommen bin. Sie haben mich immer in Schichten reingesetzt, die ich mit meinem Kind ganz schlecht vereinbaren konnte und immer so in der Richtung... bis es dann halt... bis das Fass dann halt zum Überlaufen kam. Und dadurch bin ich arbeitslos geworden.

Okay, und Sie haben dann, wenn ich das richtig verstanden habe, den Alkohol eingesetzt, um diesen Arbeitsdruck auszubalancieren, um diesen Arbeitsdruck aushalten zu können. Kann man das sagen?

Ja, mit... ich habe mit... auch unter anderen Voraussetzungen, angefangen zu trinken, aber das Trinken war mit dann, um den Druck auszuhalten zu können... habe ich das vermehrt gemacht. Ich habe früher dann schon auch meine Probleme gehabt, aber ich habe auf der Arbeit halt nicht oder vor der Arbeit... Ich habe immer am Wochenende T-Schichten gearbeitet und dementsprechend hatte in der Woche halt auch immer viel frei und da konnte ich das ein bisschen besser verheimlichen. Und nachher, mit diesem Druck, habe ich es dann halt schon dafür benutzt, auch, um damit besser mit umgehen zu können.

Gut, ja, was hat sich verändert in Ihrem Leben durch die Arbeitslosigkeit, wie haben Sie das empfunden?

Ich muss dazu sagen: Ich habe zwischendurch ja immer noch wieder Stellen gehabt und auch viele Ein-Euro-Jobs machen müssen, die mir aber... weil ich die auch in die Institutionen gemacht habe, die mir sehr gelegen waren, im Krankenhaus zum Beispiel usw... dadurch haben die mir sehr gut gefallen.

Haben Sie sich die selbst gesucht, die Ein-Euro-Jobs, oder sind die Ihnen vom Jobcenter ganz passend vermittelt worden?

Die sind mir passend vermittelt worden und das war aber immer so, dass die mir mit dem Versprechen vermittelt wurden, dass ich wahrscheinlich dann auch übernommen werde. Und wenn ich da angefangen hatte, dann haben die mir nach kürzester Zeit schon gleich gesagt, »Das läuft absolut nicht, weil wir gar keine Planstellen haben.«

Also, das Jobcenter hat etwas versprochen…
(Unterbrechung durch die Interviewte)

…was überhaupt nicht an dem war... Also, von vornherein auch für die... Ich kann sagen, das Salzhausener Krankenhaus, zum Beispiel… da habe ich über sechs Monate gearbeitet und da hieß es nämlich auch… weil… da hätte ich mich wahnsinnig gefreut, wenn ich das gekriegt hätte, und da hieß es nämlich auch dann, dass ich da sehr wahrscheinlich übernommen werden kann und so, wenn ich das alles gut mache und da haben die mir aber schon nach einem Monat gesagt, die kommen nie auf die Idee.

Das heißt, Sie haben da vermutlich Arbeit gemacht, die Sie zuvor im Pflegeheim gemacht hatten. Die haben sie dann im Krankenhaus gemacht. Und sind mit einem Euro die Stunde bezahlt worden?

Ja, und das haben mir die in Salzhausen halt auch klar gemacht… dass sie keine Planstellen dafür hatten, sondern dann immer nur ein Ein-Euro-Job-Angebot. Das war dann halt billiger. Da war ich also sehr eingespannt. Also, ich habe da wirklich volle Arbeit geleistet. Ich bin da nicht mitgelaufen oder so.

Haben sie da vier Stunden oder sechs Stunden täglich gearbeitet?

Sechs Stunden täglich.

Aber im Grunde wie eine Vollzeitkraft oder wie eine voll ausgebildete Kraft, die entsprechend aber auch entlohnt wird, eigentlich.

Ich durfte halt ein paar Sachen nicht machen, aber ansonsten schon, ja.

Wie war das für Sie, wie haben Sie das empfunden?

Dadurch, dass mir die Arbeit sehr viel Spaß gemacht hat und ich mit den Kollegen wunderbar klar gekommen bin, und alle, war die Zeit der Arbeit für mich total schön. Es war sehr, sehr entspannend. Ich habe mich auch sofort… das hat mir auch mein ganzer Bekanntenkreis, meine Familie gesagt… dass ich mich wieder völlig verändert habe, weil mir das unheimlich Freude gemacht hat und der Beigeschmack war halt, dass sie mich halt angelogen haben, dass ich das ja schon wusste und da war so eine Traurigkeit, dass ich halt nicht da weiterarbeiten kann und gleichzeitig halt auch…

naja, Wut, weil... das ist halt auch eine Ausnutzung gewesen. Wenn ich die Arbeit nicht so gerne gemacht hätte, weiß ich auch nicht, ob ich das dann gemacht hätte. Ich glaube, dann hätte ich mich doch eher krank gemeldet oder... weil... ja es ist schon irgendwo eine Ausbeutung.

Sie sagten eingangs, dass Sie öfter solche Arbeiten in ihrer Zeit der Arbeitslosigkeit gehabt haben. Hat Ihnen das Jobcenter noch andere Arbeitsgelegenheiten angeboten?

Ja, ich musste öfter mal so etwas machen.

Auch über ein halbes Jahr dann?

Ja.

Wo haben Sie noch gearbeitet?

In Jesteburg, in der Waldklinik. Da wurde ich aber dann in die Küche versetzt, das fand ich nicht so toll. Also, ich habe erst auf der Station... und dann brauchten die... man... man wurde halt auch individuell eingesetzt, was nicht unbedingt... also in Salzhausen war das meinem Beruf entsprechend. Aber da war das so, dass... da brauchten sie dann welche in der Küche und dann haben sie mich einfach darüber geschickt und das war überhaupt nicht mein Ding und da wurde ich auch von den Kollegen gar nicht angenommen. Das war ganz, ganz schlimm. Die haben mich da auch quasi halbwegs gemobbt und das war ganz furchtbar. Also, weil ich halt arbeitslos war, dass ich vom Jobcenter kam und da habe ich mich dann auch... *(bricht ab)*

Hatten Sie das Gefühl, die hatten Vorurteile gegenüber Arbeitslosen, die sie dort beschäftigten?

Ja, aber nicht durch meine Person, glaube ich, sondern dadurch, dass sie halt auch nicht damit einverstanden waren, dass die Planstellen nicht belegt wurden, weil die mehr Kräfte brauchten, sondern dass da halt immer diese Ein-Euro-Jobber mit reingesetzt wurden. Und ich meine, von dem Standpunkt her konnte ich das verstehen, aber man hätte das auf eine andere Art und Weise machen müssen, weil... ich bin ja nicht diejenige, die das forciert hat und von daher war das keine schöne Zeit.

Das heißt, diese Erfahrungen, die Sie mit dem Jobcenter gemacht haben, die sind… ich sage mal, zwiespältig.

In der Zeit war es sehr zwiespältig und irgendwann hat das aber dann auch aufgehört. Dann auch einmal… da musste ich noch einmal… ich glaube, das war auch über ein halbes Jahr… musste ich so eine Schulung machen von der SBB.

Was ist das, SBB?

Das ist eine Institution, die Langzeitarbeitslose versucht wieder ins Arbeitsleben zu befördern, in dem sie lernen, Bewerbungen zu schreiben. Dann kamen da verschiedene Dozenten, die ein bisschen Blödsinn erzählt haben, also, wo die auch mit einem umgegangen sind, als ob alle Arbeitslose, die langzeitarbeitslos sind, so ein bisschen dumm sind. So hatte ich immer das Gefühl… so sind die mit einem umgegangen. Man musste jeden Morgen erzählen, was man gemacht hatte, damit die die Tagesstruktur sehen, wie man als Langzeitarbeitsloser seinen Tag verbringt. Also das war nicht gut.

Wie lange haben Sie das machen müssen?

Ein halbes Jahr. Und dann auch immer fleißig Bewerbungen schreiben und… ja, also nicht schön.

Und haben Sie mit dem Jobcenter mal über eine Umschulung gesprochen? Also, dass es eine fundiertere Hilfe gibt als Ein-Euro-Jobs?

Das haben die von vornherein abgelehnt, weil… ich bin ja auch noch Erzieherin und Altenpflegerin. Aber ich habe nicht das große Examen, sondern nur das kleine und die sind der Meinung gewesen, dass man damit einen Job kriegen muss und von daher haben sie auch eine Umschulung nicht befürwortet.

Und haben Sie jetzt eine Eingliederungsvereinbarung, in der drin steht, dass Sie sich pro Monat auf so und so viele Stellen bewerben müssen?

Ja, aber das hat sich jetzt bei mir alles verändert. Aber bis zu dieser Veränderung habe ich immer fünf Bewerbungen pro Monat… musste ich immer abgeben.

Und war das egal, worauf Sie sich beworben haben oder war das ganz gezielt auf Tätigkeiten in Pflegeheimen oder als Erzieherin im Kindergarten?

Nein, ich habe mich dagegen immer gewehrt, dass sie mich für irgendwas anderes einsetzen. Sie haben das ein paar Mal versucht. Und ich habe mich zwar bei denen auch gemeldet, aber die haben dann auch gleich gesagt: »Nein.« Also, das waren auch Sachen im Hotel, wo ich auch gleich gesagt habe »Ich habe keine Ahnung von irgendwas da, ich bin ja überhaupt nicht aus diesem Berufszweig« und dann haben die mir auch immer gesagt... das ist immer das gleiche Leid mit dem Arbeitsamt, weil die halt alles schicken, nur nicht das, was die brauchen. Und dann habe ich mich immer extremst als Altenpflegerin und als Erzieherin beworben. Anders nicht. Ich habe zwischendurch mal ein paar Sachen dazwischen gehabt, die mich im Prinzip auch interessiert haben, aber da habe ich aber dann keine Probleme gehabt. Das haben die dann auch so akzeptiert.

Und Ihre Bewerbungen sind bisher alle erfolglos gewesen?

Ja, also ein großer Teil ist gar nicht beantwortet worden. Wo ich also eigentlich zum großen Teil immer eine schriftliche Bewerbung abgegeben habe. Also, eine richtige Bewerbungsmappe und ich habe ja bei einigen sogar nachgefragt und nachgehakt und da kam halt oft, dass ich ja allmählich auch schon ins Alter reingerutscht war und das war ganz häufig. Ich habe auch in mehreren Altenheimen Probetage gearbeitet und ich habe auch bei einigen längere Zeit sogar mal ein Praktikum..., aber das hieß dann immer, ich würde nicht ins Team passen oder so was. Und ich denke, das hat zum größten Teil immer etwas mit meinem Alter zu tun gehabt.

Sie sind wie alt?

Ich bin... also ich werde jetzt Montag 55. Aber das hat schon angefangen, wo ich... ab 45 fing das schon an. Wo ich am Anfang gar nicht geglaubt habe, dass es daran liegen könnte, aber es lag schon oft daran.

Nun ist es ja so, dass Menschen, die jahrelang in Pflegeheimen gearbeitet haben, oft Probleme mit dem Rücken bekommen, weil das Heben der alten Menschen auf Dauer eben doch eine körperliche Überforderung darstellt. Haben Sie solche

gesundheitlichen Einschränkungen auch bekommen durch ihre Tätigkeit in Hamburg?

Ja, weil ich auch zu der Zeit… ich habe ja angefangen, da hat man noch nicht so sehr auf Rücken schonendes Arbeiten geachtet und da habe ich schon meinen Rücken auch ganz gut kaputt gemacht. Und jetzt ist es halt auch soweit, dass ich eigentlich aus der Pflege rausgenommen bin, weil ich da nicht mehr drin arbeiten kann. Das geht gar nicht.

Das akzeptiert das Jobcenter?

Jetzt. Aber jetzt erst seit einem halben Jahr. Da ich jetzt eine Sachbearbeiterin habe, die das auch akzeptiert und auch in die Richtung jetzt geht. Aber bis dahin… was dazu kam, dass ich ständig wechselnde Betreuer hatte… das war also wirklich enorm. Ich habe bestimmt einen Durchlauf von 10 bis 15, wenn nicht noch mehr gehabt. Da saß ständig jemand anderes. Also für eine längere Zeit waren das drei Leute… die ich für eine längere Zeit hatte. Sonst war es immer ein Wechsel. Das war schon enorm. Und dementsprechend haben die sich sowieso nicht so darum gekümmert.

Und ich will noch einmal auf die Arbeitsstelle zurückkommen. War das im Pflegeheim bekannt, dass Sie gesundheitliche Einschränkungen haben, als Sie sich dort beworben haben? Dass Sie Rückenbeschwerden haben? Kann das auch sein, dass das eine Rolle gespielt hat? Dass die dann gesagt haben: »Naja, das ist uns zu risikoreich, jemanden einzustellen, der vielleicht nach einem halben Jahr langzeiterkrankt ist, weil er Bandscheibenvorfälle hat«?

Das meine ich auch mit dem Alter. Nicht nur alleine damit, dass ich tatsächlich so alt bin, sondern halt auch einen älteren Menschen, der in die Pflege geht. Die wissen ja, wie kaputt man eigentlich ist, wenn man schon so lange darin gearbeitet hat und das meine ich eben auch… dass die aufgrund des Alters sich gesagt haben: »Wir nehmen mal lieber etwas Jüngeres.«

Wir haben jetzt über das Jobcenter gesprochen und dessen, sage ich mal, »Vermittlungsbemühungen«. Vorher waren Sie ja sich bei der Agentur für Arbeit und haben Arbeitslosengeld I bekommen. Haben die Ihnen irgendwie Arbeitsangebote machen können oder sind die für Sie tätig geworden?

Nein, die sind überhaupt nicht für mich tätig geworden. Also, da muss ich aber dazu sagen, das war ja auch noch zu der Zeit, wo ich noch in Hamburg gelebt habe. Aber da war gar nichts, die haben sich überhaupt nicht um mich gekümmert.

Das heißt, Sie haben Arbeitslosengeld beantragt, das bekommen und nach einem Jahr... *(Unterbrechung durch die Interviewte)*

Naja, ich musste da auch schon Bewerbungen vorzeigen, aber da war keine große Resonanz, also... die haben sich nicht großartig gekümmert. Und also... was ich, als ich denn in Hartz IV gerutscht bin... was ich da an Stellenanzeigen bekommen habe, das ist auch nicht großartig gewesen. Also, ich musste da schon eigentlich zu 80% mich selbst darum kümmern.

Ah ja, okay.

Also Hilfe, in dem Sinne, habe ich vom Arbeitsamt nicht bekommen, besser gesagt, vom Jobcenter, aber damals vom Arbeitsamt auch nicht.

Okay, und jetzt sagten Sie, dass Ihre Sachbearbeiterin jetzt besser ist und dass Sie sich auf Stellen im Pflegebereich nicht mehr bewerben müssen.

Nein.

Was erwartet die jetzt von Ihnen?

Die erwartet, dass ich eine Besserung quasi mit meinen Rückenproblemen und alles bekomme. Das ist aber, denke ich, eher so, dass es so ausläuft. Sie kann das halt nicht irgendwie sagen... also, sie kann es oben nicht vertreten, zu sagen: »Sie kann halt nicht mehr und geht dann in Rente.« Oder so was. Aber sie hat mir halt gesagt, sie kann das jetzt im Moment so verantworten, dass ich halt immer nur eine Bewerbung abgeben muss und das halt in dem anderen Berufszweig, wo ich halt nicht so körperlich arbeiten muss, was natürlich sehr, sehr schwer ist. Und das halt erst mal für eine Zeit, bis ich vielleicht eine Maßnahme erwische... vom Orthopäden, der mir endlich mal helfen kann. Was aber auch sehr, sehr schwierig ist. Und damit wird sie, denke ich, einfach mal ein bisschen Zeit schinschen. Ich bin auch selbst sehr erstaunt, dass sie so ist. Ich habe da wahnsinnig viel Glück gehabt. Ist aber auch wieder die Frage, wie lange die jetzt überhaupt da ist. Wenn die jetzt wieder weg ist, irgendwann, was sie selber nicht sagen kann, dann habe ich wieder ein großes Problem.

Nun, haben Sie im Rücken einen Bandscheibenvorfall oder worin bestehen Ihre Schwierigkeiten?

Nein. Mein Rücken ist einfach kaputt. Ich habe da Arthrose drin... also, Arthrose habe ich in meinen ganzen Gelenken und der Orthopäde sagt selber auch... das sogenannte »Kaputtgearbeitet«. Und ich stehe immer kurz vorm Bandscheibenvorfall, aber das ist, Gott sei Dank, noch nicht passiert, aber es sind natürlich alles Sachen, die also in der Pflege... ich kann auch... ich habe eigentlich tagtäglich Schmerzen und ich könnte... ich habe mir das mal vorgestellt... ich habe in der letzten Zeit ja kein Probearbeiten mehr gemacht, aber ich glaube, das geht auch einfach nicht mehr. Ich muss da irgendwie gucken, dass ich etwas anderes mache.

Das heißt ja vermutlich auch, wenn Sie so Arthrose haben, so einen Verschleiß haben, dass das eigentlich kaum wesentlich zu bessern ist, sondern allenfalls, das das Fortschreiten verzögert werden kann.

Ja. Und dann kommt noch hinzu, dass ich... ich habe ja, wie gesagt, sehr lange auf der Geschlossenen gearbeitet und von daher wäre ich halt schon auch interessiert in die Dementen-Richtung zu gehen. Da muss ich mich ja körperlich nicht so anstrengen. Leider, das wird zwar so nicht gesagt, aber es ist so, dass, wenn man als Betreuungskraft eingeteilt wird, für die Dementen-Gruppen oder eben für die Beschäftigungstherapie, dann ist es aber meistens nicht der Fall, dann wird man nämlich zur Hälfte, hundertprozentig, mit in der Pflege eingesetzt. Und das ist von daher für mich nicht machbar. Deshalb habe ich da halt auch ständig Absagen gekriegt, weil ich gleich gesagt habe: »Wenn, dann arbeite ich als Betreuungskraft in der Dementen-Gruppe, aber ich kann nicht mit in die Pflege reingehen« und dann war ich auch ganz schnell draußen.

Und Sie sagten ja auch, dass Sie Erzieherin sind. Kommt das für Sie auch noch als Arbeitsgebiet in Frage oder schließen Sie das aus?

Jetzt schließe ich das aus. Ich habe da lange Zeit das immer noch mit gesucht. Da muss ich aber dazu sagen, dass da auch häufig das durchgekommen ist und dadurch, denke ich, auch eine Ablehnung gekommen ist, weil… ich habe meine Ausbildung darin gemacht und habe aber, als ich mein zweites Kind gekriegt habe, quasi aufgehört, und das war schon 1987. Ich habe… ich bin dann danach in die Pflege dann gegangen und habe dann halt auch so lange nicht mehr gearbeitet und ich denke, dass ich zu lange einfach auch rausgewesen bin und jetzt, also schon ein bisschen länger… ich denke, das hat auch etwas mit dem Alkohol zu tun gehabt: Ich schaff das nervlich einfach nicht mehr. Ich halte das irgendwo nicht mehr aus. Und deswegen habe ich das für mich jetzt auch abgelehnt, dass ich… ich kann das nicht mehr, ich schaffe das nicht mehr – nervlich und auch körperlich.

Okay. Es sind 25 Kinder in der Gruppe heute. Und das ist natürlich eine Herausforderung, die man in jungen Jahren leichter bewältigen kann, als wenn man schon etwas älter ist. Das ist ja verständlich und wenn Sie dann 30 Jahre schon raus sind aus dem Beruf, da wird wahrscheinlich jeder Arbeitgeber abwinken und sagen: »Also, das ist zu lange her.«

Ja. Ich habe eine ganze Zeit immer geguckt, ob ich vielleicht mit in die Krippe reingehen kann, aber das war halt auch nix. Von daher… *(bricht ab)*

Da hatten Sie sich beworben und Ablehnungen bekommen?

Ja, weil… das ist halt auch wieder schwierig. Weil viele Krippen ja nicht mehr wie früher… da sind ja häufig auch dann schon ein bisschen ältere Kinder mit dabei und das war dann halt auch wieder nix für mich.

Haben Sie eigentlich außer der Behandlung hier im Hause, die ja die Deutsche Rentenversicherung bezahlt… haben Sie da Unterstützung bekommen von der Deutschen Rentenversicherung, was ihre berufliche Perspektive angeht?

Nein, überhaupt nicht, gar nicht. Ich bin noch nie mit diesen in Kontakt gewesen, bis hier jetzt. Ich habe da keinerlei Hilfe oder irgendwas gehabt.

Sie haben auch keinen Antrag auf berufliche Teilhabe gestellt oder auf einen Eingliederungszuschuss oder Ähnliches?

Also, ehrlich gesagt, bis ich diese Gruppe mit Ihnen gemacht habe, hier, wusste ich teilweise gar nicht, dass es das alles gibt. Weil mich da niemand drauf aufmerksam gemacht hat, vom Jobcenter nicht... irgendwie in die Richtung geleitet hat oder nachgefragt, ob ich vielleicht so etwas machen möchte, nichts. Also von daher... also, da hätte ich sicherlich Interesse gehabt, da irgendwas vielleicht in einem anderen Bereich schon zu versuchen, weil... es war ja irgendwo schon auch ein bisschen offensichtlich, dass es irgendwie nicht mehr so richtig läuft, weil ich ja nix... Das haben die mir bei der SBB schon so ganz blöd rübergebracht. So nach dem Motto, der eine fragte mich mal: »Ja, haben Sie sich denn hier überall schon beworben?« Und ich so: »Ja!« »Ja«, sagt er, »dann haben Sie doch gemerkt, die wollen Sie hier nicht haben. Was wollen Sie denn weiter machen?« Also selbst da haben die aber dann nicht angefangen... in eine andere Richtung rein zu gehen. Da war gar nix in der Richtung, was mir ehrlich gesagt sehr, sehr gefallen hätte. Aber jetzt ist es zu spät.

Das heißt, jetzt sehen Sie ihre Perspektive eigentlich eher darin, dass Sie sagen: »Ich warte ab, bis ich die Altersgrenze erreicht habe für die Rente bzw. Alterssicherung« ?

Nein, nein, ich möchte gern etwas anderes machen. Nur... das ist halt so ein bisschen schwierig im Moment, und... ja, ich bin da noch ein bißchen auf der Suche, in welche Richtung ich noch gehen könnte. Aber ich möchte auf alle Fälle etwas Anderes machen. Also, weiter so möchte ich das nicht. Ich möchte eigentlich mehr heute als morgen irgendwie einen ordentlichen, guten Job wieder bekommen. Aber das Problem ist ja auch noch mit, dass zum größten Teil auch immer nur 450€ Jobs angeboten werden. Das bringt für mich aber nichts. Ich kann davon nicht leben und wenn ich das aber trotzdem mache, dann ist das mit dem Arbeitsamt... Das muss man ja ehrlich so sagen, das ist eine fürchterliche Schichterei. Das ist ein hin und her und da... also, da wird man verrückt. Und das ist auch noch wieder ein großer Punkt, der einem das sehr verleidet.

Ich finde, was empfehlenswert wäre, dass Sie einfach mal Kontakt aufnehmen zur Deutschen Rentenversicherung. Die ist ja hier am Bahnhof und sich da mal ein Beratungsgespräch holen. So. Das, glaube ich, könnte sinnvoll sein. Dabei kann Ihnen auch Frau Schaar helfen. Und dass Sie da einfach mal versuchen, zu klären, was die Rentenversicherung Ihnen an Unterstützung anbieten kann. Die werden sich ja auf der einen Seite sagen: »Wir wollen erst mal abwarten, wie die ambulante Therapie hier zu Ende ist, wie das verlaufen ist.« Aber dann gibt es

die Möglichkeit, bestimmte Unterstützung Ihnen zu teil werden zu lassen. Die werden aufgrund Ihres Alters… Ihnen keine Umschulung mehr finanzieren. Das ist leider so, aber es gibt die Möglichkeit, dass sie Arbeitgebern anbieten, wenn die Sie einstellen würden, dass sie über einen Zeitraum von sechs Monaten bis zu einem Jahr finanzielle Unterstützung zahlen. Das ist natürlich für einen Arbeitgeber interessant, wenn es weiß: »Okay, ich kriege da jemanden, den muss ich zwar einarbeiten, aber ich kriege einen Lohnkostenzuschuss.« Ich denke, darüber sollten Sie dann mit der Deutschen Rentenversicherung einmal sprechen.

Ja, das hört sich ganz gut an.

Ja, das wäre ein konkreter Tipp. Ich kann das Frau Schaar auch noch einmal schreiben bzw. ihr persönlich sagen, dass die Sie da unterstützt.

Ja, das hört sich gut an.

Ich will noch einmal auf die Arbeitslosigkeit zurückkommen. Was hat sich da verändert für Sie in Ihrem alltäglichen Leben, dadurch, dass Sie nicht mehr Vollzeit berufstätig sind?

Viele Sachen haben sich da verändert. Einmal natürlich das Finanzielle. Das ist ja ganz klar. Was aber auch… ich habe ja auch in der Anfangszeit noch meine Kinder zuhause gehabt und das macht sich natürlich auch stark bemerkbar, wenn das um Schulsachen geht. Und dies und das. Dann schon alleine, dass immer diese Bescheinigung vom Arbeitsamt… die mitbringen müssen, teilweise die einzigen am Anfang gewesen… und ist natürlich alles, was einen sehr, sehr bedrückt für die Kinder einfach auch. Ich habe zwar immer versucht, mit denen normal darüber zu reden und ihnen das auch genauso zu erklären. Die sind auch eigentlich sehr gut damit umgegangen, aber trotzdem ist es natürlich auch eine Belastung und keine schöne Erfahrung und ich habe mich da auch manchmal sehr, sehr mies gefühlt, den Kindern gegenüber. Dann finanziell halt sowieso: Man kann sich halt vieles nicht mehr leisten, das ist einfach vom Geld nicht drin. Man muss den Pfennig wirklich dreimal umdrehen und dann aber… was für mich immer ganz extrem schlimm war… ich habe sehr, sehr gerne gearbeitet und ich habe auch sehr gerne mit meinen Kollegen also gearbeitet. Ich habe immer eine Arbeit gehabt, wo ich im Team gearbeitet habe und das habe ich sehr, sehr vermisst. Ich bin da manchmal auch schon richtig depressiv gewesen, weil das für mich einfach nicht schön war. Ich habe zwar keine Probleme mit meiner Freizeit gehabt, weil ich eh noch Sachen habe, die ich machen kann und muss im Alltag, so nicht, aber ich habe immer… das ist eigentlich bis heute… dass ich die Arbeit sehr vermisse. Also, das hat sich schon… und dann halt auch der Stand in der Gesellschaft, der sich, je länger das dauert… einfach sagen zu müssen: »Ich bin arbeitslos.« Das kommt nicht gut an, das ist kein schönes Gefühl.

Wie hat Ihre Familie oder wie haben Freunde darauf reagiert?

Unterschiedlich. Also, auch Familie unterschiedlich… in dem ich… also jetzt Familie… mein Vater, zum Beispiel, der weiß das gar nicht. Der ist aber auch schon sehr alt und für den war Arbeit… für den ist das selbstverständlich. Der kann sich das, glaube ich, gar nicht vorstellen… dass man arbeitslos ist. Der ist halt auch noch von der alten Generation und ich habe auch nie mit ihm viel über Arbeiten geredet und von daher habe ich ihm das nicht richtig erzählt und habe… das ist dann so gelaufen und ich habe jetzt… werde ich ihm das nicht mehr erzählen, weil ihn das nur aufwühlen würde. Und er ist, wie gesagt, auch schon ziemlich alt. Und ansonsten… in meiner Familie, also nicht meine direkte Familie… die sind eigentlich alle ganz gut damit umgegangen und gehen heute auch noch ganz gut damit um, weil die halt auch mich ja direkt miterleben und nicht irgendwie sagen: »Die will nicht arbeiten oder hat keine Lust« oder so, was bei der anderen Familie, also, sprich: mein Bruder und so… da habe ich eben auch nicht so viel Kontakt. Aber die finden das auch nicht ganz normal… dass es halt auch an mir liegt und das ist dort auch eher sehr, sehr negativ behaftet. Aber da wird halt auch nicht mehr drüber geredet. Das wird totgeschwiegen. Was mir aber auch ganz lieb ist, weil… ich kann mit denen auch nicht darüber reden, weil sie das auch nicht so verstehen, so wie… eigentlich würde ich mal so sagen, achtzig Prozent der Bevölkerung falsch damit umgehen. Und das ist schon eine Belastung, auch, weil man sich immer komisch fühlt und man kommt ja fast tagtäglich in die Situation, dass man irgendwie denkt:»So, das muss nicht jeder mitkriegen.«

Wie hat sich die Arbeitslosigkeit auf Ihre Suchterkrankung ausgewirkt?

Ich habe meiner Sucht, glaube ich, freien Lauf gelassen, weil ich auch diese Frustration dieser Arbeitslosigkeit damit weggespült habe und ich hatte halt auch, muss man ja auch klar sagen, mehr Möglichkeiten, weil… ansonsten hätte ich das ja gar nicht machen können, wenn ich zur Arbeit musste. Und das hat mein Suchtverhalten eher noch vermehrt. Und ich glaube sogar, dass ich so die Hauptzeiten… dass ich dadurch auch sehr viel mehr getrunken habe. Weil… dann ist das halt alles nicht mehr so schlimm gewesen. Und die Kollegen haben halt nicht so gefehlt… das ganze Drumherum und das Arbeiten und so, weil… wenn du dann halt sowieso nicht immer so bei dir bist, fühlt sich das nicht so schlimm an. Dann kriegt man das alles nicht so mit.

Was war dann der Auslöser, dass Sie gesagt haben: »Jetzt muss ich irgendwas machen. Jetzt will ich aktiv gegen meine Suchterkrankung vorgehen«?

Also, es ist ja bei mir so gewesen, dass ich von mir aus… also, ich bin körperlich ein Wrack gewesen. Ich konnte körperlich nicht mehr, hatte total viele Aussetzer schon. Und da habe ich ja schon, aber vor Jahren schon, angefangen, eine Entgiftung zu machen, zu Hause, und habe versucht, trocken zu sein. Und das habe ich aber… am Anfang waren es vier Monate, dann hat sich das nachher ein bisschen gesteigert. Ich habe aber immer wieder Rückfälle gebaut. Ich habe das eine Zeit sogar geschafft, dass ich neun Monate… mal ein ganzes Jahr… ich habe immer lange Trockenphasen dazwischen gehabt. Aber ich habe immer wieder Rückfälle gebaut und irgendwann habe ich mir dann gesagt, weil der…, bevor ich hier her gekommen bin, der Rückfall Weihnachten, der war so schlimm, da war ich mehr als tot als überhaupt noch lebendig, weil… der war so exzessiv. Das war so schlimm, da habe ich mir dann gesagt: »So, das darf jetzt nicht noch einmal passieren, dass du noch einmal einen Rückfall kriegst.« Und da habe ich mir dann gesagt… ich hatte diese Nummer schon. Zwei Jahre davor hatte ich mir die rausgelegt und da habe ich das aber noch nicht irgendwie geschafft. Und da habe ich mir dann aber gesagt: »Jetzt ist Schluss. Jetzt ohne Hilfe.« Ich habe mir immer lange, lange Zeit gesagt: »Das kriegt du irgendwie hin«, aber dadurch, dass ich halt immer wieder die Rückfälle gebaut habe, habe ich mir jetzt halt dann gesagt: »Nee, ohne Hilfe kriegst du das doch nicht hin.«

Seit wann sind Sie jetzt dabei?

Ich bin jetzt ein Jahr dabei. Im Juni jetzt ein Jahr.

Okay. Ja, wir haben jetzt über die Schwierigkeiten und die Nachteile von Arbeitslosigkeit gesprochen, also dass es zum Beispiel Ihre Suchterkrankung verschärft hat. Gab es auch Momente, wo Sie gesagt haben: »Es gibt auch Vorteile für mich, arbeitslos zu sein?«

Ja, durchaus. In dem ich halt… ich bin halt nicht so ein typischer Arbeitsloser, nicht so eine typische Arbeitslose, wenn man das jetzt so ausdrückt, weil… ich sitze nicht den ganzen Tag zuhause, das mache ich nicht. Also, ich habe so viel immer zu tun und mache auch halt sehr viel, wo ich mir oft schon gedacht habe, »Wenn ich jetzt voll arbeiten würde, dann würde ich das halt nicht machen können.« Da sehe ich schon manchmal, dass ich denke: »Schön, dass ich so viel Zeit habe. Das ich das alles machen kann.« Aber ja, ich habe ja die Zeiten dazwischen, wo ich was gemacht habe… da habe ich aber auch gesehen, dass es trotzdem halt auch geht. Das ist meistens nur eine Sache der Planung. Aber das ist schon halt manchmal ganz schön.

Kommen wir vielleicht noch einmal auf das Angebot der Gruppe zurück, was wir hier gemacht haben. Wie haben Sie das empfunden… diese Gruppe? Wie war das für Sie?

Mit der Arbeitslosengruppe?

Genau, ja.

Wo ich gehört habe, dass ich da hingehen soll, habe ich erst mal gleich gedacht: »Och, vom Arbeitsamt eine Auflage, weil ich ja die Rente in Anspruch nehme. Da muss ich dahin und dann erklären sie mir genau den gleichen Quark wie beim Arbeitsamt.« Dann habe ich auch schon mal gesagt… zum Ende hin… der Gruppe… war ich dann sehr, sehr überrascht, weil mir die Gruppe sehr gut gefallen hat und ich auch das Gefühl hatte, auch endlich mal mich nicht so blöde zu fühlen, zu sagen: »Ich bin halt arbeitslos.« Und ich bin ja nun auch Langzeitarbeitslose, das kommt ja auch noch hinzu, das ist ja noch schlimmer. Und das war halt schon ein gutes Gefühl, da nicht irgendwie immer ein komisches Gefühl in der Magengegend zu haben und dann war sie halt sehr informativ. Ich habe da auch einige gute Sachen gelernt. Und ja, von daher hat mir die Gruppe sehr viel gebracht. Ich fand die also sehr gut.

Sie haben ja im Nachgang auch noch einmal Kontakt aufgenommen oder aufnehmen wollen zu Herrn H. von der Erwerbsloseninitiative?

Ja, richtig. Das war für mich halt auch wirklich also einer der absoluten Highlights, von denen überhaupt zu erfahren, dass es die gibt, wie die arbeiten und all so etwas. Also, das fand ich schon toll, auch für die Seele, ein Stück weit… dass man nicht total das Gefühl hat, man ist halt der Abschaum der Gesellschaft, sondern… das sind durchaus auch Menschen, die sich ein bisschen damit befassen, die einem auch eventuell helfen, weil das ist ja auch alles nicht so toll, was mit dem Arbeitsamt los ist und was da abgeht. Und man muss bei so vielen Sachen aufpassen, dass die einen nicht übers Leder ziehen und dies und das. Und das war für mich irgendwie eine sehr, sehr schöne Erfahrung. Und ich habe die Hilfe auch schon in Anspruch nehmen können, was auch ganz toll war. Ich habe den nicht sofort erreicht gehabt. Er hat sich dann sofort zurückgemeldet und mich gefragt und… ja das war schon toll.

Es geht um ein konkretes Problem, wo er Ihnen auch helfen konnte, im Umgang mit dem Jobcenter?

Richtig. Das ging um ein spezielles Problem mit dem Jobcenter, wegen meiner Tochter. Die wollten nämlich wieder eine Kürzung vollziehen.

Und konnte die Kürzung abgewendet werden?

Ja. Ich wusste nicht genau, wie ich die Stellungnahme formulieren soll, weil… da muss man ja auch immer unheimlich aufpassen. Weil die einem ja dann immer das umdrehen und dann etwas ganz anderes daraus machen. Da brauchte ich die Hilfe halt. Und das war für mich halt super. Wenn ich das eher schon gewusst hätte, dann wären mir einige Sachen auch erspart geblieben. Ich habe damals… da hatte ich auch so eine Sache. Da musste ich damit zum Anwalt und der war auch nicht so gut, hat auch verloren. Und ich denke, wenn das jetzt mit denen gelaufen wäre, dann wäre das auch anders gelaufen. Also, von daher war das für mich sehr gut.

Das freut mich. Dann hat die Gruppe ja einen ganz konkreten Nutzen für Sie gehabt, dass Sie den Mann kennen gelernt haben.

Ja.

Das ist prima. Was hat Ihnen gefehlt, wenn Sie noch einmal zurück denken? Gibt es da etwas, wo Sie sagen: »Das wäre gut, wenn das in der Gruppe noch stärker ausgebaut werden würde oder wenn wir das noch berücksichtigen würden.«

Haben Sie da was?

Ich glaube, so ein bisschen diese Gefühle, die Arbeitslose haben. Also, in der Gruppe waren ja jetzt auch nicht so sehr viele, die jetzt auf diese Langzeitarbeitslosigkeit zurückblicken konnten. Aber ich glaube, dieses »Wie die Menschen sich fühlen«, das könnte noch ein bisschen mehr ausgebaut werden. Weil… ich glaube, das ist für alle wichtig, da mal wirklich offen drüber reden zu können. Ich habe auch schon ein paar Mal so gedacht, ich gehe mal in so eine… es gibt doch auch so Stellen, die sich da öfter mal treffen… weil… ich glaube, das ist ein ganz, ganz großer Punkt, dass man da nicht offen drüber sprechen kann. Man schämt sich halt schon, vor anderen Menschen darüber zu reden, mit denen man auch nicht darüber reden möchte, weil die ja, wenn jemand im Arbeitsverhältnis steht… der kann das teilweise auch gar nicht verstehen, was ich ihm da erzähle und ich glaube, das wäre ganz schön, wenn man da ein bisschen offener drüber reden könnte, wie es einem überhaupt geht.

Sie haben überlegt, zu einem Treffen zu gehen. Meinen Sie jetzt die Erwerbsloseninitiative, diesen Sozialstammtisch, den die anbieten?

Ja, genau, zu dieser Erwerbsloseninitiative. Ja, um halt… das ist der Sinn einer Selbsthilfegruppe… im Grunde genommen, genau das Gleiche: Mit Leuten einfach reden zu können, die einen verstehen können und wo man sich halt nicht total blöde fühlt. Weil… es ist ja selbst bei Arbeitslosen… dass man mit denen nicht richtig reden kann, die kurz arbeitslos sind. Die sagen: »Wie kann man denn Langzeitarbeitslose sein? Das ist ja unmöglich.« Und das ist aber jetzt speziell auf diese Langzeitarbeitslosigkeit gemünzt.

Ja, wir werden das berücksichtigen. Vielen Dank. Ich denke, wir haben alles Wichtige jetzt hier besprochen. Gibt es aus Ihrer Sicht noch etwas zu ergänzen?

Nein. Da fällt mir jetzt so erst mal nichts ein.

Ja, Frau A., dann danke ich Ihnen vielmals.

Die von der Theorie ausgearbeitete historische Wahrheit kann nicht in der Theorie selbst gründen; sie hat ihren Ursprung im wirklichen Kampf (der Praxis), zu dem die Menschen, von ihren Klassenbedingungen ausgehend, sich entschließen.

- Andre Gorz -

Literatur

Achatz, J./Trappmann, M.:Arbeitsmarktvermittelte Abgänge aus der Grundsicherung. Der Einfluss von personen- und haushaltsgebundenen Arbeitsmarkt-barrieren. IAB – Discussion Paper 2/2011

Altvater, E./Zelik, R.: Vermessung der Utopie. Ein Gespräch über Mythen des Kapitalismus und die kommende Gesellschaft. München 2009

AOK-Bundesverband: Deutsche Studenten sind gestresst. Pressemitteilung vom 11.10.2016, https://de.slideshare.net/AOK-Bundesverband/pressemitteilung-des-aokbundesverbandes-vom-11102016-deutschlands-studenten-sind-gestresst [15.10.2017]

Appel, M.: Provokanter geht es nicht: Geld für nix! Grundeinkommen aus feministischer Perspektive. In: Volksstimme 2015, Nr. 9, S. 27-29

Baron, Ch.: Proleten, Pöbel, Parasiten. Warum die Linken die Arbeiter verachten. Berlin 2016

Bauer, J.: Arbeit. München 2015

Bebel, A.: Die Frau und der Sozialismus. Frankfurt/M. 1981, 3. Auflage

Becker, N.: Arbeitsregulation in der ambulanten Pflege. Handlungsfelder kollektiver Interessenvertretung., S.132, in: Prokla. Zeitschrift für kritische Sozialwissenschaft, 2014, Nr. 174, S. 131-147

Benke, K.: Arbeitslose Hartz-IV-Empfänger: 90 Prozent wollen einen Job. In: Deutsches Institut für Wirtschaftsforschung (DIW), 2010, Nr. 6, S. 3

Berkemeyer Unternehmensbegeisterung : Gallup-Studie 2014. Manuskript. 2014

Bernstädt, J./Hahn, St.: Gestalt-Therapie mit Gruppen. Bergisch Gladbach 2010

Bertelsmann-Stiftung: Kinderarmut in Deutschland wächst weiter – mit Folgen für das ganze Leben. Presseerklärung vom 12.09.2016, https://www.bertelsmann-stiftung.de/de/themen/aktuelle-meldungen/2016/september/kinderarmut-in-deutschland-waechst-weiter-mit-folgen-fuers-ganze-leben/ [15.10.2017]

Bönner, K.-H.: Lebensperspektiven ohne Arbeit – psychische Gesundheit und Krankheit von Langzeitarbeitslosen. In: Sucht aktuell 2, 1999, S. 33-35

Böttger, A.: Angebote – Strukturen – Bedarfe zur beruflichen Integration und Teilhabe suchtkranker Menschen. Ergebnisse einer Erhebung der NLS 2013. Hannover 2015, herausgegeben von der NLS.

Böttger, A.: Einführung zur Fortbildung „Fördermöglichkeiten und Instrumente der Arbeitsagenturen und Jobcenter zur Integration von arbeitslosen Suchtkranken in den Arbeitsmarkt (SGB II und III)". Hannover. Powerpoint vom 31.10.2016

Boewe, J.: Rechtlose Erntehelfer. In: Junge Welt vom 17.06.2014, S. 9

Bühler, B. et al.: Versorgungssituation von Langzeitarbeitslosen mit psychischen Störungen. In: Der Nervenarzt, 2013, 84. Jg., H. 5, S. 603-607

Bund, K./Rohwetter, M.: So wollen wir arbeiten.
In: Die Zeit vom 03.04.2014, S. 23

Bundesagentur für Arbeit (Hrsg.): Arbeitsmarkt in Zahlen.
Statistik Grundsicherung für Arbeitssuchende. Nürnberg 2016

Bundesagentur für Arbeit (Hrsg.): Statistik nach Regionen. 2017.
In: https://statistik.arbeitsagentur.de/Navigation/Statistik/Statistik-nach-Regionen/Politische-Gebietsstruktur/Ost-West-Nav.html [02.10.2017]

Bundesagentur für Arbeit (Hrsg.): Merkblatt 1 für Arbeitslose. Ihre Rechte – Ihre Pflichten. Nürnberg 3/2016

Bundesagentur für Arbeit (Hrsg.): Merkblatt 12. Förderung der Teilhabe am Arbeitsleben für Arbeitnehmerinnen und Arbeitnehmer. Nürnberg 6/2016

Bundesagentur für Arbeit (Hrsg.) : Finanzielle Hilfen auf einen Blick. Was? Wie viel? Wer?. Nürnberg 9/2016

Bundesagentur für Arbeit (Hrsg.) : Der Arbeitsmarkt in Deutschland – Zeitarbeit – Aktuelle Entwicklungen. Nürnberg 2016.

Bundesagentur für Arbeit (Hrsg.) : Arbeitslosigkeit, Unterbeschäftigung und gemeldetes Stellenangebot – die aktuellen Entwicklungen in Kürze – September 2016. Nürnberg 2016a.

Bundesagentur für Arbeit (Hrsg.) : Merkblatt 6. Förderung der beruflichen Weiterbildung für Arbeitnehmerinnen und Arbeitnehmer. Nürnberg 1/2017

Bundesarbeitsgemeinschaft Grundeinkommen in und bei der Partei DIE LINKE (Hrsg.): Grundeinkommen. Konzept. Berlin 2014

Bundesministerium für Arbeit und Soziales (Hrsg.) : Lebenslagen in Deutschland. Der 4. Armuts- und Reichtumsbericht der Bundesregierung. Bonn 2013

Bundesministerium für Arbeit und Soziales (Hrsg.): Sozialbudget 2015. Berlin 2016

Bundespsychotherapeutenkammer : Alkohol – die legale Droge. Berlin 2016

Bundeszentrale für politische Bildung : Beschäftigte im Gesundheitswesen. http://www.bpb.de/nachschlagen/zahlen-und-fakten/soziale-situation-in-deutschland/61807/beschaeftigte [02.01.2018]

Burkhardt, W.: Die Rolle der Intelligenz in den Gesundheitsberufen. In: Z. Zeitschrift für marxistische Erneuerung. 2013, Nr. 96, S. 50-55

Butterwegge, Ch.: Hartz IV und die Folgen. Auf dem Weg in eine andere Republik. Weinheim und Basel 2015

Butterwegge, Ch.: Armut. Köln 2016

Butterwegge, Ch.: Die Agenda 2010 war ein Nährboden für den Rechtspopulismus. In: Zeit Online vom 10.02.2017, http://www.zeit.de/politik/deutschland/2017-02/christoph-butterwegge-bundespraesidentenkandidat-die-linke-bundeswehreinsaetze [15.10.2017]

Csikszentmihalyi, M.: Lebe gut! Wie Sie das Beste aus Ihrem Leben machen. München 2001

Detje, R. et al.: Krisenerfahrungen und Politik. Hamburg 2013

Deutscher Bundestag: Antwort der Bundesregierung auf die Kleine Anfrage der Abgeordneten Sabine Zimmermann u. a. und der Fraktion DIE LINKE – Drucksache 18/10769 – Arbeitsfähigkeit der Beschäftigten in den Jobcentern gewährleisten vom 06.01.2017

Deutscher Gewerkschaftsbund (DGB) : Arbeit auf Abruf: Arbeitszeitflexibilität zulasten der Beschäftigten. In: arbeitsmarktaktuell Nr. 6, September 2016

Deutscher Gewerkschaftsbund (DGB): DGB-Index Gute Arbeit. Der Report 2016. Die Digitalisierung der Arbeitswelt – Eine Zwischenbilanz aus Sicht der Beschäftigten. Berlin 2016a

Deutsche Hauptstelle für Suchtfragen (DHS) (Hrsg.): Jahrbuch Sucht 2015. Lengerich 2015

Deutsche Hauptstelle für Suchtfragen (DHS) (Hrsg.): Jahrbuch Sucht 2016. Lengerich 2016

Deutsche Rentenversicherung: Rehabilitation 2015. Band 207. Berlin 2016

Deutsche Rentenversicherung Bund (Hrsg.) :
Berufliche Rehabilitation: Ihre neue Chance. Berlin 2016, 11. Aufl.

Dörre, K.: Übriggebliebene und Verwundbare. Das Gesellschaftsbild des Prekariats in Fremdzuschreibungen und Selbstzeugnissen. In: Dörre et al. 2013a, S. 132-180

Dörre, K./Scherschel, K./Booth,M. et al .: Bewährungsproben für die Unterschicht? Soziale Folgen aktivierender Arbeitsmarktpolitik. Frankfurt/M. und New York 2013

Dörre, K./Happ, A./Matuschek, I. (Hrsg.) : Das Gesellschaftsbild der LohnarbeiterInnen. Hamburg 2013a

Dörre,K./Matuschek,I .: Kapitalistische Landnahmen, ihre Subjekte und das Gesellschaftsbild der LohnarbeiterInnen. In: Dörre, K. et. al. 2013a, S. 29-53

Dribusch, H./Birke, P .: Die Gewerkschaften in der Bundesrepublik Deutschland. Berlin 2012

Drogen- und Suchtrat: Erste Empfehlungen zum Thema „(Re)Integration von Suchtkranken in Arbeit- und Beschäftigung und gesellschaftliche Teilhabe" vom 14.10.2015, http://www.sucht.de/tl_files/pdf/Fachinformationen/Drogen-%20und%20Suchtrat/2015-10-14%20Erste%20Empfehlungen%20an%20den%20DSR_%20AG%20Teilhabe-END.PDF [4.11.2017]

Edding, C./Schattenhofer , K. (Hrsg.): Handbuch Alles über Gruppen. Weinheim und Basel 2015, 2. überarb. Aufl.

Engels, F.: Briefe aus dem Wuppertal. In: MEW Bd. 1, Berlin (Ost) 1957, S. 413-432

Engels, F.: Die innern Krisen. In: MEW Bd. 1, Berlin (Ost) 1957, S. 456-460

Engels, F.: Umrisse zu einer Kritik der Nationalökonomie. In: MEW Bd. 1, Berlin (Ost) 1957, S. 499-524

Engels, F.: Die Entwicklung des Sozialismus von der Utopie zur Wissenschaft. In: MEW Bd. 19, Berlin (Ost) 1972, S. 177-228

Engels, F.: Herrn Eugen Dührings Umwälzung der Wissenschaft. In: MEW Bd. 20, Berlin (Ost) 1978, S. 1-303

Engels, F.: Die Lage der arbeitenden Klasse in England. In: MEW Bd. 2, Berlin (Ost) 1980, S. 225-506

Engels, F.: Zur Wohnungsfrage. In: MEW Bd. 18, Berlin (Ost) 1971, S. 209-287

Engels, F.: Preußischer Schnaps im deutschen Reichstag. In: MEW Bd. 19, Berlin (Ost) 1972, S. 37-51

Engels, F.: Ludwig Feuerbach und der Ausgang der klassischen deutschen Philosophie. In: MEW Bd. 21, Berlin (Ost) 1981, S. 261-307

Engels, F.: Brief vom 05.06.1890 an Paul Ernst. In: MEW Bd. 37, Berlin (Ost) 1986, 4. Aufl., S. 411-413

Engels, F.: Brief vom 21.09.1890 an Joseph Bloch. In: MEW Bd. 37, Berlin (Ost) 1986,4. Aufl., S. 462-465

Engels, F.: Zur Geschichte des Urchristentums. In: MEW Bd. 22, Berlin (Ost) 1970, S. 447-473

Enste, D./Ewers, M.: Lebenszufriedenheit in Deutschland: Entwicklung und Einflussfaktoren. IW Trends 2/2014

Evangelischer Pressedienst: Hartz-IV-Empfänger immer länger ohne Job. In: epdsozialaktuell. Ausgabe 196a vom 11.10.2016

Evangelischer Pressedienst: Ein Jobvermittler betreut 70 Jugendliche. In: epd sozial. Ausgabe 04/2017 vom 27.01.2017

Evangelische Zeitung vom 04.05.2014

Focus Online vom 02.01.2017: Weltweit einzigartiges Experiment: Finnland verlost Grundeinkommen an Arbeitslose, http://www.focus.de/finanzen/news/arbeitsmarkt/560-euro-vom-staat-weltweit-einzigartiges-experiment-finnland-verlost-grundeinkommen-an-arbeitslose_id_6434726.html [15.10.2017]

Freud, S.: Das Unbehagen in der Kultur. In: Ges. W. Bd. 14, London 1955 (Reprint der Ausgabe von 1948)

Fromm, E.: Die Entwicklung des Christusdogmas. Eine psychoanalytische Studie zur sozialpsychologischen Funktion der Religion. (1930) In: Fromm, E.: Gesamtausgabe. Bd. VI, München 1989, S. 11-68

Fromm, E.: Arbeiter und Angestellte am Vorabend des Dritten Reiches. Eine sozialpsychologische Untersuchung. (1980) In: Fromm, E.: Gesamtausgabe. Bd. III, München 1989, S. 1-224

Fromm, E.: Die Furcht vor der Freiheit. (1941) In: Fromm, E. Gesamtausgabe. Bd. I, München 1989, S. 215-392

Fromm, E.: Wege aus einer kranken Gesellschaft. (1955) In: Fromm, E.: Gesamtausgabe. Bd. IV. München 1989, S. 1-254

Fromm, E.: Psychologische Aspekte eines garantierten Grundeinkommens für alle. (1966) In: Fromm E.: Gesamtausgabe. Bd. V, München 1989, S. 309-316

Fromm, E.: Die psychologischen und geistigen Probleme des Überflusses. (1970) In: Fromm, E.: Gesamtausgabe. Bd. V, München 1989, S. 317-328

Fromm, E.: Haben oder Sein. Die seelischen Grundlagen einer neuen Gesellschaft. (1976) In: Fromm, E.: Gesamtausgabe. Bd. II, München 1989, S. 269-414

Gemeinsame Arbeitsgruppe „Berufliche Orientierung in der medizinischen Rehabilitation Abhängigkeitskranker"(Bora)(Hrsg.):
Empfehlungen zur Stärkung des Erwerbsbezugs in der medizinischen Rehabilitation Abhängigkeitskranker. Berlin 2014

Gephart, H.: Die Gruppe als Heilmittel: Psychotherapie in der Gruppe. In: Edding/Schattenhofer (Hrsg.) 2015, S. 281-318

Gerber, D.: Robin Hood – katholisch. In: Kirchenzeitung vom 02.03.2014

Glöckler, R.: Ressourcenorientierte Berufsberatung von Langzeitarbeitslosen. In: Beratung aktuell, 2003, 4. Jg. H.4, S. 92-111

Gorz, A.: Zur Strategie der Arbeiterbewegung im Neokapitalismus. Frankfurt/M. 1967

Gorz, A.: Wege ins Paradies. Berlin 1983

Gorz, A.: Abschied vom Proletariat. Reinbek 1984

Gorz, A.: Kritik der ökonomischen Vernunft. Berlin 1989, 2. Aufl.

Gorz, A.: Arbeit zwischen Misere und Utopie. Frankfurt/M. 2000

Gorz, A: Wissen, Wert und Kapital. Zürich 2004

Groll, T.: Endstation Ein-Euro-Job. In: Zeit Online vom 16.5.2016, http://www.zeit.de/wirtschaft/2016-05/hartz-iv-arbeitslosigkeit-arbeitsmarkt-ein-euro-jobs [15.10.2017]

Hägler, M.: Siemens-Chef plädiert für ein Grundeinkommen. In: Süddeutsche Zeitung online v. 20.11.2016, http://www.sueddeutsche.de/wirtschaft/sz-wirtschaftsgipfel-siemens-chef-plaediert-fuer-ein-grundeinkommen-1.3257958,%20 [15.10.2017]

Hagenhofer, Th.: Produktivkraftsprung: Digitale Vernetzung. In: Z – Zeitschrift für marxistische Erneuerung, 2015, Nr. 103, S. 71-74

Hannemann, I./Rygiert, B.: Die HARTZ IV Diktatur. Eine Arbeitsvermittlerin klagt an. Reinbek 2015

Henkel, D.: Arbeitslosigkeit und Alkoholismus. In: Wiener Zeitschrift für Suchtforschung. Jg. 14, 1991, Nr. 3/4, S. 25-31

Henkel, D./Vogt, I. (Hrsg.) : Sucht und Armut. Opladen 1998

Henkel, D.: „Die Trunksucht ist die Mutter der Armut" – zum immer wieder fehlgedeuteten Zusammenhang von Alkohol und Armut in Deutschland vom Beginn des 19. Jahrhunderts bis zur Gegenwart. In: Henkel/Vogt 1998, S. 13-79

Henkel, D.: Arbeitslosigkeit, Alkoholkonsum und Alkoholabhängigkeit: nationale und internationale Forschungsergebnisse. In: Henkel/Vogt 1998, S. 101-136. In: Henkel/Vogt 1998, S. 13-79

Henkel, D.: Sucht im Kontext von Arbeitslosigkeit und Arbeit. In: Niedersächsische Landesstelle gegen die Suchtgefahren (Hrsg.): Therapie und Arbeit II. Hannover 2002, S. 22-42

Henkel, D.: Sucht und soziale Lage.
In: DHS (Hrsg.): Jahrbuch Sucht 2007. Geestacht 2007, S. 179-192

Henkel, D.: Stand der internationalen Forschung zur Prävalenz von Substanzproblemen bei Arbeitslosen und zur Arbeitslosigkeit als Risikofaktor für die Entwicklung von Substanzproblemen: Alkohol, Tabak, Medikamente, Drogen. In: Henkel/Zemlin 2008, S. 10-69

Henkel, D.: Wie viele Suchtbehandelte sind arbeitslos, und welche Chancen haben sie, wieder Arbeit zu finden? Bundesweite empirische Daten zur beruflichen Integration vor und nach der Suchtbehandlung.
In: Henkel/Zemlin 2008, S. 163-188

Henkel, D./Zemlin, U. (Hrsg.) : Arbeitslosigkeit und Sucht. Ein Handbuch für Wissenschaft und Praxis. Frankfurt/M. 2008

Henkel, D./Zemlin,U./Dornbusch, P .: Arbeitslosigkeit und Suchtrehabilitation: Hauptergebnisse des ARA-Projekts und Schlussfolgerungen für die Praxis.
In: Henkel/Zemlin 2008, S. 214-241

Henkel, D.: Erhebung von Ansätzen guter Praxis zur Integration Suchtkranker ins Erwerbsleben im Rahmen des SGB II. Abschlussbericht Berlin 2009

Henkel, D.: Arbeitslosigkeit und Sucht. 5 zentrale Befunde der Forschung. Powerpoint vom 24.06.2010, http://www.slideserve.com/rue/arbeitslosigkeit-und-sucht-5-zentrale-befunde-der-forschung [15.10.2017]

Henkel, D.: Unemployment and substance use: A review of the literature (1990-2010). In: Current Drug Abuse Reviews 2011, 4, S. 4-27

Henkel, D.: Was leistet das SGB II für die Vermittlung Suchtkranker in die Suchthilfe und ihre Integration ins Erwerbsleben? Powerpoint vom 02.10.2012, http://docplayer.org/25150270-Was-leistet-das-sgb-ii-fuer-die-vermittlung-sucht-kranker-in-die-suchthilfe-und-ihre-integration-ins-erwerbsleben.html [15.10.2017]

Henkel, D./Zemlin, U.: Suchtkranke im SGB II: Vermittlungen an die Suchthilfe durch Jobcenter und Integration in Arbeit – eine kritische Bilanz. In: Sucht 59 (5), 2013, S. 279-286

Henkel, D./Zemlin, U.: Integration Suchtkranker in Arbeit im Rahmen des SGB II: Eine kritische Bilanz und Prognose. Powerpoint vom 27.06.2014, http://docplayer.org/38974886-Integration-suchtkranker-in-arbeit-im-rahmen-des-sgb-ii-eine-kritische-bilanz-und-prognose.html [15.10.2017]

Henkel, D./Schröder, H.: Suchtdiagnoseraten bei Hartz-IV-Beziehenden in der medizinischen Versorgung im Vergleich zu ALG-I-Arbeitslosen und Erwerbstätigen: eine Auswertung der Leistungsdaten aller AOK-Versicherten der Jahre 2007-2012. In: Suchttherapie 2015, 16, S. 129-135

Henkel, D.: Ein Überblick über empirische Daten zur Prävalenz des Substanzkonsums, des problematischen Glücksspiels und suchtförmiger Essstörungen bei Hartz-IV-Beziehenden. In: Suchttherapie 2016, 17, S. 106-114

Hoefer, C.: Opfer der Digitalisierung. In: Landeszeitung für die Lüneburger Heide vom 24.06.2017, S. 21

Hofmann, T.: Teilhabechancen für erwerbslose Suchtkranke? Arbeitsmarktpolitische Rahmenbedingungen und Instrumente. Powerpoint vom 20.05.2014

Holst, H./Matuschek, I.: Sicheres Geleit in Krisenzeiten? In: Dörre et al. 2013a, S. 85-108

Institut für Arbeitsmarkt- und Berufsforschung (Hrsg.) : Menschen mit psychischen Störungen im SGB II. IAB-Forschungsbericht 12/2013

Institut für Arbeitsmarkt- und Berufsforschung (Hrsg.) : Mindestlohnbegleitforschung – Überprüfung der Ausnahmeregelung für Langzeitarbeitslose. IAB-Forschungsbericht 8/2016

Institut für Bildungs- und Sozialpolitik (ibus) der Hochschule Koblenz (Hrsg.): Endstation Arbeitsgelegenheit!? Teilhabeperspektiven in „Ein-Euro-Jobs" – Die Sicht der Betroffenen. Kurzfassung der IST-Studie. Koblenz 2013

Institut für Demoskopie Allensbach (Hrsg.) : Immer mehr glauben: Viele Arbeitslose wollen nicht arbeiten. Allensbach 2001/Nr. 6

Institut für Demoskopie Allensbach : Erfahrungen mit SGB II-Empfängern. Eine Befragung von Unternehmen aus den Branchen Gastronomie, Pflege und Handwerk. Allensbach 2012

Jahoda, M./Lazarsfeld,P./Zeisel, H .: Die Arbeitslosen von Marienthal. Ein soziographischer Versuch über die Wirkungen langandauernder Arbeitslosigkeit. Frankfurt/M. 2014, 24. Aufl.

Kapitelman, D.: „Karl Marx würde hier ausrasten". In: Spiegel Online vom 20.03.2015, http://www.spiegel.de/forum/karriere/betreuer-im-jobcenter-karl-marx-wuerde-hier-ausrasten-thread-259729-1.html [15.10.2017]

Kautsky, K.: Der Alkoholismus und seine Bekämpfung. In: Die Neue Zeit, 9. Jg. 1890-91, H. 27, S. 1-8

Kautsky, K.: Der Alkoholismus und seine Bekämpfung. In: Die Neue Zeit, 9. Jg. 1890-91, H. 28, S. 46-55

Kautsky, K.: Der Alkoholismus und seine Bekämpfung. In: Die Neue Zeit, 9. Jg. 1890-91, H. 29, S. 77-89

Kautsky, K.: Der Alkoholismus und seine Bekämpfung. In: Die Neue Zeit, 9. Jg. 1890-91, Nr.30 S.105-116

Kipke, I./Brand, H./Geiger, B./Pfeiffer-Gerschel, T./Braun, B .: Arbeitslosigkeit und Sucht – Epidemiologische und soziodemographische Daten aus der Deutschen Suchthilfestatistik 2007-2011. In: Sucht 61 (2) 2015, S. 81-93

Kipping, K.: Demokratie und Grundeinkommen – ein politischer Essay. In: Blaschke, R. et al (Hrsg.): Grundeinkommen. Geschichte – Modelle – Debatten. Berlin 2010, S. 293-300

Kirchenzeitung vom 11.05.2014: Ein Danke für Frisörinnen und Erntehelfer.

Klee, E.: Pennbrüder und Stadtstreicher. Nichtsesshaften – Report. Frankfurt/M. 1979

Klemm, Ch.: Erdbeeren mit bitterem Beigeschmack. In: Neues Deutschland vom 14/15.06.2014

Knittler, K.: Das BGE, die unbezahlte Arbeit und der Feminismus. In: Volksstimme 2015, Nr. 9, S. 30-32

Koch, St./Lehr, D./Hillert, A.: Burnout und chronischer beruflicher Stress. Göttingen 2015

Kolling, R. et al.: Erwerbsfähig, aber erwerbslos. Spezifische Therapieangebote für Langzeitarbeitslose. In: Fachverband Sucht (Hrsg.): Die Zukunft der Suchtbehandlung – Trends und Prognosen. Geestacht 2002, S. 302-310

König, K./Lindner, W.-V.: Psychoanalytische Gruppentherapie. Göttingen 1992, 2. Aufl.

Körkel, J.: Rückfälle arbeitsloser Suchtkranker: Fakten und Folgerungen für die Rückfallprävention. In: Henkel/ Zemlin 2008, S. 242-266

Kreh,O./ Levas, J.: Arbeit und Sucht – arbeitsbezogene Verhaltens- und Erlebensmuster bei Substanzabhängigkeit. In: Sucht Aktuell, 2, 2014, S. 41-45

Kulik, B.: Förderung der Teilhabe am Arbeitsleben aus Sicht der Deutschen Rentenversicherung: Ein Positionspapier. In: Henkel/Zemlin 2008, S. 299-315

Lafontaine, O.: Hartz IV abschaffen, öffentlich geförderte Beschäftigung nötig. Presseerklärung vom 29.09.2016

Landesinstitut für Gesundheit und Arbeit des Landes Nordrhein-Westfalen (Hrsg.): Förderung der psychischen Gesundheit bei Erwerbslosen. Ein Leitfaden. Düsseldorf 2011

Landeszeitung für die Lüneburger Heide vom 21.8.2013, S. 20: Wer meckert, putzt die Klos.

Landeszeitung für die Lüneburger Heide vom 22.02.2014, S. 19: Helfende Berufe am höchsten geachtet.

Landeszeitung für die Lüneburger Heide vom 08./09.05.2013, S. 6: Altenpfleger auf dem Absprung.

Landeszeitung für die Lüneburger Heide vom 10.02.2017, S. 13: Messe zeichnet ein Bild der Fabrik der Zukunft.

Lehnert, R: Willkür im Jobcenter. In: Clara. Das Magazin der Fraktion DIE LINKE im Bundestag. 2016, Nr. 41, S. 20-21

Leisewitz, A.: Zur aktuellen Verbreitung und Nutzung digitaler Arbeitsmittel. In: Z – Zeitschrift für marxistische Erneuerung. 2015, Nr. 103, S. 42-45

Lieberam, E.:Die Unterschichtdebatte. In: Projekt Klassenanalyse (Hrsg.) 2007, S. 7-70

Lindenmeyer, J.:
Perspektiven bei Perspektivlosen. Grenzen, Möglichkeiten und Erfordernisse der Rehabilitation Abhängigkeitskranker bei Patienten mit geringen beruflichen Reintegrationschancen. In: Fachverband Sucht (Hrsg.): Rehabilitation Suchtkranker – mehr als nur Psychotherapie. Geesthacht 2001, S. 60-75

Lindenmeyer, J.: (Hrsg.) Therapie-Tools. Offene Gruppen 1. Weinheim und Basel 2015

Luxemburg, R.: Zeit der Aussaat. In: Gesammelte Werke, Bd. 2, Berlin (Ost) 1972, S. 300-304

Luxemburg, R.: Im Asyl.
In: Luxemburg, R.: Gesammelte Werke Bd. 3, Berlin (Ost) 1973, S. 84-90

Luxemburg, R.: Arbeitslos! In: Luxemburg, R.: Gesammelte Werke, Bd. 3, Berlin (Ost) 1973, S. 363-366

Luxemburg, R.: Die Akkumulation des Kapitals. Ein Beitrag zur ökonomischen Erklärung des Imperialismus. In: Luxemburg, R.: Gesammelte Werke Bd. 5, Berlin (Ost) 1975, S. 5-523

Luxemburg, R.: Kirche und Sozialismus.
In: Standpunkte 4/2005, herausgegeben von der Rosa-Luxemburg-Stiftung

Luxemburg, R.: Brief vom 16.02.1917 an Mathilde Wurm.
In: Luxemburg, R.: Gesammelte Briefe Bd. 5, Berlin (Ost) 1984, S. 175-178

Majer, St.: „Pass auf, der will deinen Keks!". Mythen und Fakten zur neuen sozialen Unsicherheit. Luxemburg Argumente Nr. 12, herausgegeben von der Rosa-Luxemburg-Stiftung. Berlin 2016.

Marx, K.: Thesen über Feuerbach. In: MEW Bd. 3, Berlin (Ost) 1981, S. 5-7

Marx, K.: Ökonomisch-philosophische Manuskripte.
In MEW Erg. Bd. 1, Berlin (Ost) 1981, S. 465-588

Marx, K.: Zur Kritik der Hegelschen Rechtsphilosophie.
In: MEW Bd. 1, Berlin (Ost) 1957, S. 378-391

Marx, K./Engels, F.: Die deutsche Ideologie.
In: MEW Bd. 3, Berlin (Ost) 1981, S. 9-438

Marx, K./Engels, F.: Die heilige Familie oder Kritik der kritischen Kritik. Gegen Bruno Bauer und Konsorten. In: MEW Bd. 2, Berlin (Ost) 1980, S. 3-223

Marx, K./Engels, F.: Manifest der Kommunistischen Partei.
In: MEW Bd. 4, Berlin (Ost) 1980, S. 459-493

Marx, K.: Das Elend der Philosophie.
In: MEW Bd. 4, Berlin (Ost) 1980, S. 63-182

Marx, K.: Die moralisierende Kritik und die kritisierende Moral.
In: MEW Bd. 4, Berlin (Ost) 1980, S. 331-359

Marx, K.: Lohn, Preis und Profit.
In: MEW Bd. 16, Berlin (Ost) 1968a, S.101-152

Marx, K.: Das Kapital. Kritik der politischen Ökonomie. Erster Band.
In: MEW Bd. 23, Berlin (Ost) 1977

Marx, K.: Das Kapital. Kritik der politischen Ökonomie. Dritter Band.
In: MEW Bd. 25, Berlin (Ost) 1979

Marx, K.: Kritik des Gothaer Programms.
In: MEW Bd. 19, Berlin (Ost) 1972, S. 11-32

Marx, K.: Theorien über den Mehrwert. In: MEW Bd. 26/3, Berlin (Ost) 1968

Marx, K.: Grundrisse der Kritik der Politischen Ökonomie.
Berlin (Ost) 1974, 2. Aufl.

Marx, K.: Brief vom Oktober 1853 an Adolf Cluß.
In: MEW Bd. 28, Berlin (Ost) 1963, S. 596-597

Marx, K.: Brief vom 24.04.1867 an Friedrich Engels.
In: MEW Bd. 31, Berlin (Ost) 1965, S. 289-291

Michler, I.: Der Traum vom Grundeinkommen ist jetzt Realität. In: Welt Online vom 02.01.2017, https://www.welt.de/wirtschaft/article160723518/Der-Traum-vom-Grundeinkommen-ist-jetzt-Realitaet.html [15.10.2017]

Naumann, B.: Suchtrehabilitation durch die Rentenversicherung.
In: DHS (Hrsg.) 2015, S. 241-259

Naumann, B./Bonn, V.: Suchtrehabilitation durch die Rentenversicherung.
In: DHS (Hrsg.): 2016, S. 200-216

Öchsner, Th.: Vom Preis der Arbeit.
In: Süddeutsche Zeitung vom 22./23.03.2014, S. 22

Perls, F.: Gestalt-Therapie in Aktion Stuttgart 1976

Perls, F.: Gestalt. Wachstum. Integration. Paderborn 1987

Prahl, F.: Die Digitalisierung der Arbeitswelt und die Debatte um eine neue Arbeitszeit-politik. In: Z – Zeitschrift für marxistische Erneuerung, 2015, Nr. 103, S. 64-70

Projekt Klassenanalyse@BRD (Hrsg.): Mehr Profite – mehr Armut. Prekarisierung & Klassenwiderspruch. Essen 2007

Pusch,T./Seifert, H.: Mindestlohngesetz. Für viele Minijobber weiterhin nur Minilöhne. In: Policy Brief WSI Nr. 9, 01/2017

Rahm, D./Otte, H./Bosse, S./Ruhe-Hollenbach, H. : Einführung in die Integrative Therapie. Grundlagen und Praxis. Paderborn 1993, 2. Aufl.

Reich, W.: Die Sexualität im Kulturkampf. Zur sozialistischen Umstrukturierung des Menschen. Kopenhagen 1936

Reich, W.: Massenpsychologie des Faschismus. Frankfurt/M. 1972

Reich, W.: Brief vom 26.02.1947 an A. Neill. In: Placzek, B. (Hrsg): Zeugnisse einer Freundschaft. Der Briefwechsel zwischen Wilhelm Reich und A. S. Neill 1936-1957. Frankfurt/M. 1989

Reiter, K.: Fragen und Antworten zum bedingungslosen und garantierten Grundeinkommen (BGE). In: Volksstimme 2015, Nr. 9, S. 21-25

Rühle, O.: Illustrierte Kultur- und Sittengeschichte des Proletariats. Bd. 1, Berlin 1930 (Reprint Frankfurt/M. 1970)

Rühle, O.: Illustrierte Kultur- und Sittengeschichte des Proletariats. Bd. 2, Gießen 1977

Rummel, Ch.:
Stigmatisierung Alkoholabhängiger. In: DHS (Hrsg.) 2015, S. 274-287

Schivelbusch, W.: Das Paradies, der Geschmack und die Vernunft. Eine Geschichte der Genußmittel. Ulm 1985

Schmidbauer, W.: Die hilflosen Helfer. Über die seelische Problematik der helfenden Berufe. Reinbek 1982

Schmidbauer, W.: Ohnmacht des Helden. Unser alltäglicher Narzissmus. Reinbek 1981

Schmidbauer, W.: Weniger ist manchmal mehr. Zur Psychologie des Konsumverzichts. Reinbek 1986

Schmidbauer, W./vom Scheidt, J.: Handbuch der Rauschdrogen. Frankfurt/M. 1986

Schmidbauer, W.: Helfen als Beruf. Die Ware Nächstenliebe. Reinbek 1992

Schmidbauer, W.: Die Angst vor Nähe. Reinbek 1994

Schmidbauer, W.: Jetzt haben, später zahlen. Die seelischen Folgen der Konsumgesellschaft. Reinbek 1995

Schmidbauer, W.: Dranbleiben – die gelassene Art Ziele zu erreichen. Freiburg i. Br. 2002

Schmidbauer, W.: Das Helfersyndrom. Hilfe für Helfer. Reinbek 2007

Schmidbauer, W.: Das kalte Herz. Von der Macht des Geldes und dem Verlust der Gefühle. Hamburg 2011

Schmidbauer, W.: Das Floß der Medusa. Was wir zum Überleben brauchen. Hamburg 2012

Schneider, B./Buschmann, H./Berloger, K.: Wie leistungsfähig sind Patienten in ihrem Beruf? – Zur Arbeitssituation und Arbeitsbelastung von Rehabilitationspatienten. In: Fachverband Sucht (Hrsg.): Sucht macht krank! – Von der Akutmedizin zum Disease-Management. Geesthacht 2004, S. 236-244

Schneider, R.: Förderung der Teilhabe am Erwerbsleben in der Suchtrehabilitation: Zielsetzungen und Konzepte. Sucht aktuell 1, 2004, S. 67-73

Schneider, R./Nels, C.: Medizinisch-beruflich orientierte Rehabilitation bei Suchterkrankungen. In: Sucht Aktuell, 1, 2013, S. 49-57

Schneider, U.: Anhebung des Hartz-II-Regelsatzes auf 520 Euro. In: clara. Das Magazin der Fraktion DIE LINKE im Bundestag, 2016, Nr. 41, S. 42

Schoppa, H.-G.: Verlust des Arbeitsplatzes. Beratung von arbeitslosen Menschen. Göttingen 2010

Schrep, B.: „Das blöde Ding macht mir Angst". Die Nöte und Ängste Langzeitarbeitsloser. In: Der Spiegel, Nr. 24 vom 07.06.2014, S. 38-41

Schröder, E.: Ein-Euro-Jobs zwischen Anspruch und Realität aus Sicht der Maßnahmeteilnehmer und -teilnehmerinnen. In: Diskurs 11/2009

Schuler, K.: Hartz IV. Arbeiten fürs Essen. In: Zeit online vom 11.01.2010, http://www.zeit.de/online/2006/20/Schreiner [15.10.2017]

Seibert, H./Wurdack, A./Bruckmeier, K./Graf,T./Lietzmann,T.: Typische Verlaufsmuster beim Grundsicherungs-Bezug. Für einige Dauerzustand, für andere nur eine Episode. In: IAB-Kurzbericht 4/2017

Selke, St.: Schamland. Die Armut mitten unter uns. Berlin 2013

Seppmann, W.: Strategien der Verunsicherung. Neoliberalismus. Prekarisierung und Herrschaft. In: Projekt Klassenanalyse 2007, S. 71-108

Spät, P.: Erst die Arbeit, nie das Vergnügen. In: Zeit online vom 07.10.2016, http://www.zeit.de/karriere/beruf/2016-09/arbeitszeit-stress-gesundheit-40-stunden-woche [15.10.2017]

Spiegel Online vom 20.10.2016: Jobcenter dürfen Durchwahlen verheimlichen. http://www.spiegel.de/wirtschaft/soziales/jobcenter-duerfen-durchwahlen-von-mitarbeitern-verheimlichen-a-1117603.html [04.11.2017]

Spiegel Online vom 24.10.2016: Härtere Strafe für Trickser oder Trödler, http://www.spiegel.de/wirtschaft/soziales/hartz-iv-haertere-strafe-fuer-trickser-oder-troedler-a-1117939.html [17.10.2017]

Stähler, Th.: Zukünftige Herausforderungen für die berufliche Wiedereingliederung aus Sicht der Rentenversicherung. In: Fachverband Sucht (Hrsg.): Die Zukunft der Suchtbehandlung. Geesthacht 2002, S. 289-296

Statistisches Bundesamt(Hrsg.): Zensus 2011. Wiesbaden 2013

Straubhaar, Th.: Ein Grundeinkommen kann die Gesellschaft wieder vereinen. In: Süddeutsche Zeitung Online vom 07.12.2016

Straubhaar, Th.: Das Grundeinkommen ist nichts anderes als eine Steuerreform. In: Zeit Online vom 12.02.2017, http://www.zeit.de/wirtschaft/2017-02/thomas-straubhaar-buch-bedingungsloses-grundeinkommen-auszug [15.10.2017]

Süddeutsche Zeitung vom 04.06.2014: Verdi erhöht Druck auf Amazon. S. 19

Süddeutsche Zeitung vom 03.06.2014: Immer weniger Tarifverträge. S. 19

Techniker Krankenkasse: Entspann dich, Deutschland. TK-Stressstudie 2016. Hamburg 2016

Tielking, K.: Sucht und Teilhabe. Eine Expertise für Niedersachsen. Emden und Hannover 2015. (Hrsg.) Niedersächsische Landesstelle für Suchtfragen

Van den Berg, G./Uhlendorff, A./Wolff, J .:
Wirkungen von Sanktionen für junge ALG-II-Bezieher. Schnellere Arbeitsaufnahme, aber auch Nebenwirkungen. In: IAB-Kurzbericht 5/2017

Voigtel, R.: Sucht. Gießen 2015

Wallraff, G.: Aus der schönen neuen Welt. Köln 2009

Weber, M.: Die protestantische Ethik und der Geist des Kapitalismus. Erftstadt 2007

Weber, E.: Ohne Weiterbildung geht es nicht.
In: Landeszeitung vom 23.12.2016, S. 15

Weissinger, V.: Förderung der Teilhabe am Arbeitsleben in der medizinischen Suchtrehabilitation: Überblick über Entwicklungen, Status quo und Perspektiven aus Sicht des Fachverbands Sucht. In: Henkel/Zemlin 2008, S. 284-298

Weissinger, V.: Förderung der Teilhabe Abhängigkeitskranker am Arbeitsleben – Erfordernisse für ein Organisationsübergreifendes Schnittstellenmanagement aus Sicht des Fachverbandes Sucht e.V. In: Sucht Aktuell 1, 2012, S. 60-69

Welt Online vom 01.12.2016: Jetzt ist es Zeit für ein bedingungsloses Grundeinkommen, https://www.welt.de/wirtschaft/article159890901/Jetzt-ist-es-Zeit-fuer-ein-bedingungsloses-Grundeinkommen.html [17.10.2017]

Westerwelle, G.: An die deutsche Mittelschicht denkt niemand.
In: Die Welt online v. 11.02.2010, https://www.welt.de/debatte/article6347490/An-die-deutsche-Mittelschicht-denkt-niemand.html [15.10.2017]

Wikipedia: Freie Wohlfahrtspflege, https://de.wikipedia.org/wiki/Freie_Wohlfahrtspflege [02.01.2018]

Wisdorff, F.: Die fünf größten Irrtümer über Hartz-IV-Empfänger. In: Welt online vom 16.10.2015, https://www.welt.de/wirtschaft/article109903585/Die-fuenf-groessten-Irrtuemer-ueber-Hartz-IV-Empfaenger.html [15.10.2017]

Wittchen, H.-U./Jacobi, F.: Was sind die häufigsten psychischen Störungen in Deutschland? Power Point vom 14.06.2012,
http://aiaatr.com/resources/degs_psychische_stoerungen.pdf [15.10.2017]

Wolff, R.: 560 Euro im Monat für lau.
In: taz Online vom 30.12.2016, http://taz.de/!5365910/ [15.10.2017]

Wolina, M.: „Menschen, die von Alkohol durchtränkt sind". SPD und „Alkoholfrage", 1890-1907, Manuskript o. J., www.researchgate.net/publication/293794217_Menschen_die_von_Alkohol_durchtrankt_sind_SPD_und_Alkoholfrage_1890_-_1907 [02.10.2017]

Yalom, I.: Theorie und Praxis der Gruppenpsychotherapie. Ein Lehrbuch. Stuttgart 2010, 10. Aufl.

Zeit Online vom 18.11.2016: Bundesrechnungshof kritisiert Jobcenter, http://www.zeit.de/politik/deutschland/2016-11/jobcenter-bundesrechnungshof-kritik-vermittlung [15.10.2017]

Zemlin, U./Bornhak, Ch./Nickl, A.: Maßnahmen zur Förderung der beruflichen Reintegration arbeitsloser Alkohol- und Medikamentenabhängiger sowie zur Überwindung der Schnittstelle zwischen Suchtrehabilitation, Arbeitsmarkt und Arbeitsverwaltung. In: Henkel/Zemlin 2008, S. 316-337

Leitfaden zur Befragung Arbeitsloser

1. Seit wann sind Sie arbeitslos?
2. Wie passierte es, dass Sie arbeitslos wurden?
3. Was veränderte sich in ihrem Leben durch die Arbeitslosigkeit?
4. Wie verbringen Sie Ihren Tag, seitdem Sie nicht mehr lohnabhängig arbeiten?
5. Hatte die Arbeitslosigkeit auch Vorteile für Sie?
6. Wie reagierte Ihr soziales und verwandtschaftliches Umfeld auf Ihre Arbeitslosigkeit?
7. Haben Sie Kontakt zu anderen Langzeitarbeitslosen?
8. Wer, meinen Sie, vertritt am ehesten die Interessen der Langzeitarbeitslosen?
9. Welche Erfahrungen haben Sie mit der Agentur für Arbeit gemacht?
10. Wie hat die Agentur für Arbeit auf Ihre Suchterkrankung reagiert?
11. Welche Unterstützung haben Sie durch die Agentur für Arbeit erfahren?
12. Hatten Sie, nachdem Sie arbeitslos wurden, Kontakt zur Deutschen Rentenversicherung (DRV)?
13. Welche Erfahrungen haben Sie mit der DRV gemacht?
14. Welche Unterstützung haben Sie durch die DRV erfahren?
15. Wie hat die DRV auf Ihre Suchterkrankung reagiert?
16. In welche Richtung hat sich Ihre seelische Befindlichkeit im Laufe der Arbeitslosigkeit verändert?
17. Welche Erfahrungen haben Sie mit dem Jobcenter gemacht?
18. Welche Unterstützung haben Sie durch das Jobcenter erfahren?
19. Wie hat das Jobcenter auf Ihre Suchterkrankung reagiert?
20. Hat sich Ihre Gesundheit im Laufe der Arbeitslosigkeit verändert?
21. Welchen Einfluss hatte die Arbeitslosigkeit auf Ihre Suchterkrankung?
22. Was hat sich durch Ihre Abstinenz in Ihrem Leben verändert?
23. Wenn das ALG-Recht keine Sanktionen vorsehen würde, welche Auswirkungen hätte dies auf Sie?
24. Wie beurteilen Sie das indikative Angebot für Arbeitssuchende?
25. Was hat Ihnen bei dem Angebot gefehlt?

Der Autor

Albrecht v. Bülow, Jg. 1960, Dipl. Sozialpädagoge bei »Lebensraum Diakonie e.V.«, Mitarbeiter der Fachstelle für Sucht und Suchtprävention (Drobs) und Ev. Leiter der Ökumenischen Ehe- und Lebensberatungsstelle in Lüneburg. Weiterbildung in Gestalttherapie (Heel), Psychoonkologie (WIR), Suchttherapie (HIGW), Ehe- und Lebensberatung (EZI) und EMDR (Institut für EMDR und NLP Tübingen).